U0126817

通博精大
——戴震與揚州三子的經典詮釋

王慧茹　著

臺灣 學と書局 印行

自　序

　　在華人文化脈絡中，知識從來都不只是一種工具，還包含許多生活教養的裁成培養；傳統經典及經學發展更是如此。歷代學者尊崇經典、解釋經典，除為回應世局、滿足時代課題外，但更重要的，還在經典教化、經學涵育下的君子教養。經學的發展延續到有清，改以漢學、樸學稱著，然細繹之，以漢學家面貌概括經學本身，卻是失真而極不公平的。針對本文研究的乾嘉時期來說，自乾隆登基退位，乃至嘉慶朝堂，正是康、雍以來，政治最達昌明的時期，揚州經濟發達，生活富庶，時趨運會之宜，帶給揚州學者更多得以開闊思考的養分，此間，焦循、淩廷堪、阮元三人，號為揚州三儒，最足以代表揚州學術「通、博、精、大」的一面。筆者於博士研究期間，已有奠基於焦循的學思養分，完成《焦循「一貫」哲學之建構與證立》，獨當時勉於博論寫作，對這些與焦循並列的巨擘，只能任其縈迴心中，未暇深入。

　　為了幫助自己更認識「焦循和他的好朋友們」，我慢慢開始試作單篇，和他們「打交道」展開交往。焦循、淩廷堪、阮元三人學術之啟，皆源於戴震，都強調通過訓詁以言義理，此自是一種由實證而彰顯經義的考慮；然而通過訓詁考證以詮釋經義，仍是遠遠不足的，因為解經者在梳理經義的過程中，總是難以避免落入價值的選擇判斷；而不論採取偏向漢學或宋學，訓詁或義理的

解經方式，二者實不必對立斷裂，可有互為補充、融通的可能。

　　持平來說，從事戴震及揚州三子的研究，雖不至於耽誤了我的青春，卻也完全分有我的尋常生活。只不過，與其考慮如何替這些經學家們「說話」，或是「替他們說好話」，不如「讓他們自己好好說話」。這群經學家只是漢學家？還是有其他面貌？其注經解經的意識、方法及詮釋進路，各自如何？其相與生發或互斥，其異同交涉的情況？都是可以關注展開的論題。

　　揚州三子一方面自持考據訓詁的座標，一方面試圖彌補漢學家重學輕德、思想言行分離的弊端，為避免補苴罅漏、空言虛理之失，兼採考據實證和義理詮釋的型態，綜和漢學與宋學優點，賦予經典以研精思深的文化教養，便是三子經典詮釋的積極意義所在。正因這種特殊的經注關懷，使有清乾嘉以後的經典詮釋，走向多元匯合的面貌，重新回到經世途轍，重視經義的實事踐履，賦予經典更多面向人倫生活之思，此一方面可適應現實社會之變，更可助成人們暢遂性情、愉悅生命。

　　或者可以說，此三子亦同主於「重訓詁」、「明義理」的詮釋，然其用力途轍不同，最終亦不免各逞其繼承及轉化之見，朝向個人於經典意義的新詮或偏失。焦、淩、阮三子的經典詮釋，正標誌著由「經典注疏學」到「經典詮釋學」轉向的可能之路：以名物訓詁為進路的經典詮釋，強調由訓詁以明義理，重視因襲；與以發明義理兼採故訓的思考，側重創發；此由「經典注疏學」走向「經典詮釋學」，面向現實人生的積極關注，或可為揚州三子經典詮釋之特徵及發展，作一說明。

　　透過對揚州三子之經注方法及詮釋論題的考辨探析，同時可以發現，三子採取「重訓詁」、「明義理」兩端而一致的詮釋模

型，可做為中國「經典詮釋學」具體內容之可能。首先，「經典詮釋學」不僅是一種方法論上的探研，而是詮釋理解如何可能的應用實踐；雖然，它並不排斥語文學的解經進路，卻不止於訓詁考據而已。其次，「經典詮釋學」並不以建構詮釋（注疏）者個人哲學系統為依歸，而在強調詮釋理解過程中，詮釋者與經典（文本及作者）的問答對話，而此「視域融合」的展開，是步步朝向生活世界的開啟。雖然，中國的「經典詮釋學」，不同於西方的「哲學詮釋學」，卻無損於詮釋者對「道」（真理）的追求，同時，正因中國的經典詮釋，植基於傳統經典注疏的經學土壤中，故可以說，一部中國經學史，正係一部中國經典詮釋學史。

德勒茲說：「哲學總是在和朋友的交談中產生的」，撰作期間，許多思考的靈光、神而明之的啟益，都在與師友不經意的對話中浮現。雖然，許多時刻，我總不免深思苦索，糾擾於各學派間的複雜交遊圈，盤旋於清人的本子札記來往，試圖發現他們對論敵的幽微評騭；但更多時刻，我總也暗暗期勉自己，只要多充實學思能量，堅持一己對經典的熱愛，這些隱藏在訓詁考據背後的詮釋渴望，一定有機會被闡明，重見輝光。

此間，需要感謝的人太多，貴人團的加持祝福，是我得以完成此書的重要助緣。首先，對諸學報期刊的匿名審查委員們，予我的建議指點，敬致感謝之意。中央大學楊自平教授，邀我參加中研院「明清研究推動委員會」及中大儒學中心定期舉辦的讀書會，是我鞭策敦促自己完成作品的直接助力，特別感謝楊老師。山東大學特聘教授洪漢鼎先生及哲社院傅永軍教授，是我詮釋學研究的直接教益者。特別是，自 2009 年赴山大訪學迄今，傅老師始終給我很多西學養分，比觀中西經典詮釋的研究進路、型

態，乃至中國經典詮釋的現代化思索，都是來自傅老師的引導啟明；每一年固定舉辦的詮釋學會議，更是我深化能量的場域，傅老師予我的培成，提醒點撥，難言一一。還有，我的指導教授林安梧先生，於我的裁化提攜，我亦終身銘感。林老師帶給我的學思啟迪、生命滋養是全方位的，特別是，多年來老師持續予我期勉，具體的、抽象的，我只能衷心感謝感恩。同門學長姐及元亨書院的同道佳友，輔仁大學中文系、讀書會的師友們給我的幫助鼓勵，溫潤陪伴，我都銘記在心。

　　得菩薩福祐護持，母親陪伴父親度過生命難關，數年來，爸媽及家人尚稱朗健平安，讓我能拋卻瑣事，盡情優游於學問之海，除了因書撰論文神思困滯、偶然滋生的「白色憂鬱」外，甚少來自生活上的勞擾，讓這段看似漫長的研究之路，居然也晃眼即逝，這或許是清朝人給我的厚愛，祂們若在天上有知，得見我的傾心，應該也會默默祝福我吧。

　　學術研究，是舊學新知不斷培養轉深的歷程，傳播經典好聲音，是我即將邁入人生下半場的心願。我盼望自己，可以持續精進，述作講學，得緣前行；更盼我的耄耋父母能健康快樂，家人親友、貴人團都開心順利，自在無礙。

　　此書草成，相關學術論題及著作動機，已於首章中細說詳委，後記另標註其中單篇刊載出處，僅以此文暫記本書得以面世的人間情誼，絮叨點滴，記誌內心感念不忘之誠，是為序。

王慧茹 謹誌
2019 年 9 月序於中和居

通博精大
——戴震與揚州三子的經典詮釋

目　次

自　序 ……………………………………………………… I

第一章　導　論 …………………………………………… 1

　　第一節　問題的提出：乾嘉經典詮釋的發展及走向 ……　1
　　第二節　前人研究成果述評 ………………………………　10
　　第三節　經學義理學的研究取徑 …………………………　18
　　第四節　經典注疏與西方詮釋學的對話 …………………　25
　　第五節　本書之架構及其展開 ……………………………　29

第二章　乾嘉經典詮釋的方法與進路
　　　　　——以戴震、焦循爲核心 ………………………　35

　　第一節　問題的提出 ………………………………………　35
　　第二節　朝堂學風及解經習尚的改易 ……………………　37
　　一、乾隆之宮廷習尚及文化政策 …………………………　37

　　二、古學復興，由「傳」到「經」……………… 44

第三節　經典詮釋的進路…………………………… 49

　　一、戴震：字詞通道，相接以心………………… 49

　　二、焦循：通博一貫，合諸性靈………………… 56

第四節　經學考證與詮釋發揮……………………… 62

　　一、心知與述難………………………………… 63

　　二、發明傳統之外……………………………… 66

第五節　結　語…………………………………… 71

第三章　盛世格局下的經典詮釋
　　　——以凌廷堪、阮元爲核心……………… 75

第一節　問題的提出……………………………… 75

第二節　經典核心範疇及經注文本的改動………… 76

　　一、經注方向及內容的調整…………………… 77

　　二、凌廷堪、阮元治經，皆承戴震展開………… 79

第三節　經典詮釋的進路………………………… 81

　　一、凌廷堪：歸納禮例，析釋禮義……………… 81

　　二、阮元：修纂編寫，述作培才………………… 87

第四節　凌廷堪、阮元經典詮釋的貢獻與限制……… 91

　　一、經史主流地位的確立……………………… 93

　　二、凌廷堪的貢獻與限制……………………… 94

　　三、阮元的貢獻與限制……………………… 102

第五節　結語——以經典詮釋完善昌明之治的思考… 109

第四章　性與命：焦循、阮元的人性論述………… 115

第一節　問題的提出 …………………………………… 115

第二節　戴震對性、命的解釋 …………………………… 117

第三節　焦循對性、命的討論 …………………………… 120

　　一、命分於道，性形於一 …………………………… 120

　　二、遂生知命，司命造命 …………………………… 124

　　三、性與命的「一貫」哲學 ………………………… 126

第四節　阮元對性、命的討論 …………………………… 127

　　一、祈命節性，性命相並 …………………………… 128

　　二、禮義彌性，保定性命 …………………………… 130

　　三、居敬勉德，肅警無逸 …………………………… 132

第五節　「性、命」論述的轉化與限制 ………………… 134

　　一、各正性命，保合太和 …………………………… 135

　　二、修治性命，教民習禮 …………………………… 141

　　三、由主體確立轉向社會位階的安立穩固 ………… 145

第六節　結　語 ………………………………………… 148

第五章　禮、理之辨：
　　　　以焦循、凌廷堪、阮元為核心 ………………… 153

第一節　問題的提出 …………………………………… 153

第二節　戴震對禮、理的看法 …………………………… 154

　　一、考禮研經，無苟聖學 …………………………… 154

　　二、分理條理，皆其禮序 …………………………… 158

第三節　焦循、凌廷堪、阮元的禮、理考察 ………… 160

　　一、焦循：禮重辭讓，理以啟爭 …………………… 160

　　二、凌廷堪：禮以復性，理必師心 ………………… 163

　　　三、阮元：威儀勤禮，節性敬德⋯⋯⋯⋯⋯⋯⋯　166

　　第四節　「禮、理」論題的繼承與轉化⋯⋯⋯⋯⋯　170

　　　一、復禮復性，首重血緣親情⋯⋯⋯⋯⋯⋯⋯⋯　170

　　　二、融《易》於《禮》的「時用」目的⋯⋯⋯⋯　173

　　　三、稽考剖析，禮即治政善法⋯⋯⋯⋯⋯⋯⋯⋯　176

　　第五節　結　語⋯⋯⋯⋯⋯⋯⋯⋯⋯⋯⋯⋯⋯⋯　180

　　　一、「以禮代理」的論題轉換與改造⋯⋯⋯⋯⋯　181

　　　二、「以禮代理」的侷限⋯⋯⋯⋯⋯⋯⋯⋯⋯⋯　186

第六章　經典詮釋的繼承、轉化與發明⋯⋯⋯⋯⋯　191

　　第一節　問題的提出
　　　　　　──戴震及揚州三子經典詮釋之釐定⋯　191

　　第二節　揚州三子的經典詮釋貢獻及轉進⋯⋯⋯⋯　193

　　　一、由注經進路而言經典之發用⋯⋯⋯⋯⋯⋯⋯　194

　　　二、編修考釋以重構經學話語⋯⋯⋯⋯⋯⋯⋯⋯　198

　　　三、由經典詮釋走向生活世界⋯⋯⋯⋯⋯⋯⋯⋯　205

　　第四節　參與全球化的經典詮釋⋯⋯⋯⋯⋯⋯⋯⋯　211

　　　一、由「注經學」走向「經典詮釋」的發展⋯⋯　211

　　　二、儒家的經學教化與「聖典」致用⋯⋯⋯⋯⋯　217

第七章　結　論⋯⋯⋯⋯⋯⋯⋯⋯⋯⋯⋯⋯⋯⋯⋯　227

附錄　儒家經典詮釋的作用與價值⋯⋯⋯⋯⋯⋯⋯　235

徵引書目舉要⋯⋯⋯⋯⋯⋯⋯⋯⋯⋯⋯⋯⋯⋯⋯⋯　267

後　記⋯⋯⋯⋯⋯⋯⋯⋯⋯⋯⋯⋯⋯⋯⋯⋯⋯⋯⋯　279

第一章　導　論

第一節　問題的提出：
乾嘉經典詮釋的發展及走向

中國哲學的發展和經學息息相關，尤其是儒家哲學，長期以來，便是建構在「經說」的基礎上展開，通過歷代學者對經典文本不斷進行梳理、詮釋，經學思想乃得以不斷推進，學者經由經典詮釋，所勾勒出的經學面貌，或許各具姿彩，但基本上說，傳統經學的發展史，其實是一段經典詮釋的歷程史。此間，不論是採取訓詁方式，強調還原、回歸原典、回歸作者本意的解釋；或是以經典文本為核心，另為闡釋發揮；雖其偏重各有不同，但都是環繞在對經典文本的「理解」與「詮釋」脈絡下續為補強的。

換言之，從經學研究的角度上觀察，對傳統經典從事注解疏釋，雖形成了歷史悠久的訓詁學、考據學、音韻學及典籍翻譯理論，歸屬於解經學範圍，卻並不等同於西方詮釋學意義下，直接可作為理解通達事物本身，在意義上，被本體化的哲學詮釋學。這是因為純粹站在經學研究的角度，談儒家的經典詮釋，很容易會將詮釋視角，只鎖定在文獻學的範圍，談析經、解經的方法進路，討論訓詁考據之鑰，從而忽略了考察本文，語言、文字的把握固然必要，但猶歸屬於解經的基礎工作，畢竟仍不究極。事實

上，經學及哲學思想的發展，並不是斷裂二分的，特別是現今對傳統經學或經典詮釋的歷史勾勒，抉發隱身在經學內部的義理思想，說明傳統經典的詮釋方法及意識，正可為傳統經學、中國哲學的研究，提供一條新的探索向度；透過現代性的研究方法，不僅可為中國哲學的研究，提供新思考，更可為傳統經學，立足於現代化的學術舞臺上，重新綻放新生命。

從詮釋學的角度觀察，既然思想發展和「經說」傳統密不可分，中國兩千多年的解經傳統，所積累沉澱下的經典詮釋經驗，也就更顯得彌足珍貴。此間，不僅有上升至哲學高度的詮釋，也有許多珍貴的思想闡發，故析明經說內涵和義理思想的關聯，幾乎亦足以說明中國哲學的發展脈絡。因為不論是孔子談「信而好古」、「述而不作」；漢代的今古文之爭；宋明的「六經注我」、「我注六經」；乃至有清的「訓詁明而義理明」、「漢宋之辨」；顯然都是一種詮釋學方法及命題的思考。是以，如何從中國的經典詮釋傳統，以注經經驗和具體的解經方法，為「中國的經典詮釋」或「中國詮釋學」賦予說明，通過現代性的語言轉換，進一步予以理論化建構，運用當代的學術話語，標舉意義價值，便是今日談「經典詮釋」，可為的進路所在。

剋就清代來說，清代的經典詮釋，表面上看是對漢學的更新轉化，但這股回歸漢代經學的經注運動，其實促進了經典詮釋朝向多元、多途的取向。乾隆年間提倡漢學，開館修編《十三經注疏》，在回歸經典之真，延續傳統經注模式外，特別置入經注者的考辨勘正，雖然係強調「明訓詁」、「詳考證」，崇尚鄭學，但走的卻是由群經研究，轉向專經的綜合考察，透過「正其經義」的證明方式來更新經說，此由《論語正義》、《孟子正

義》、《周禮正義》、《左傳舊注疏證》、《春秋公羊傳疏證》
相繼出現可證。

經學原具培養人才、以經術致用的目的，但自元明以來，讀
書人為了科考功名，「以講章為經學，以類書為博文」[1]，思想
受到箝制；此後，講學活動又受到一定程度的批評限制，於是學
人轉而以著述表達理念，以本子函札討論經學，形成經學社群的
內部對話，間接也為經學研究提供了相當資源。由小學以通經明
道的經學表徵，客觀上是尊重經學傳統，將義理之學重新導回訓
詁之路；但主觀上說，卻是對經學信仰的轉換，採取批判視角，
對宋代經學以撥亂反正，以求真求是的精神態度，辨析「經以明
理」、「通經致用」。時空環境變異，明末「無事袖手談性命，
臨危一死報君王」所造成的流弊，及由順治至乾隆以降的文字
獄、禁書活動，也迫使清初至清中葉百餘年間的讀書人，必須更
嚴正地思考現實生活及學術論題。

敏感的國族認同，到了乾隆朝已相對不明顯了，康、雍時
期，採取滿漢共治、積極漢化的執政思考，到了乾隆年間，政統
朝綱已呈穩定，滿清執政已百年，在一片社會平靜、經濟富庶的
環境氣氛下，讀書人梳理綱常名教的標準，也必須在相當程度內
予以「當朝化」[2]，稽古右文、考釋經典的目的，雖不必然純是

---

[1]　參江藩：〈國朝漢學師承記・序〉，收入江藩纂・漆永祥箋釋：《國朝
　　漢學師承記・上》卷一，（上海：上海古籍出版社，2013.06 一版一
　　刷），頁 15。

[2]　乾隆曾反覆論證他發動編修《四庫》的正當性，表示：「朕輯四庫全
　　書，當採詩文之有關世道人心者」、「伏思違礙各書，實為風俗人心之
　　害」，再再可見他欲「為萬世臣子植綱常」，宣揚正統學術文化，導正

為了替朝廷而服務，但總體社會氛圍習染所及，誠如龔自珍所說「萬形而無形」的「風」一樣，亦足堪形成一股無所不在的滲透力及壓力，這股基於政治力量、自我抑制或對於禁忌的理解，既具體又隱形地影響著當時的知識分子。學人們自覺或不自覺的想說、當說什麼，居於可說與不可說間的模糊地帶，該如何表述？或可以如何表現？也就形成乾嘉思想零件組成及版圖模組的變化。王汎森就指出，基於這種「權力的毛細管作用」，透過公開禁制與自我壓抑的過程，所形成的「潛在性壓抑」，往往使幾百年後的我們，在解讀現象時不易覺察，甚至造成誤解。[3]

由此觀察乾嘉時期的思想論題及解經方式改變，便可發現許多有趣的觀點，某些被論定的哲學範疇，當時可廣見的解經諸作，在被勘刻、刊定、流傳的當下，便已決定了命運。而這種特殊的現象，在經學長期發展過程中，以乾嘉時期達到最高峰，雖然經學始終和官學脫離不了關係，經學發展也常仰仗或依附官方而行，但乾隆迄嘉慶中期，其強度、力道所造成意識形態的影

風俗人心，以維統治的思考。參中國第一歷史檔案館編：《纂修四庫全書檔案》，（上海：上海古籍出版社，1997），頁 1443、559。只不過，乾隆心目中的正統，當然是服膺於滿族政權的正統，在漢人的綱常中，培養忠於滿人的意識。有關乾隆學術態度的變化，夏長樸先生著有多篇文章深入分析，可參夏長樸：〈《四庫全書總目》與和宋學的關係〉，（臺北：《故宮學術季刊》23：2，2005 年），頁 83-205、〈乾隆皇帝與漢宋之學〉，收入彭林編：《清代經學與文化》，（北京：北京大學出版社，2005 年），頁 156-192。

[3] 參王汎森：《權力的毛細管作用──清代的思想、學術與心態》（修訂版）第八章，（臺北：聯經出版事業公司，2015.11 二版二刷），頁 395-502。清代總體社會氣氛影響所及，所造成的學思方向偏移，於本文第二章中另有詳細說明，此不贅述。

響，都達到最高峰，為了維護「正學」，「端風俗、正人心」，改變不良的社會風氣，達成道、學、政合一的理想[4]，動員所有機制，窮盡一切力量，以取得新價值、新信仰，顯然不容有一絲撼動。戴震作《孟子字義疏證》一書，即開宗明義地指出，此書係「正人心」之作；阮元〈擬國史儒林傳序〉也說：「四庫館開，風氣益精博矣」[5]；凌廷堪甚至表示：「自宋人正統之論興，有明襲之，率以私意，獨尊一國，其餘則妄加貶削，不以帝制予之。黃氏矯其弊可也。」[6]讚許黃文暘《通史發凡》糾宋明之偏的貢獻，其「胡虜本位」的思考更令人嘖嘖。[7]這些說法，不僅正面積極地表達了個人的優位價值，同時也在學人的各逞智慧中，顯見學人服膺並妥協於領導者所塑造的論述系統。

當然，我們也不能因此就斷定，這些流傳下來的經典詮釋作品，都是滿族政治框架下的支配結果，即使是本書所討論的戴震

4　龔自珍在〈乙丙之際箸議第六〉曾表達他「治學合一」的思想，並說「是道也，是學也，是治也，則一而已矣！」參龔自珍著‧王佩諍校：《龔自珍全集》上，（北京：北京中華書局，1959 年），頁 4-5。關於乾嘉時期，道學政合一的現象，另可參王汎森：《權力的毛細管作用——清代的思想、學術與心態》（修訂版）第九章〈對《文史通義‧言公》的一個新認識〉，頁 503-532。

5　參阮元‧鄧經元點校：《揅經室集》卷二，（北京：北京中華書局，2006.06 重印一版二刷），頁 37。

6　參凌廷堪：《校禮堂文集》卷卅一〈書黃氏通史發凡後〉，（北京：北京中華書局，2006.03 一版重印二刷），頁 284-285。

7　參錢穆：《中國近三百年學術史》，（臺北：臺灣商務印書館，1996年臺二版二刷），頁 563-564。張壽安：〈凌廷堪的正統觀〉，中山大學《第二屆清代學術研討會論文集》，（高雄：中山大學中國文學系，1991 年），頁 175-193。

（1724-1777）、焦循（1763-1820）、淩廷堪（1757-1809）、阮元（1764-1849），都在極大程度下，受到清廷相當提拔資助[8]，作品方得以問世流傳，但可以想見的是，來自內心巨大的謹慎戒惕，亦必然使得這些看似燦爛產出的背後，有一大塊不願被碰觸的範圍，或是不想觸及的高層反思，因為即使官方不需縝密地關切個人私領域的一舉一動，但人們也願意自我約束，使個人官方化、政治化，俾便合於當時的政統、「正統化」，因為舉凡提出思想論述，都必須「自然而然」地考慮到來自於威權的傾軋，或遭遇論敵就內容論題的無限上綱，是以將特殊論題予以隱匿、轉譯處理，也是一個極好的方式。這是乾嘉經典詮釋，特別是揚州一派學人，於「通、博、精、大」之外，其所以多彩多元的學術產出特色所在，而就本文所討論的焦循、淩廷堪、阮元來說，三人枹鼓相應，僅以「揚學」成為「乾嘉樸學的殿軍」論之[9]，則不免有語之未愜，言之未盡之憾。

　　此外，焦循、淩廷堪、阮元三人的學問，皆有踵繼戴震學

---

[8]　此中，阮元為一代大臣，直接受當朝重視，固無須多論；淩廷堪在乾隆四十五年（1780），被揚州詞曲館延攬，襄助刪定古今雜劇傳奇之違礙者，站在清廷的標準及觀點下，從事說部曲藝刪改，是他該項工作的核心目標。參陳萬鼐：〈淩廷堪傳〉，《故宮文獻》4：1，（臺北市：國立故宮博物院《故宮文獻》第四卷第一期，1972.12），頁 45。至於焦循，不僅是阮元的族姊夫，前半生擔任阮元幕府，其大部分的作品，亦得阮元資助得以刊刻問世。而影響此三人學思甚深的戴震，不僅位居館閣，編修算學圖書很長時間，《疏證》之資，亦賴館閣收入積累乃成。故可以說，戴震、焦循、淩廷堪、阮元學問及作品之成，有很大因素都來自官方直接或間接的助益或資養。

[9]　此祁龍威語。參林慶彰·祁龍威主編：《清代揚州學術研究·祁序》上，（臺北：臺灣學生書局，2001.04 初版），頁 III。

思，發揚推擴之跡，不僅在研究經學的態度、方法、意識及目的
上，多所相同，就經典詮釋的論題上言，戴震也在相當程度上的
引領了焦循、淩廷堪、阮元的觀點。學人一方面自覺或不自覺地
服膺於統治者，其次又必須小心翼翼地，期許個人做為一名教化
者，因此運用作為經世支撐的經學，採取刻意隱去或轉化的經典
詮釋，便是絕佳的寄託。運用文字訓詁以徵實考證，精細考析經
典文獻中的各種名物錯謬，便如章太炎（1869-1936）所說：
「家有智慧，大湊於說經，亦以紓死」[10]，成為安全寄身的方
法；而從析古考古中，在解經注疏時，予以強調、放大、迴避、
代換，或以某種曲語加以詮釋[11]，甚至刻意留白的，就是學人面
對權力或生存競爭下，得以突破框架，施展智慧的表現及研精創
造所在。

戴震《孟子字義疏證》一書，從《孟子》中選出「理、天
道、性、才、仁、義、禮、智」等哲學範疇，運用考證方法，引
經據典以疏證，闡發他「非從事於字義，無以通其語言」的理
念，此一重視考證求是的武器，同樣表現他對《古文尚書》的考
辨上，他在《尚書今古文考》中，考證了〈泰誓〉由來，指出

---

[10] 章炳麟著・徐復注：《訄書詳注・清儒》，（上海：上海古籍出版社，
2000.12 一版一刷），頁 139。

[11] 比如，若對錢謙益的忌諱沒有足夠的了解，就不會注意到，在四庫本
《經義考》中，有五十幾種，實際上是錢謙益著、纂或寫過序的，竟然
被隨意標以不相干的人名。可見，文獻訊息的改動、變異在當時已是一
種習成模式，「自我壓抑」所帶來的不僅是個人的保全，也是群體用以
維持團結秩序、凸顯領導性地位的方法。

〈泰誓〉不偽。[12]可以追問的是，焦、淩、阮三人的解經諸作，除了接軌戴震之外，其所以秀異特出、值得討論，關鍵在哪裡？他們的經注，是否與同時期的學者有別？注經訓解時是否有其他考慮？此三人於乾嘉經學、揚州學派的地位，該如何看待？他們所從事的經典詮釋，是否合於三人強調「考古」、「信古」、「徵於古」的型態，亦或有其自我勾勒理解後的詮釋轉化？其詮釋的作用及效果如何？以經典作為面向現實社會及生活的溝通載體，那麼，注經活動對經典意義內容的掘發，究竟關切著怎樣的社會議題、時代思維？

　　若分從解經進路及經典詮釋論題的揀擇上觀察，此三人為避免補苴罅漏、空言虛理之失，均能盡量兼涉考據實證和義理詮釋兩端，走向多元匯合的方向，實有意於結合訓詁、義理二者，在戴震倡言「訓詁明而義理明」的基礎上，藉由經典詁訓、徵實考據的手段包裝，以實學實證方式，提供新的經說、經詮，標舉新的時代價值。

　　焦循、阮元主張「性」、「命」的具體實踐方式，不再著意於形上根源之逆溯，而改由日常生活討論人性、性命、民人的倫常該如何安立？可以如何實踐的問題。群我世界的真實情態，個人情性之安頓，是其共同的關注。焦、淩、阮三人亦皆倡言「以禮代理」，關注禮文的踐履實行，欲以文化教養、經世實踐為詮釋核心，展開系列性的經典詮釋，這種強調以考證崇古為基底的經注方式，不僅為復興漢學提供了相當的榮景，也回應並滿足了

12　參戴震撰‧張岱年主編：《戴震全書》第二冊《經考》卷二〈今文尚書〉（安徽古籍叢書），（合肥：黃山書社，1994.07 一版一刷），頁213-218。

當時的社會需求。乾嘉以後，經學研究由漢宋對立的門戶偏見，轉為兼採漢宋、訓詁義理並重，如朱王林主張：「漢學、宋學不宜偏重，夫學以窮經求道，一而已矣，本無所謂漢宋之分。」[13]胡承拱也說：「治經之法，義理非訓詁則不明，訓詁非義理則不當，二者實相資而不可偏廢……治經無訓詁義理之分，惟求其是者而已。為學亦無漢宋之分，惟求其是之多者而已。」[14]隨著這種學術思潮導向的轉變，經學研究、經典詮釋呈現出多元取向，「泯除漢宋」及「求是之多」的發展，焦、淩、阮三人基於徵實考證而走向漢宋兼採的經解貢獻，不可謂之無功。

　　從經學研究的角度來觀察，戴震以後所發展的經典詮釋，正扮演著由傳統的「經典注疏學」，朝向「經典詮釋學」的發展；亦即由採取「經、傳、注、疏」依序遞進的注疏解經層次，以語言、文字等實證基礎，展開注疏的解經傳統，試圖綜合漢學與宋學優點，漸次朝向匯合漢宋、兼採漢宋之路。然而仔細探究解經方法的改變，隱身在訓詁考據模式背後的思考，也不僅是為了解經方法明其壁壘的考慮而已，實際上說，透過經典詮釋進路的改易變動，目的仍是為了闡明經義而服務。此經義之闡明，是由形上世界之根源探索，轉向生活世界之落實，從經典意義內容上說，則是重新確立並強化經學作為一種面向世局的致用價值，藉由重新編修經典、詮釋經典，找到一條在盛世昌明的治世格局

---

[13]　參朱王林：《小雲廬晚學文稿棄》卷二〈與顧訪溪徵君書〉，收入清代詩文編纂委員會：《清代詩文集彙編》第 532 冊，（上海：上海古籍出版社，2011.12 一版一刷），頁 694。

[14]　胡承拱：《求是堂文集》卷四〈四書管窺序〉（清道光十七年（1837）刊本），（合肥：黃山書社，2008）電子書。

中，人們得以重新評估思想、愉快生活，不再只是停留在「回歸
經典」、「回歸道統」的比附，而是以考訂勘誤、糾偏核正的詮
釋合理性，以建構新的文化態度及思考模型。

　　他們一方面調整純粹考據漢學的研究方式，試圖在古代經典
的基礎上，提出新的經學理論，主張啟蒙教養之要；針對那些被
漢學家蔑視的理學論題，則另提出反省，如：焦循的《論語通
釋》、〈性善說〉、〈格物解〉，淩廷堪的〈復禮論〉、〈好惡
說〉、〈慎獨格物說〉，及阮元的〈論語論仁論〉、〈孟子論仁
論〉、〈性命古訓〉、〈論語一貫說〉、〈大學格物說〉等，對
人的自然欲望和社會道德責任，重新進行分析，從而進一步彌補
了漢學家輕義理、重考據的傾向，恢復經世致用之學。

　　以「重訓詁」的解經型態，回應當朝政治及真實生活；以
「明義理」的詮釋實踐，對文化思想從事價值意義的辨明及發
揚，此促使焦、淩、阮所建構的經典世界，另外開啟了新的詮釋
圖像。這是一個時代的集體迴避、巧妙共識下的產出，然其隱微
意涵，卻不僅是歷史的、現象上的徵貌，而是漸聚群體、匯合學
思的意識走向。經學家的詮釋和思想家的詮釋，顯然不必是斷裂
互斥的，而是可以交融共亮的，乍讀之下，看似存於經典的訓詁
解釋，其實正是經義思想內容的顯豁，經由系統化的「傳訊結
構」（Signalling System），所欲傳達的方向與價值，無疑更值
得闡明覺察。

第二節　前人研究成果述評

　　目前學界涉及對乾嘉時期經學及學術型態的論著，除早期錢

穆、梁啟超、余英時外[15]，於經學家個人的單一研究，不論側重思想闡發、或強調經學考據，所論可謂犖犖。剋就本文所論之揚州學人，有由林慶彰所編《乾嘉學術研究論著目錄》、祁龍威、林慶彰所編《清代揚州學術研究》及楊晉龍、蔣秋華所編之《清代揚州學術》[16]等專論，可說在標舉「揚州學術」的範圍內，已有一定程度的學術成果。其他如：張舜徽[17]、張壽安[18]、陳居淵[19]、

---

[15] 如錢穆《中國近三百年學術史》、梁啟超《清代學術概論》、《中國近三百年學術史》，最為代表。余英時專文：〈從宋明儒學的發展論清代思想史〉、〈清代思想史的一個新解釋〉、〈畧論清代儒學的新動向——戴震與章學誠〉等，亦頗有見。參余英時：《歷史與思想》，（臺北：聯經出版事業公司，1976 初版）。錢、梁分從學術及思想內涵分析清代學術，指出清代近三百年來的學術發展特徵：錢穆採「學案體」的寫作方式；梁啟超採主題特徵的分類方式；余英時則採取史學研究法，提出「內在理路說」，對比於錢穆，另以「智識主義」和「反智識主義」，言清學興起的原因與發展，是由「尊德性」走向「道問學」。有關錢、梁二者之對比，另可參筆者：〈梁啟超、錢穆《中國近三百年學術史》寫作範式探析〉，《鵝湖月刊》卅三卷第 8 期（293），（臺北：鵝湖月刊社，2009.08），頁 56-62。

[16] 林慶彰主編：《乾嘉學術研究論著目錄（1900-1993）》，（臺北：中央研究院中國文哲研究所，1995 初版），匯集近百年來的學術專論研究存目；祁龍威、林慶彰主編：《清代揚州學術研究》上下，（臺北：臺灣學生書局，2001.04 初版）及楊晉龍主編：《清代揚州學術》上下，（臺北：中央研究院中國文哲研究所，2005.04 初版）。後二書皆係學術論文集，其中彙集兩岸學者於揚州學派、學人學思等諸多見解，為中研院文哲所執行「清乾嘉學派研究計畫」之系列成果之一。可說積極促進了兩岸於揚州學、揚州學派的研究。

[17] 張舜徽：《張舜徽全集·清代揚州學記》，（武漢：華中師範大學出版社，2005.12 一版一刷），於焦循、阮元平生學思頗有所論，並附揚州學者年表，可得見學人互相往來論學情形，獨於張氏書中，並未將凌廷

賴貴三[20]、黃愛平、楊錦富、邱培超[21]……等，以上學者皆採取

　　堪列為揚州學人之一。

18　張壽安：《以禮代理──凌廷堪與清中葉儒學思想之轉變》，（石家莊：
　　河北教育出版社，2001.11 一版一刷）、《十八世紀禮學考證的思想活
　　力──禮教論爭與禮秩重省》，（北京：北京大學出版社，2005.12 一
　　版一刷）。二書皆集中在凌廷堪禮學及其所開展的清中葉禮學走向。

19　大陸學者陳居淵，於焦循、凌廷堪二人學術有相當的產出。參陳居淵：
　　《焦循阮元評傳》，（南京：南京大學出版社，2006 年一版一刷）、
　　《漢學更新運動研究：清代學術新論》，（南京：鳳凰出版社，
　　2013.07）；及多篇專文：
　　〈論焦循的易學與堪輿學〉，（山東：《周易研究》2006 卷 3 期，
　　2006.06），頁 5-11；
　　〈學人社集與清初經學〉，（上海：《復旦學報》（社科版）2006 卷 4
　　期，2006.07），頁 46-54；
　　〈論焦循的《論語》學研究〉，（雲南：《雲南大學學報》（社科版）
　　6 卷 1 期，2007.02，頁 87-93；
　　〈道在求其通，解經須性靈──一代通儒焦循的經學思想〉，（湖南：
　　《湖南大學學報》（社科版）21 卷 2 期，2007.03），頁 40-48；
　　〈凌廷堪「慎獨格物說」的禮學詮釋〉，（上海：《復旦學報》（社科
　　版）2009 卷 2 期，2009.03），頁 80-85；
　　〈漢學與宋學：阮元《國史儒林傳》考論〉，（上海：《復旦學報》
　　（社科版）2011 卷 2 期，2011.02），頁 41-54，
　　〈《白虎通》與清代經典詮釋的禮制化〉，（上海：《復旦學報》（社
　　科版）2017 卷 4 期，2017.11），頁 1-12；值得參考。

20　賴貴三是臺灣學界的焦循易學專家，論著豐富，著有：《焦循年譜新
　　編》，（臺北：里仁書局，1994.03）、《昭代經師手簡箋釋》，（臺
　　北：里仁書局，1999.08 初版）、《焦循手批十三經註疏研究》，（臺
　　北：里仁書局，2000.03）、《「雕菰樓易學」研究》，（新北市：花
　　木蘭文化，2008）、《臺海兩岸焦循文獻考察與學術研究》，（臺北：
　　文津出版社，2008.11）等專書。及
　　〈清代乾嘉揚州學派經學研究的成果與貢獻〉，（臺北：《漢學研究通

單一思想家及專門論題、專書的研究。另外如：張麗珠[22]、徐道

訊》19 卷 4 期，2000.11），頁 588-595；

〈焦循理堂先生手批「周易兼義」鈔讀記〉共三篇，（臺北：臺灣師大《中國學術年刊》，1998-2000）；

〈焦循（1763-1820）研究論著目錄：1796-2001〉，（臺北：國家圖書館《漢學研究通訊》21 卷 1 期，2002.02），頁 171-182；

〈焦循「尚書」學及其研究述評〉，（臺北：《臺灣師大國文學報》，2002.12），頁 1-29；

〈孟子的「易」教──清儒焦循「孟子正義」中「易」理詮釋〉共六篇，（臺北：《孔孟月刊》），2003.01-2003.08；

〈清儒焦循「論語」、「孟子」與「易」學會通簡述〉，（臺北：《孔孟月刊》，2003.04），頁 3-5；

〈焦循「毛詩」學綜述〉，（臺北：《文與哲》，2003.12），頁 37-58；

〈「五經皆學，三禮成圖」──乾嘉通儒揚州焦循里堂學記〉，收入彭林主編：《清代學術講論》，（桂林：廣西師範大學出版社，2005.11一版一刷），頁 163-188。賴先生於焦循作品有相當之歸納整編及評述，頗可提供參考。

21 黃愛平：《阮元與揚州學者：樸學的總結·樸學與清代社會》，（石家莊：河北人民出版社，2003 年一版）；楊錦富：《阮元經學之研究》，（新北市：花木蘭文化，2010.03）；邱培超：《自「文以載道」至「沈思瀚藻」：學術史視域下阮元學圈的文統觀及其意義》，（臺北：大安出版社，2012.08 一版）。

22 張麗珠除於「清代新義理學三書」系列作品中，再再詳明清代「新義理學」的類型傾向及發展外，其後亦不斷在此基礎下，另著：《中國哲學史三十講》、〈乾嘉道從論學到議政的今文學發揚〉等，在此期之學人思想考察上賡續發揮。氏指出：若以宋明重視形上價值，發揚道德理性的義理模式為理學，則清儒重視經驗價值，客觀實證、主情重智的主張，則可名為「情性學」，與宋明理學並為兩種儒學的義理範式。其提出的「清代新義理學」，內容包含從天理到事理、情理的價值轉換；強調禮學；重智的道德觀；強調義利合一；從主觀存養到客觀事為的工夫論等。

彬[23]……等，係採取綜合性、學派衍流的概括性考察；獨尚未將焦、淩、阮三子合併析論，亦未將三人做為「揚州三子」以與戴震做對比。美國漢學家艾爾曼，雖於清代經學及文化思想，多所關注，〈作為哲學的考據：清代考證學中的觀念轉型〉[24]一文，雖分言戴震、阮元及阮元、焦循的思想關係，集中討論了知識轉型、仁的重估，側重觀念轉型，亦未及於淩氏。

　　此外，由中國大陸「揚州學派研究會」所出版的系列論叢，則提供當代研究者許多寶貴的資源，《揚州文化研究論叢》[25]目前已出版近廿冊，由民間愛好揚州學的人士、專家學者所集彙，其中包括揚州的地方藝文、學派研究、名人逸事、文物考析之討論……不一，也收錄有阮元、汪中、焦循等人的研究論著索引[26]，可提供文化史、地方志、學術研究者參考，唯多限於資料蒐

23　徐道彬：《皖派學術與傳承》，（合肥：黃山書社，2012.03　一版一刷），本書雖題為「皖派學術」，其實針對皖派、徽州禮學、徽州及揚州學人融合，戴震、淩廷堪、阮元學思交涉情況，多有提及，於焦循《孟子正義》、阮元亦列專章討論。

24　收入本傑明・艾爾曼（Benjamin Elman）：《經學・科舉・文化史——艾爾曼自選集》，特別是〈從戴震到阮元〉、〈從阮元到焦循〉二節，（北京：北京中華書局，2010.04　一版一刷），頁 116-128。

25　由「揚州文化研究論叢編委會」及趙昌智主編之《揚州文化研究論叢》，自 2008.09 出版第一期。為一民間人士邀集學者參與之期刊，內容廣泛，顯見維護文化用心，獨其學術深度較不足。

26　伍野春・阮榮輯：〈阮元研究論著索引（1799-2012）〉，收入趙昌智主編：《揚州文化研究論叢》第十一輯，（揚州：廣陵書社，2013.06　一版一刷），頁 165-204。伍野春・阮榮輯：〈汪中研究論著索引（1803-2012）〉，收入趙昌智主編：《揚州文化研究論叢》第十二輯，（揚州：廣陵書社，2013.12　一版一刷），頁 187-198。伍野春・

集，於學術見解之深入闡明，明顯未足。

值得說明的是，目前可見的學術成果雖似紛呈，顯見清學研究已受到重視，可惜的是，仍然受限於單一學者的「個案研究」，或於個別經學家，在專一領域上的主題闡發；基本上，皆是通過分析「個案」、「主題」的研究，言其歷史時間上的思想學術表現，而少數採取個案對比，以專章專文論述者，亦有將經學考據與義理思想各自斷裂析分之弊。本書所論揚州三子——焦循、淩廷堪、阮元，於戴學之繼承轉出，雖已有徐道彬略做討論[27]，但因集中於皖派學術繼承與發揚，與本書辨明分析三子於戴震經解方法及思想的脈絡化發展，兼綜三子經說內涵之縱貫及橫攝對比，所論較有不同。

王章濤：〈揚州學派邊緣人物與揚州學派研究：黃文暘對阮元、焦循、淩廷堪的影響〉[28]，藉由揚州學派邊緣人物黃文暘與阮元、焦循、淩廷堪的交誼，言黃氏對三子學思表現之滲透，是早期將三子併言的單篇專文，然細察全文，其實是透過黃文暘對

阮榮輯：〈焦循研究論著索引（1815-2014）〉，收入趙昌智主編：《揚州文化研究論叢》第十五輯 01 期，（揚州：廣陵書社，2015.06 一版一刷）。

[27] 徐道彬言及徽派學者與西學關係時，以戴震和淩廷堪並論，分別談戴震與西學及淩廷堪的西學觀；並明言焦循《孟子正義》傳承了戴震的義理學，阮元對戴學的繼承與發揚。全書以皖派為立論核心，雖言皖派繼承，實則仍係為彰明皖派特徵而論。參氏著：《皖派學術與傳承》，（合肥：黃山書社，2012.03 一版一刷）。

[28] 王章濤：〈揚州學派邊緣人物與揚州學派研究：黃文暘對阮元、焦循、淩廷堪的影響〉，收入趙昌智主編：《揚州文化研究論叢》第一輯，（揚州：廣陵書社，2008.09 一版一刷），頁 76-81。

揚州學派進行微型考察,論及面向較受限制。

祁龍威:〈清乾嘉後期揚州三儒學術發微〉[29],文中對比吳、皖、揚三派的學術特徵,稱揚州學派與吳、皖之學,並為乾嘉學派正統,明言「焦循、淩廷堪、阮元」為揚州學派的代表人物,將三人並稱為「揚州三儒」。祁先生是首先將三子並稱者,文中指出,揚州三儒把經之義理與人事結合起來的特色,頗能提供許多慧見思考,可惜因受限於單篇論文規制,全文僅能提供「結論式」的概括說明。本文於此,恰可針對焦循、淩廷堪、阮元彼此交涉狀況及獨特專長詳為對比,並分別舉證析說,以補罅縫之思。

陳治維:《清中葉揚州學派之學術方法論:以汪中、淩廷堪、焦循、阮元為考察對象》[30],是目前所見,將焦循、淩廷堪、阮元揚州三子,在學派及學術方法上採取併觀研究的專文。陳作針對揚州學者「實事求是」的治經態度,指出揚州三儒兼涉數學、地理領域的研究,及與汪中對現實社會的關注,此四人同在「氣化」思維下,重視「形器」的現象界,這種關注經驗層面的儒學思想,顯然和宋代的義理思想不同。簡言之,陳作可視為張麗珠教授「清代新義理學」之論的延續及呼應性研究。[31]陳作

29　參祁龍威:〈清乾嘉後期揚州三儒學術發微〉,收入:(揚州:《揚州大學學報》(人文社會科學版)第 4 卷第 2 期,2000.03),頁 68-73。

30　參陳治維:〈清中葉揚州學派之學術方法論:以汪中、淩廷堪、焦循、阮元為考察對象〉,(高雄:中山大學中研所博士論文,2018)。

31　關於張麗珠教授「清代新義理學」的響應之作,另有張曉芬:《天理與人欲之爭:清儒揚州學派「情理論」探微》,(新北市:花木蘭文化,2010.09 一版一刷)。文中關於「情理觀」、「典範轉移」皆與張麗珠所作,頗有同調之和。

專就揚州三儒的治經型態及「重智」、「主情」之說分別落實，並與同籍於揚州的汪中，在義理思想上的相互參照為對比，歸結出清中葉的義理思想型態，是有別於宋明偏重形上思維的另一種儒學表現。誠如前揭研究所說，筆者同樣主張清代當然是有「義理學」的，經學義理不應當只是隱身在考據背後，事實上，經學原本就涵括了「經、史、子、集」四者，所謂義理思想，本來就融攝在儒家經典當中，是以透過現代學術話語，掘發或釐清經學義理思想的內涵與發展之跡，特別是戴震及揚州三子於乾嘉經典詮釋之特徵及思考，與中國經典詮釋的未來發展，此正本文所欲展開之處。

又，前賢雖於「揚州學派」是否足以稱為「學派」，各有不同意見[32]，因本文已預取梁說、祁說[33]為基礎，於「揚州學派」

---

[32] 「揚州學派」原先係因其主要成員都係揚州府籍而得名。如支偉成〈皖派經學家列傳・敘目〉便指出：「既淩廷堪以歙人居揚州，與焦循友善；阮元問教於焦、淩，遂別創揚州學派。」參支偉成：《清代樸學大師列傳》（清代傳記叢刊・學林類9），（臺北：明文書局，1985年一版一刷），頁145。民國初年，尹炎武〈劉師培外傳〉也指出：「揚州學派於乾隆中葉⋯⋯師培晚出，席三世傳經之業，門風之勝，與吳中三惠九錢相望，而淵綜廣博，實龍有吳皖兩派之長，著述之盛，並世所罕見也。收入劉師培著：《劉申叔遺書・外傳》上，（南京：江蘇古籍出版社，1997.11一版二刷），頁17。陳居淵則指出，「揚州學派」實濫觴於乾隆中後期，鼎盛於嘉慶至道興年間，並一直延續至近代，仍有其流風餘韻，時間跨度為十八世紀中葉至整個十九世紀。這種學派概念⋯⋯，是被過分渲染所致。⋯⋯揆之史實⋯⋯嚴格意義上的揚州學派，是指乾隆末期至嘉慶朝，由焦循、阮元、江藩等揚籍學者所組成的經學圈。參氏著：《漢學更新運動研究：清代學術新論》，（南京：鳳凰出版社，2013.07一版一刷），頁98。勾連著揚州學派所跨涉的時間

詞語範圍之爭，為恐本文失焦，不再贅言，僅針對此乾嘉揚州三子，詳明學脈根源，並深入分析三子經典詮釋之特徵異同，指出由三子導引下中國「經典詮釋學」的可能走向。

第三節　經學義理學的研究取徑

祁龍威指出：

> 範圍、地域範圍、學術研究範疇、學人籍地與交往、師承及學術淵源等，皆是「揚州學派」是否足以稱為「學派」之因。而於所謂「揚州學派」，又有寬、嚴的不同討論。但若拉高一層來看，「揚州學派」之所以特殊，便在於學人間多元對話，互相啟發、吸收，甚至駁難、對話的豐富性，及對經典文本的逆溯考察上，此區域性的經學網絡，所形成的「通、博、精、大」特色，顯然不限於歷史、空間意義的討論，而可以提升至學術類型學的轉型價值。

33　梁啟超指出：此漢學思想達最高潮的兩朝（乾嘉）間，學問傾向又可分為吳派、皖派及揚州一派，並說：「（揚州一派）他們研究的範圍，比較的廣博。」參氏著：《中國近三百年學術史》，（上海：上海三聯書店，2006.04 一版一刷），頁 19。祁龍威則指出，乾嘉經學三階段的連續性發展，即是「吳、皖、揚」的三派劃分。參氏著：〈清乾嘉後期揚州三儒學術發微〉，頁 68-73。又指出：「江都焦循、儀徵阮元和曾作揚州寓公的歙人凌廷堪為主要代表的『揚州學派』，力求恢復三代的人倫典則。三者相繼，創建清代的經學。」參林慶彰・祁龍威主編：《清代揚州學術研究・祁序》，頁 II。祁先生不僅是將焦、凌、阮三子，並稱為「揚州三儒」的第一人，他所提出乾嘉揚州學術的分判，筆者亦深以為有見。因為就時間斷限上言，揚州學派已在乾隆朝政日盛以後，社會文明發達，民生經濟活絡，顯與乾隆前期，吳派唯主漢代經師家法有別。皖派以戴震為宗，堅持由字通詞，由辭以明道，力求恢復孔孟義理，揚州三儒雖在解經方法學上，有所繼承，但三子也各自在稽古考據之外，另有發揮，不只限於孔、孟而已。

乾嘉學派擅長考據，宗法許、鄭，故稱「考據學派」。乾嘉經學又稱「漢學」，以區別於「鑿空說經」的「宋學」。吳、皖、揚三派雖都屬「漢學」，但頗有差異。吳派唯漢代經師的家法是從，這是真正的「漢學」。皖派謂漢儒也有傳會，不能盲從，提倡「實事求是」。……揚州學人聞風興起，先於焦、阮者，有汪中、王念孫等……皆響應吳皖之學而起……於是「揚州學派」的奠基者焦循、阮元和淩廷堪，聯袂而起，枹鼓相應，力糾「漢學」末流之弊，使「揚學」成為乾嘉樸學的殿軍。[34]

祁先生說明吳、皖、揚三學派的流衍及主張，並指出揚州三儒之繼，頗有力矯「漢學」末流之弊的貢獻，筆者以為，此處當為可說。然此三子所倡議主導的「揚學」，是否僅可被稱為「乾嘉樸學殿軍」，則頗值得細議，特別是僅以「樸學」一詞，概括三子治經總貌，顯然並不十分準確。此三子有諸多文章，係為評述當時學風流弊，反對漢學家狹隘的門戶之見而來，但三子的更大貢獻，其實也正在他們解經析義時的特出見解，此詮釋上的義理發揮，顯然不限於孔孟之學，更不限於漢儒訓詁，此由本文討論三子談「性與命」、「禮與理」等哲學範疇可見[35]。

揚州學派以通博精大著稱[36]，此揚州三子的學術產出，亦皆

---

[34] 參祁龍威、林慶彰主編：《清代揚州學術研究・祁序》，頁 II-III。

[35] 另詳本文第四章、第五章。

[36] 此「博通」特徵，可由揚州學派學人研究遍及「四庫」可見。除前文已言梁啟超評為「廣博」，祁龍威評為「博通」外，王國維則言「乾嘉之學精」。參王國維：《王國維遺書・觀堂集林》卷 23，（上海：上海

共同具備通觀廣覽、遍涉群學特質。以焦循來說，不僅《十三
經》皆有所及，著《六經補疏》、《手批十三經註疏》；精擅易
學，有「易學五書」[37]；同時長於算學、天文、劇曲、醫學、地
理、詩賦、時文等，畢生著述已刻、未刻者，登錄有 59 種，可
見學問之浩博。阮元則因少年早達，歷居要職，積極提倡學術、
培育人才，協助編修勘刻多部巨著，如《經籍籑詁》、《十三經
注疏》、《皇清經解》，對當時的學術發展，有很大影響；個人
自編定稿的《揅經室集》、《疇人傳》，除了推重專門學術，具
備由經學擴及專門學術的開闊視野外，亦綜括並集中反映了他個
人的學術觀點。[38]《清史稿》卷 364〈阮元傳〉即譽其「身歷乾
嘉文物鼎盛之時，主持風會數十年，海內學者奉為山斗焉」[39]，

古籍出版社，1983 年），頁 26。錢穆亦指出，徽學精實，用心常在會
諸經而求其通，戴震承徽開皖學之宗，丁丑（乾隆二十二年）遊揚州識
松崖（惠棟）後，論學始變。參錢穆：《中國近三百年學術史》上，頁
358-361。揚州三儒承戴氏「求是」之學，雖言「舍古無以為是」，
「求義理不得鑿空於古經外之論也」，但求得經之義理，方是治經之究
極，此「訓詁明而義理明」，「得我心之同然者」之謂也。另詳本文
二、三章。

37　焦循的「易學五書」包括：《易章句》、《易通釋》、《易圖略》、
　　《易廣記》、《易話》等。此中，《易章句》、《易通釋》、《易圖
　　略》三者，合刊為《雕菰樓易學三書》。

38　有關阮元學術內涵之詳細說明，可另參筆者：〈阮元經學評騭〉，孔孟
　　學會《孔孟學報》第 95 期，（臺北：孔孟學會，2017.09），頁 165-
　　181。

39　參〈阮元傳〉，《清史稿》卷 364，收入張鑑等撰‧黃愛平點校：《阮
　　元年譜‧點校說明》，（北京：北京中華書局，2006.06 重印三刷），
　　頁 268-271。

可說「自經史、小學以及金石、詩文，鉅細無所不包」[40]。至於凌廷堪，其《儀禮釋例》的禮學成就，不僅讓他獲得「一代禮宗」[41]美譽，且筆札甚勤，知識深廣，凡於考證、音韻、訓詁、天文、算學、版本校勘、金石文字、樂律、詩詞辭賦及各體文章皆有所長[42]。凡此皆是此三子於各類學術牽涉範圍之廣，學問淵博精大的表現。

　　揚州三子除皆具備揚州學術之「通、博、精、大」特徵外，此三子之治經路徑、經典詮釋要義亦頗具特色，特別是焦循、阮元採取調和漢宋門戶方式解經，除有補濟時弊之褊的貢獻外，亦可標誌出傳統經學由「經典注疏」型態，走向「經典詮釋」型態的面向。獨前人於三子成就，均僅分別作論，而將三人合觀言其治經方法者，亦未針對經典詮釋特徵深入頗析，至於將傳統解經路徑予以現代化詮釋者，更是全數闕如，此係筆者欲將三子對比合觀，析明揚學特徵，指出焦循、凌廷堪、阮元三子，於經典詮釋定位及價值貢獻的用意所在。本文因更關注於三子於戴震在「經學義理思想」上之繼承、轉化與發揚，及三子彼此之思想交輝及其困限，故概以經學義理學、經典詮釋言之。

　　復次，分析此三子在思想論題上的互涉共融及於戴學之闡

---

[40]　參〈阮元傳〉，《同治續纂揚州府志》卷 9，《阮元年譜》，頁 253-256。

[41]　此為江藩語。參江藩：〈校禮堂文集序〉收入凌廷堪著・王文錦點校：《校禮堂文集》，頁 3。

[42]　關於凌廷堪學思生涯及學術表現，另可參筆者：〈凌廷堪「以禮代理」經世之方探析〉，元亨書院《元亨學刊》第五期，（臺中：中華大道文教基金會・元亨書院，2018.09），頁 143-173。

揚，亦可見乾嘉揚州三子的經學意識，顯已有別於戴震而能自我樹立，透過經典詮釋，三子皆於生活世界更為關注，且針對當時的學術爭擾、政治社會有更多的回應，可以說，三子之經典詮釋，正是盛世王朝下的思想映現。是以併觀三子異同，不僅可得見乾嘉經學典型，更可為道咸以後的經學及思想發展，進一步指出一條明確的道路。觀察分析此三子的經典詮釋內涵，正具備彰顯揚州三子貢獻、彌補乾嘉至嘉道、乃至嘉道至道咸經學思想罅縫的作用。

　　有清學人採取學術社群，相互增益其學思，係清代學人社會成形的重要特色之一，同時，不同的學人社群彼此的思想滲透進展，也常常不是一成不變的。彼此對立的學術社群，其間往往也存在著師友關係，而隨著時間推移、社會氛圍、師友互動、議題討論、學者心理……，他們各自的學術傾向，也存在著游移變動的空間，這些複雜關係的探索及所隱含的深邃思考，亦皆有待進一步申論發揮，此係本書採取三子併觀方式，分析其治經類型、思想論題，考察此三子經說內涵、歷史的、文化的、乃至學派發展之影響，探討思想之於現實社會及經學發展的具體效力，進而勾勒並建構此三子之經典詮釋作意，及規模格局用心之所在。其次，分析此三子透過經典詮釋而為的意義闡發，可以發現，三子之論，雖非均能臻於「哲學理論效力」之完足，但以經典詮釋作為闡揚個人思想的載體，三子之個別形貌，則多有可觀。本書有取三子於經典詮釋過程中的關鍵字、詞分析[43]，便是為了析明三

43　關於中國哲學的研究，學者常運用「哲學範疇」的「概念命題」進行討論，分析其系統建構、邏輯層次及釐清語詞界域等，如戴震《孟子字義疏證》即是一例。然而許多時候，許多古典話語之陳說，並不全然彌合

子之問題意識、概念命題、思維效力而來，當然，對比於哲學上理論邏輯及終極關懷探索而言，三子所論之思想均不乏有檢討空間，但此並不意味著他們透過經注所欲呈現的思維世界，可以被忽視不論；相反的，三子所討論的思想內涵，不僅提供了當時社會具體的實踐憑藉，回到經學義理內部的討論來看，不論是兼採漢宋的解經進路、或於經典詮釋話語類型之新啟，都有相當的創研。

　　一般談經學，多將之緊縮在訓詁考據的範圍內，不著意於思想考察；而論哲學，則多言其形上世界之把握呈示；事實上，經學研究及思想議題的發展，並不是斷裂二分的，今日討論經學、經學研究，如何透過現代性的學術話語，抉發隱身在經學內部的

「哲學性」的考察，至多僅能稱之為表達一種思想、觀念，筆者將這些用以陳述思想觀念、闡釋概念的核心語詞，統括概稱其為「關鍵詞」，這類詞語，有時足以呈現哲思輝光，有時則僅能用以表述「思想」、「觀念」，但無論如何，亦仍能說明學人對這些範疇概念、思想觀念的深度思索。針對這類「關鍵字詞」的研究概況，比如：馮友蘭《新理學》，探討「理、太極、氣、兩儀、四象、道、心、性、天道……」等概念命題；其後，唐君毅撰《中國哲學原論》系列，有《原性篇》、《原道篇》、《原教篇》，可說是於哲學範疇、思想觀念的繼續研究。此外，學者張立文主編的《性》、《天》、《氣》、《道》等書，也都集中對這些範疇、關鍵詞語的流變，做了進一步的探討。近期，由鄭吉雄主編：《觀念字解讀與思想史探索》，（臺北：臺灣學生書局，2009年），含括了臺、日、新加坡、大陸等地學者，對「道、天、性、德、誠、時、群、欲、元氣」等觀念字的討論，可說成果豐碩。佐藤將之：《中國古代「忠」論研究》，（臺北：臺灣大學出版中心，2010年）；陳瑋芬：《近代日本漢學的「關鍵詞」研究：儒學及相關概念之嬗變》，（上海：華東師範大學出版社，2008年）等，都是近期類此的研究專著，可為參考。

思考體系，以現代性的研究方法，勾勒出傳統經典的詮釋方法及
意識，使之立足於現代化的學術舞臺上，重新綻放新生命，實是
經學研究的新探索，由此觀察此三子所採取的詮釋模式，及其所
關注敘明的經典詮釋內涵，顯然已具備了詮釋學方法及詮釋命題
的思考。

　　從伽達默爾（Hans-Georg Gadmer, 1900-2002）「哲學詮釋
學」的角度觀察，以經注模式進行詮釋，詮釋者理解詮解文本，
同時也在進行應用，因詮釋者總是自覺地與文本、作者溝通對
話，這個理解詮釋的過程，即是具有效果歷史意識的活動。[44]經
典作為一種流傳物，本身即是一種具有「效果歷史意識」的產
物，當我們力圖對歷史現象或文本進行探究時，我們總是已經受
到效果歷史的種種影響，因為歷史現象和作品的這種他者，是透
過我們自身而呈現出來的，以致於不再有像自我和他者的問題。
因此，「效果歷史，是一種研究者和研究對象的統一關係」[45]，
必須在理解本身的過程中，既顯現出歷史的實在，也顯現出歷史
理解的實在。正是由於效果歷史意識，讓我們的理解和解釋進入
真理的領域，也正因為如此，得以再次證明伽達默爾所強調的詮
釋學原理：「如果我們一般有所理解，那麼我們總是以不同的方

---

[44] 伽達默爾（Hans-Georg Gadmer, 1900-2002）指出，任何事物一當存
　　在，必存在於一種特定的效果歷史當中，因此對任何事物的理解，都必
　　須具有效果歷史意識。一種名符其實的詮釋學，必須在理解中，顯示歷
　　史的實在及理解歷史的實在，亦即「效果歷史」。理解按其本性，乃是
　　一種效果歷史事件。參洪漢鼎：《當代哲學詮釋學導論》，（臺北：五
　　南圖書出版公司，2008.09 初版一刷），頁 142-144。

[45] 參洪漢鼎：《詮釋學與中國經典注釋》，（北京：北京燕山出版社，
　　2015.05 一版一刷），頁 183。

式在理解」，那就夠了。[46]因為理解所關注的不僅僅是作者的意見、歷史的真實究竟如何？同時也是對作品的真理要求，對自身存有的真實探究。

　　從經典詮釋的角度，觀察三子的經學產出，分析其注經經驗和具體的解經方法，通過現代語言轉換，進一步予以理論化建構，以學術性的話語，標舉意義價值，便是今日談經典詮釋、經學義理思想，可為的進路所在。猶有進者，亦可為「中國的經典詮釋」或「中國詮釋學」之發展與走向賦予說明。

第四節　經典注疏與西方詮釋學的對話

　　前文已指出，透過現代性的學術話語，說明三子的解經方式、注經進路，析明經注背後的思想意義，不僅可用來釐清考據訓詁和思想義理斷裂兩橛的誤謬，更重要的是，透過此三子的經注規模，及其所標誌的治經典型，和當代「哲學詮釋學」展開對話，亦可為傳統經學之重新站上舞臺，另啟新路。

　　詮釋學中所關涉到的教化、傳統、理解、應用，都和經典注疏、解經方法有關，而關於經義之闡明理解，看似屬於理解、詮釋層級，實際上，理解、詮釋本身已是一種應用，理解、詮釋、應用是不可析分的合一者[47]。

---

[46]　參漢斯・格奧爾格・伽達默爾著・洪漢鼎譯：《真理與方法》，（北京：北京商務印書館，2007.04 一版一刷），頁 403。及洪漢鼎：《詮釋學與中國經典注釋》，頁 185-186。

[47]　伽達默爾再再表示：「在理解中總是有某種這樣的事情出現，即把要理解的文本應用於解釋者的目前境況。⋯⋯不僅把理解和解釋，而且也把

伽達默爾說：

> 傳承物對於我們所具有的陌生性和熟悉性之間的地帶，乃
> 是具有歷史意味的枯朽了的對象性和對某個傳統的隸屬性
> 之間的中間地帶。詮釋學的真正位置，就存在於這個中間
> 地帶內。……詮釋學必須把那種在以往的詮釋學中，完全
> 處於邊緣地帶的東西置於突出的地位上，這種東西就是時
> 間距離（Zeitenabstand）。[48]

　　傳統經典之所以不斷被開發理解，不僅是經典本身煥發的光
彩歷久彌新，富生命躍動，重點還在它被詮釋時，基於「時間距
離」及對「效果歷史意識」的探究，讓作品或傳承物的真正意
義，擺脫介於傳說和歷史的模糊朦朧地帶，得以明晰並彰顯開
來。歷代學者尊崇經典、解釋經典，便是一種詮釋學的任務活
動，因為時間距離並不是一條巨大的鴻溝，反而可因此開展一種
積極的創造性可能，正因為時間被習俗和傳統的連續性所填滿，
一切傳承物才向我們呈現了出來……換言之，只有從某種歷史距

應用認為是一個統一的過程的組成要素。……即承認應用是一切理解的
一個不可或缺的組成要素。」；「如果要正確地被理解，即按照文本所
提出的要求被理解，那麼它一定要在任何時候，即在任何具體境況裡，
以不同的方式重新被理解。理解在這裡總已經是一種應用。」參漢斯‧
格奧爾格‧伽達默爾著‧洪漢鼎譯：《真理與方法》上，頁 418-419、
頁 420。

[48] 參漢斯‧格奧爾格‧伽達默爾著‧洪漢鼎譯：《真理與方法》上，頁
401-402。

離出發，才可能達到客觀的認識。[49]

　　從詮釋學的角度來看傳統經學及中國哲學的發展，可以發現，不論是從《五經》發展出來經、傳、注、疏的階梯格局，或是轉向傳記為主的軸心時代[50]，從詮釋展開的文本境況和典籍之間的關係，來觀察衡定經學發展的歷史，顯然和從政治史、文化史、學術史的眼界不同，甚至由此轉化為思想史的發展及觀點，所得的結果也不完全一樣，特別是到了有清乾嘉時期，經學系統幾乎已被徹底經院化、格式化的情況，詮釋空間更可謂極度萎縮。經典詮釋一方面由書寫意義及體證探索，再次被打破，欲回歸於五經、漢、唐，回歸聖人之道、回歸本意，故強調「信而好古」、「言稱堯舜」、復古崇古；另方面，卻也在詮釋學聖典化（Kanonization）的過程中，經由本文訓詁及詮釋的改造，走向複雜多元的發展。亦即，經典詮釋不僅是漸次由「經典（聖典）→正典→教典」，作為一種儒學意識的導引及支配；更重要的是，通過經、傳、注、疏所建構的獨特系統，語言、文字、訓詁、考據等工具模型，其所展開的詮釋世界，是一個活生生的生活世界。並且，一如阿佩爾（Karl-Otto Apel, 1922-2017）所說，關鍵在於利用語文批評的所有手段和方法，使這種意義重新在當

---

[49]　參漢斯・格奧爾格・伽達默爾著・洪漢鼎譯：《真理與方法》上，頁404-405。

[50]　景海峰分中國經典詮釋分為以經為本和以傳記為中心的兩個階段，並指出，在傳統的經學系統中，經為核心，傳、記為輔翼，注解、章句、義疏則錦上添花矣。參氏著：《中國哲學的現代詮釋》，（北京：人民出版社，2004 年），頁 34-35。

代世界中展現出來。[51]

　　當然，我們可以進一步檢討，應用西方的話語工具，如詮釋學、概念、範疇等來解釋傳統經典，是否犯了「著漢服」卻「穿洋靴、戴洋帽」的毛病？筆者想強調的是，歷史是從過去到現在的不斷疊加，傳統是活的，傳統經學的研究，如果僅淪為「櫥窗」、「博物館」的標本，哲學思辨、義理思想若僅是研究者的喃喃獨白，這樣的研究，必然只能淪為故紙、腐屍，若仍堅持「以漢解漢」、「以中解中」的表述，顯然亦是自甘落於「詞彙語境」與「材料狀態」的桎梏。在全球化的現代社會裡，將屬於傳統學術的義理結構與真理語法，從傳統經典中解放出來，成為真正具有話語權、解釋權的主人，不僅是當今研究者的重要任務，更是傳統學術參與全球化時代，參與世界舞臺不可迴避的路徑。換言之，今日談經典詮釋，已不是「古漢語／現代話語」、「中／西對立」的問題，而是如何打通傳統與現實、歷史與未來的督脈，以我們今日的生活世界和全球溝通交往？人類世界如何走向未來的問題。如果我們今天所使用的語言，日日所真實生活的一切，已大別於傳統，那麼研究者又何必拘執於「漢話漢說」？真正重要的，是在克服所謂合法性危機外，將傳統經典注疏與西方詮釋學，作為一個學科或學術話語形式的外在關注，轉化為對經典文本與時代、與社會文化及與生活世界的具體聯繫與內在關注。因為，一個真正烙印著中國的經典詮釋學，重點不僅僅是它帶有哪些痕跡、特點，而是它真正長成在華人的文化土壤

51　參阿佩爾（Karl-Otto Apel, 1922-2017），孫周興譯：《哲學的改造》，
　　（上海：上海譯文出版社，1994 年），頁 3。

中，並能解決時代的病痛。

　　由此來看，簡單地用西方框架裁剪傳統經典，固然無法彰顯經典固有精神，會憂心落失了主體性；但對西學研究，一味採取逆反或厭惡的態度，認為必然不適用於傳統，無疑更是落入另一種「邊見」。用戴震或焦循的話來說，這些偏於一端的看法，都只是一種「意見」之爭，而此正是從事研究時，務需避免的態度。或者可以這樣說，不論從事古典研究或理論建構，對傳統學術的研究，特別是經學研究，關鍵不在於是否使用西方話語的問題，而是合適與否及淺深差異的問題，研究傳統經典，當然不能以西方為標準，但卻可運用西方以為參照對象，經由與「他者」的溝通互動，進一步明確自我，擴充及深化自身的主體性，如此，借用「哲學詮釋學」的角度，勾勒揚州三子的詮釋規模，便不是一種扞格與負擔，而是一種「資源」，不是「以西解中」的「單向格義」，而是在「中西相觀」、「中西互詮」的過程中，以揚州三子為經典詮釋的重要典型之一，建構中國經典詮釋學的可能。

第五節　本書之架構及其展開

　　本書共分六章，前三章主要在討論揚州三子的經典詮釋方法進路，先說明乾嘉時期的時代特徵，有清學者社群間的往來互動，焦循、淩廷堪、阮元於戴震的學思繼承，此間，三子之關係緊密，不獨具備地緣情感特徵，焦循也是阮元的族姐夫，長阮元一歲，姻親及師友之誼，讓阮元對焦氏的現實生活有許多具體的幫助。比較可說的是，戴震之學，其後析為二路，一脈由段玉裁

所承，致力於語言文字的研精探究，其後有王念孫父子推向了乾嘉漢學高峰；另在義理思想上，則由焦循繼承，透過經典注疏，焦循的作品不僅遍及《十三經》，更建構了個人的「一貫」哲學系統[52]。淩廷堪則因歿世稍早，作品集中於禮學，其他領域的經典詮釋跨涉較有限；阮元因長年身居要職，福壽又長，修編纂輯之影響亦見周廣。

　　筆者綜合歸納詮釋的類型，將戴震、焦循析為一章，阮元、淩廷堪析為一章，每章之中，各自對比二位學人的解經進路異同，並分別指出，此四人之解經方式，雖皆可概括為考據範圍，但也都有奠基於訓詁而不限於訓詁的一面，僅以漢學、樸學言之，實在顯得偏狹不足。

　　這是因為從傳統經典注疏的立場來觀察，透過經注、經說建構一己哲學，常是哲學家、思想家所採取的方式，從《五經》到《十三經》，所謂「經」、「經典」、甚至經學，雖是一個不斷發展的過程，但哲學家無一不是透過「詁經」以立說。孔子自言「述而不作」，引發《春秋》以後「以述代作」、「寓作於述」的經注方式，此後還有更多學者，都是倚靠注釋的方式重解經典，用以建構個人詮釋模型，形成自家的哲學，宋代的朱熹、清朝的戴震、焦循都是最好的例子。歷代相沿的詮釋系統，形成了經學，那些透過經典詮釋得以揚發個人思想的，成了哲學家、思想家，其所從事者，是「詮釋性的哲學」、「哲學性的詮釋」；而僅守住解經路徑、強調章句注疏者，一般則被稱作經學家，其

52　參筆者：《焦循「一貫」哲學之建構與證立》，（新北市：花木蘭文化，2013.09 初版），頁 1-286。

所從事的是，「非哲學性的詮釋」或註解[53]。

　　本書前三章，除了說明乾嘉時風及朝堂講席對學人的影響外，在社會總體學術氣氛的習染下，學者如何透過解經、注經，完善其學術志業，並成就自己。尤其面對大一統的文化格局，由滿漢共治走向乾嘉盛世，經濟生活富庶的眾民百姓，腦海中所呈現的家國圖像，更多的是個人情性、生活世界的愉快與滿足。是以參與朝廷修書編書、或運用「和同從眾」的方法注經，在相當程度下，可以安適家庭、調暢情志，至少還可以保障學者個人「好好的活著」，採取「捋虎鬚」、「觸龍顏」險徑以注經立說，既不合人性、也顯得不智。本書前三章，分別於戴、焦、淩、阮採取訓詁方式解經的背景、解經方式，及學者個人解經時的困境與突破，焦、淩、阮於戴震解經路徑之繼承，皆有說明及剖析。

　　本書後三章，則針對焦、淩、阮於戴震思想的繼承，再為析說。

　　乾嘉經學被稱為漢學的高峰期，此間除戴震，今日一般學者將其視為哲學家外，本文所討論的揚州三子，則被劃歸為經學家。本書之作，除析明解經路徑及方法外，亦盼藉由三子解經過

53　劉笑敢將傳統經典注疏所形成的經典詮釋諸作，析分為三種：一是「非哲學性的註解」，即不能納入中國哲學史的研究範圍，如文獻學詮釋、歷史學詮釋……等；二是「詮釋性的哲學著作」，如那些有體系、有重要地位的思想家，他們的詮釋作品；三是「哲學性的詮釋著作」，即那些通行於中國哲學史論著中，涉及注釋性的著作。此間，「哲學性的詮釋著作」，以經典詮釋為主，而「詮釋性的哲學」以建立新的哲學體系為主。參氏著：〈經典詮釋與體系建構：中國哲學詮釋傳統的成熟與特點爭議〉，收入黃俊傑主編：《儒家經典詮釋方法》，（上海：華東師範大學出版社，2008.05 一版一刷），頁 26-27。

程中，關於核心概念、核心詞語的釐清，析明三子絕非僅具備「經學家」地位，稱為思想家，洵稱允妥；而焦循，更可配稱是繼戴震之後的哲學家。析明揚州三子的思想內涵，勾稽經典義理，指出經學義理的發展軌跡，不僅足堪做為揚州學術「通博精大」之明證，指出乾嘉經典詮釋的思想特徵，更可具體解決經典考釋與哲學思想絕非二途之慮。

　　筆者先就乾嘉學者關注較多的論題進行比對，選擇三子注經、說經過程中，共同聚焦的論題，對比其論述異同，通過本書前三章，揚州三子在經典詮釋方法論上的省察，可以發現，其解經、詁經形式，不過是工具載體，不論是採取逐章逐句注釋的《孟子正義》、《易章句》，如焦循；或是淩廷堪歸納核正禮例，完成了《禮經釋例》；甚至是阮元，雖其個人獨力完成之作，僅有《揅經室集》、《疇人傳》，卻奉獻畢生心力，戮力於大型圖書編修；他們都以嚴明的訓詁考據形式，透過考據的方法手段，試圖鬆開原有的經注束縛，提出許多新的解釋和詮解，針對經典提出新命題，意圖推進概念，以從事注經時的理解與詮釋。當然，我們可以進一步檢討，他們所採取的解經方式，是否真正達到回歸經典本意、聖人本意？或是在根本上，造成了對經典的曲解、誤讀？還是以其理解詮釋的實踐活動，試圖鬆動或擴大解釋？

　　從另一方面來說，運用文獻考據訓練，透過長期注經解經，以經解形式構建或表述個人思想，的確也讓此三子的經典詮釋，各顯其用，各安其位，既可用來滿足個人現實生活，更能完善自身。至於這三人是否各自達到一定的思想高度，形成體系？其所提出的訓釋思考，是否嚴格完整？效力如何？在本書的後三章

中，亦有完整的分析說明。雖然本書僅能針對三子共同關注的核心議題：性、命，理、禮，詳加考察，筆者也很難在一本書中，針對三子關注的所有論題進行析證探索，因為三子思考亦顯有高下。但本書的重點，並不在標舉揚州三子的思想淺深、批評他們的菁莪優劣，而是通過這些以訓詁注經方式表述論題的討論，指出傳統經學採取訓釋章句的解經方式，由「經典注疏」走向「經典詮釋」的一條可能路徑。

　　漢學家強調經典注疏側重文字訓詁、名物考證，宋學家則深研義理，不重證據，戴震及揚州三子以其通觀博覽的知識訓練，採取「重訓詁、明義理」兩端而一致式的詮釋模型，為其所處的時代、理解詮釋經義，留下貢獻。「哲學詮釋學從最初理論形成之際，就把語言與思考之間的關聯與互益，當成是一個最為基本的立論基礎點」[54]，既然詮釋理解經典中所傳達的事理，與如何善加論述、講說出所理解到的事理，以便重現其旨意功效，都屬於人的語言自然本能之持續充全與發展的過程，那麼，配合著順勢而自然的經解模式，加以發揮演練，便能使訓詁考據等語文活動及思想詮釋、閱讀理解相得益彰，令人能樂善求全，在對話溝通交談中，在面向生活世界的詮釋應用中，消弭差異與衝突。本書盼望透過對戴震及揚州三子的分析探究，展開一種關於解經學、經典詮釋的新論述，不獨是方法進路、學理闡釋、意義彰顯的，同時也可為當今之經學研究、思想耕深，賦予新活力、新思考及新的展開。

---

[54] 參張鼎國著‧汪文聖、洪世謙編：《詮釋與實踐》，（臺北：政大出版社，2011.12 初版一刷），頁 163。

　　最後，透過本書對戴震及揚州三子的經典詮釋意義展開，可以發現，這種匯合經學考據訓釋傳統，重視章句考據與發揮經學思想、闡揚個人理念的解經型態，對比於西方詮釋學來說，正可用以說明，在中國經典的詮釋傳統中，解經學、經典注疏的樣貌雖各有所側重，但戴震及揚州三子採取「重訓詁」、「明義理」，融通漢宋的解經方式，強調客觀知識、語言文字的實證，並以心知、性靈之辨明，做為理解詮釋經典之要義及旨歸，其目的亦已不是為了反理學而已，而是一種面向倫理日用、政治社會，如何走向未來的教化用心。在人間秩序和歷史世界間，揚州三子選擇一條有別於本體追求與內聖體悟的路，在生活世界展開的教化實踐，不是「文獻學」式的詮釋歷程，也不是理學家那種強調「本體義」或形上模型的逆覺體證路徑，而是經由人與人的交往、個人與社會的關係、情性調和與威儀之禮，去重建並標誌文化的高度與厚度。如此的注疏及詮釋應用，便由經典注疏的形式過程，指向經典詮釋的內容方向及思想價值，亦即，朝向生活世界的經典詮釋，此一經典詮釋，亦正可深化說明「中國經典詮釋」之價值與作用，可視為儒家經典詮釋的集成[55]形態，同時也可以做為對西方「哲學詮釋學」，予以回應的一種可能。

---

[55] 有關儒家經典詮釋的相關問題，筆者除已發表〈儒家經典詮釋的集成——以戴震為核心〉及〈儒家經典詮釋的作用與價值〉二文外，其他相關討論，另可參見本書末章。並，〈儒家經典詮釋的集成——以戴震為核心〉收入臺北大學中文系：《臺北大學中文學報》第 17 期，（新北市：臺北大學中文系，2015.03），頁 69-87；〈儒家經典詮釋的作用與價值〉，收入傅永軍‧陳治國主編：《中國詮釋學》第 17 輯，（濟南：山東大學出版社，2018.12 一版一刷），頁 169-185。

第二章
乾嘉經典詮釋的方法與進路
——以戴震、焦循爲核心

第一節　問題的提出

　　乾嘉學者多以漢學見長，故歷來對乾嘉學術的討論，也集中在其漢學質樸的表現上。從概括的大方向上看來，清代經學復興昌盛，乾嘉學者的貢獻努力，不容小覷；但仔細觀察，在通同大纛的旗幟下，各別學者尚有其特出專長，僅以「漢學」概括，略其彼此相觀增善，互取養分的滋長，似乎也失之允妥。此間，清代樸學導師顧炎武，為有清音學開啟新路；戴震更創立了古音「九類二十五部」及「陰陽對轉」之說；猶有甚者，他不僅在音韻學上頗有新發，即於訓詁、數學、天文、歷史、地理，均有所及，戴震晚年所完成的《孟子字義疏證》，更為後世研究有清中葉的哲學思想，提供了最好的材料。

　　事實上，經史考證之學，躍居乾嘉學術主流地位，與當時的政治環境、學術氛圍、甚至學人社群，都有很重要的關聯。雖然當時著名的學者錢大昕，曾樂觀地表示：「漢學之絕者，千有五

百餘年，至是而粲然復章矣。」[1]但從學術命脈之幾絕，到古學復興，畢竟仍有千年之遙，錢氏之語，固可指出漢學者普遍意興風發的研究，已獲主流地位，但也同時得以窺見，在漢學燦然鼎盛背後，清廷文化政策的政治考量。訓詁考據，一時蔚為學人習尚，袁枚表示，大凡「士人略知寫字，便究心於《說文》、〈凡將〉，而束歐、褚、鍾、王于高閣；略知作文，便致力于康成、穎達；而不識歐、蘇、韓、柳為何人。」[2]、「近今之士，競尊漢儒之學，排擊宋儒，幾乎南北皆是矣」。[3]正說明了當時的學風傾向。

　　後世研究乾嘉學術的學者雖多，但不論是針對單一學人的探究，或總括式的綜覽，眾多討論中，大抵都不會錯過戴震。其中的關鍵，不僅因為戴震是一名百科全書型的學者，特別是他於解經方法，及其經典詮釋的內容路向上，均開一代新貌，且有獨特的貢獻；或者可以說，自戴震以下的學者，包括焦循、淩廷堪、阮元，都各自在不同程度上，受其沾概。因限於篇幅，本章僅先就戴震及焦循二人，在經典詮釋上的異同，作相關的探討，除析明焦循對戴震學思繼承及發揚外，亦可見乾嘉經典詮釋，實不應僅以漢學詮釋概括言之；不同學人之詮釋路徑與內涵，亦各有變貌與轉化，筆者亦盼望，透過此一深入的勾勒辨析，能進一步彰明乾嘉經典詮釋，精深博大的一面。

---

[1]　參錢大昕：《潛研堂文集》（國學基本叢書本）卷 39，〈惠先生棟傳〉，（臺北：臺灣商務印書館，1968.12 臺一版），頁 610。

[2]　參袁枚：《隨園詩話》卷 2（四部刊要本）第 14 條，（臺北：漢京文化事業公司，2004.03 初版一刷），頁 39。

[3]　參袁枚：《隨園詩話》卷 2，第 42 條，頁 49。

第二節　朝堂學風及解經習尚的改易

　　康熙後期，朱子學取得主導地位，雖有帝王提倡，士子講習，但一直未能蔚為學術風尚，故高宗執政初期，曾感嘆地表示：「近來留意詞章之學者，尚不乏人，而究心理學者蓋鮮。」[4]乾隆此語，顯現出他恪遵父祖遺規的學問態度。正是基於他執政初期對朱子學的尊崇，故他在乾隆三年（1738），展開了一系列的經筵講習活動。

一、乾隆之宮廷習尚及文化政策

　　清高宗在位六十年，自乾隆三年春首發經筵，便在經筵中新增固定群臣「跪聆御論」的環節，到乾隆六十年（1795）遜位為止，共有經筵御論九十八篇[5]。乾隆三年（1738）到十一年

---

[4] 參慶桂等奉敕修：《清實錄》10（高宗純皇帝實錄三），卷 128，乾隆五年十月己酉條，（北京：北京中華書局，1986.11 一版一刷），頁875-876。此條原係高宗訓諸生研精理學諭。原作：「朕命翰詹科道諸臣，每日進呈經史講義，原欲探聖賢之精蘊，為至治寧人之本，道統學術無所不該，亦無往不貫。而兩年來，諸臣條舉經史，各就所見為說，而未有將宋儒性理諸書，切實敷陳，與先儒相表裏者。……夫治統原於道統，學不正則道不明。……為國家者，由之則治，失之則亂，實有俾於化民成俗，脩己治人之要，所謂入聖之階梯。學者精察而力行之，則蘊之為德行，學皆實學，行為事業，治皆實功。」高宗欲以學術為法式，以脩己治人、化民成俗，盼能形成政統、治道，以學術補益治術，形成治統的積極用心是很明顯的。

[5] 乾隆時期，經筵御論成為經筵中的重要環節，是皇帝用來訓導臣下，展示自己才學的方式，大臣們失去「師儒」功能，只能「跪聆御論」。清高宗退位以前，更特別命人將他「親講」所得的 98 篇御論，裝訂成

（1746）止，每年春秋各舉辦一次，以示崇儒重道，尊經闡學；自乾隆十二年（1747）以後，每年一次，除乾隆十八年（1753）舉經筵於仲秋，乾隆十九、廿年中斷未舉辦外，其他都在仲春舉行。經筵大典的施作方式，是由儒臣先講某一經典，高宗再宣講論；然後儒臣再講，高宗再宣講論；一般的定規，皆是先講《四書》再《六經》；其中，乾隆五十四年，僅講《論語》未宣講《六經》，是唯一一次的特例。[6]

　　經筵論學，本有鼓勵學術，延續文治，宣揚理念的意味，但經乾隆十九年停辦，乾隆二十一年重啟講習後，高宗對朱子學的態度，卻有了重大的轉變。他先是對朱熹《中庸章句》、《朱子語類》展開質疑，其後又多次批評朱子，提出異說；實際上看，這一連串在朝堂上反對朱熹的談議，根本上觀察，其實也和他奉守祖訓，穩固執政地位有關。當年，清聖祖曾明白昭示子孫：「治天下以人心風俗為本。欲正人心，厚風俗，必崇尚經學，而嚴絕非聖之書，此不易之理也。」[7]進而提出「以經學治天下」的治國之方。高宗評議朱子之餘，最後尚忍不住表示：「帝王之學與儒者終異」[8]，或許亦可得見，清高宗在執政初期，提倡朱

　　冊，共六冊，陳於文華殿，以補無手錄之本，無以仰蒙天恩，示心傳及政傳。參清高宗：《清高宗御製詩·五集》卷 94〈春仲經筵〉，收入清高宗：《清高宗（乾隆）御製詩文全集》第九冊，（北京：中國人民大學出版社，1993.08 一版一刷），頁 841。

6　參陳祖武、朱彤窗：《乾嘉學派研究》，（北京：人民出版社，2011.08 一版一刷），頁 2-5。

7　參馬齊等奉敕修：《清實錄》6（聖祖仁皇帝實錄三），卷 258，康熙五十三年四月乙亥條，頁 552。此諭禮部。

8　參慶桂等奉敕修：《清實錄》22（高宗純皇帝實錄十四），卷 1106，

子學為「官學」不達的情況下，改以扶植經學以為「治法」的幽微之思。帝王朝臣經筵論學，屢屢立異於朱子，其駁斥辯難之影響，斷非尋常論學可及，這種學術以外的溢出效應[9]，自然亦不言可喻。

　　另方面，高宗曾針對時任禮部侍郎的方苞，諭曰：「假公濟私，黨同伐異，其不安靜之痼習，到老不改，眾所共知」[10]，斥其言不顧行，而且還有「造言生事、欺世盜名之惡習」[11]。方苞

乾隆四十五年五月戊子條，頁 802。全文作：「孟子述道統之傳，自堯舜以至於孔子，蓋謂心法、治法同條共貫也，然帝王之學與儒者終異，保大定功之要，其果在觀未發之氣象，推太極之動靜歟。」高宗於此，正是批評朱熹有關「氣」之已發、未發、「太極」動靜的看法；並指出，帝王之學的核心要務，實在「保大定功」的政治現實思考。

9　「溢出效應」（Spill-over Effect），又稱「外溢利益」（spill-over benefit），本是一個經濟學名詞，由丹麥的奧勒・羅默（Ole Christensen Romer, 1644-1710）提出「知識溢出模型」之說而來。羅默認為，知識不同於普通商品之處，在於知識具有溢出效應，知識溢出是知識的再造，具有鎖鏈效應、模仿效應、帶動效應、激勵效應。參孫兆剛・劉則淵：〈知識產生溢出效應的分析〉，（大連理工大學：《科學與科學技術管理》，2004 年第 3 期），頁 57-61。若將「溢出效應」施之於教育上言，接受教育、被啟蒙教化的效果，不僅由受教者個人所承受，同時也讓第二者，或其他社會大眾獲得利益。筆者藉此，言帝王朝臣的經筵論學，影響所及，並不限於參與講習的學人，更可推擴於當時的學者、士人，甚至民人亦受講論之思的影響。對比於宋明以來，重視心性修養之價值朗現，乾嘉時期，則更重視日常的生活實踐，包括禮文的施作表現、學術社群總體之修纂產出等，此一鎖鏈的帶動效應，自亦包含了知識再造、文化及政治道統的改弦與轉化。

10　參慶桂等奉敕修：《清實錄》10（高宗純皇帝實錄三）卷 92，乾隆四年五月戊午條，頁 416。

11　參慶桂等奉敕修：《清實錄》10（高宗純皇帝實錄三）卷 98，乾隆四

以研治朱子學見重，但在性格上卻與高宗有忤，他因多言好議，透漏朝中之事，觸犯人臣大忌[12]；至於另一以理學為門面的湖北巡撫晏斯盛，高宗更直斥為「其人乃一假道學者流」[13]，高宗對這些治理學有見的學官，其學行有失的痛惜可見一斑。除此外，真正造成更大影響的，是乾隆十二年（1747），清廷重刻《十三經注疏》之事。這場學術盛事，可說直接擲出學風轉化的響雷。

首先是乾隆十年，高宗於太和殿前策試時指出：「夫政事與學問非二途，稽古與通今乃一致」、「將欲得賢材，舍學校無別途；將欲為良臣，舍窮經無他術」[14]，這場貢士應制的試場發言，已然不是停留在學風提倡或鼓勵而已，而是清廷官方的學術宣誓；更是對先輩強調經學之為治術、治法再次大張旗鼓的意識

　　年八月丙子條，頁 482-483。此條原為高宗回應張湄之奏。高宗批評張湄為「至庸之人」，且為此「狂瞽之奏，顯係比附傅為詝，而薰習方苞造言生事欺世盜名之惡習，此風斷不可長。」責備張湄習染方苞不好的習慣。

[12] 參慶桂等奉敕修：《清實錄》10（高宗純皇帝實錄三）卷 139，乾隆六年三月甲申條，頁 998-999。此條原係高宗回覆御史仲永檀糸密奏事。高宗順便提起，彼時他曾和方苞提及欲進用魏廷珍意，但遭方苞傳述於外，是以「魏廷珍未經奉召之前，遷移住屋，以待來京，此人所共知」。其後高宗一併訓諭曰：「君不密則失臣，臣不密則失身」，可見他對方苞的不滿，由來已深，方苞之多言，亦可說是犯了帝王的大忌。

[13] 參慶桂等奉敕修：《清實錄》10（高宗純皇帝實錄三）卷 189，乾隆八年四月癸丑條，頁 440。此條係高宗針對楚省吏治不彰，江湖水面屢遭扒艙搶匪之事，提醒湖廣總督阿爾賽上奏之語。高宗除批評「其人（晏斯盛）乃一假道學者流」之外，還說：「卿其不可為彼所欺，不過藉其材具，令辦事可耳。」

[14] 參慶桂等奉敕修：《清實錄》12（高宗純皇帝實錄四）卷 239，乾隆十年四月戊辰條，頁 81-82。

先導。學而優則仕，向來是知識分子的重要關懷，既然學問、政事非爲二途，高宗向學術圈發出號召：「篤志經學，敦崇實學」，便是向有意於仕宦者的治學路向表態。他將朱子言天道、性理的抽象價值，改以經術、「實學」取代，因爲「窮經」才是邁向輔國良臣的青雲之梯，過去在思想上強調理學的論述，自然受到極大的挑戰。

乾隆十二年三月御製重刻《十三經注疏》刊行，高宗特爲其撰序曰：

> 我朝列祖相承，右文稽古。皇祖聖祖仁皇帝，研精至道，尊崇聖學，五經具有成書，頒布海內。朕批覽《十三經注疏》，念其歲月經久，梨棗日就漫漶，爰飭詞臣，重加校正。其於經文誤字，以及傳注箋疏之未協者，參互以求其是，各爲考證，附於卷後，不紊舊觀。刊成善本，匪徒備金匱石室之藏而已。《書》曰：「學于古訓乃有獲」；《傳》曰：「經籍者，聖哲之能事，其教有適，其用無窮」。……繼自今，津逮既正，於以窮道德之閫奧，嘉與海內學者，篤志研經，敦崇實學。庶幾經義明而儒術正，儒術正而人才昌。恢先王之道，以贊治化而宏遠，猷有厚望焉。[15]

上引序文，明顯指出高宗以學術獎掖人才，引領學風的意

圖。他雖指出，重刻刊校《十三經注疏》，係因年代久遠，舊書已不敷使用，對傳、注、箋、疏之不協處，提出「參互求是」的考證；他還同時指出，重刊舊注典籍的目的，是因為「學於古訓乃有獲」。經典舊籍中，可以舉「聖哲之能事」，不僅其所載的內涵有適有用，且可窮道德之閫奧，正可對治高遠之學的未足，使經義明、內容實，幫助儒術回到正途，以扶持、培育人才。此處，高宗引《尚書》之語，後來成為乾嘉學者常常援用的成句，而他提出的「稽古、求是」主張，更廣為學人所尊崇。

　　乾隆不僅提出他對經學的看法，指出研治經學是拔擢人才、學優而仕的唯一途徑，更欲藉此調整儒家思想為儒學治術，因「儒術正」才能「人才昌」。換言之，如方苞之流者，其行為不端的根本性原因，就在他們誤蹈儒學旁流，未能以真正的儒學本懷責己、克己，清高宗以經學為治法、以禮教馴順萬民的系列舉措，亦在此後遑遑展開。

　　乾隆卅八年（1773）二月，四庫館開，這是清中葉的另一項重大文化舉措。從《四庫全書》啟動編纂開始的十餘年間，期間參與編輯修纂的人才，引用收錄的典籍，可說規模盛大、卷帙浩繁，《四庫全書》更成為古籍中最宏大的一部叢書，具備總結清代學術文化的特徵。高宗先是頒諭各直省督撫學政，訪求天下遺書，不拘刻本、抄本，隨時進呈；[16] 其次，接受朱筠建議輯校《永樂大典》，飭令與康熙卅九年（1700）始纂的《古今圖書集

16　事見慶桂等奉敕修：《清實錄》10（高宗純皇帝實錄三）卷 134，乾隆
　　六年正月庚午條，頁 941。清高宗強調采訪遺書舊編，卻始終未見功
　　效，於是迭有訪求舊典之諭。甚至透過各種獎勵，若有地方官員在采輯
　　典籍之餘，尚有能闡明六經性理之旨者，另予旌獎。

成》互為校核，俟辦理成編時，總之以名《四庫全書》；自此，大規模的蒐書編輯，演為《四庫全書》之纂修，乾隆卅八年三月，疏請高宗批准的《四庫全書總目》提上議事日程，到乾隆六十年《四庫全書總目》最終定稿刊刻。乾隆廣納各方學人而成的學術事功，不僅標誌出帝王習尚，政治領導學術的風向，清廷更藉由這套大規模的圖書編纂，厲行其文化政策。立異朱子、獎倡經學，涵儒教澤、嘉惠學林，雖是不虛；但箝制思想、窄化經說也是事實；為鞏固朝政，一統經說思想，以文化學術為基底，從事全面的學術性格及思想洗滌，是乾隆進行的寧靜革命，假「稽古右文」之名，行「寓禁於徵」之實，固是《四庫全書》編纂手段及過程之惡，但不可否認的，《四庫全書》也提供了古代目錄學之大成，特別是對清中葉以後的傳統學術，標誌出全面性的總結典範。[17]而透過大型圖書整理編修工作，乾、嘉二朝，更培養出許多以總結整理為學術特徵的學者，這些學者，又各自在編修之外，一方面賡續顧炎武所開的考據之風，同時也在批判的繼承

---

[17]　《四庫全書》之庋藏，分內廷四閣及江南三閣。內廷四閣是：紫禁城文華殿後之文淵閣、京西圓明園內文源閣、承德避暑山莊文津閣、瀋陽盛京興王之地文溯閣；江南三閣是：揚州大觀堂文滙閣、鎮江金山寺文宗閣、杭州聖因寺行宮文瀾閣。乾隆四十七年春，第一份《四庫全書》送藏文淵閣，同年七月，高宗下令續繕三份，分庋文滙、文宗、文瀾三閣，並限於六年內，按期藏事，以嘉惠藝林，垂示萬世。事參慶桂等奉敕修：《清實錄》23（高宗純皇帝實錄）卷 1160，乾隆四十七年四月甲辰條，頁 538。高宗除了在內廷典藏經籍外，也分別在他的行宮設立藏書之所，使江浙士子，得以就近觀摩謄錄，除昭著國家藏書美富，光大文治外，其思想文化改造的樂育漸摩，教澤涵濡，亦可想見。一時力學好古之士，願讀中秘書者，在此廣布流傳下，自不乏人。

中，將個人的學思內涵，或加深、或加廣其研經之思，而不為經
學家的框架所限。持平來看，高宗一連串的文化舉措，其移風易
俗的力量是巨大的，清代中葉人才濟濟，特別是經學得以「作用
性」的保存，僅以「功過相抵」評之，似乎也不甚公允；或者可
以說，學術發展，代有時會，經學胎息未死，加以政治力的介入
扶植，及至清代中葉，終於得到重生及壯大的發展。

二、古學復興，由「傳」到「經」

伴隨著政治力的啟動介入，大批學者參與編輯修纂經典，經
學以補濟理學不足的姿態，重新披搭衣裝，再登學術舞臺。首先
須扮演的角色，是在朱子學強調天道、性命之外，另出以道德之
聲，乾嘉學者改以「氣性」為主體，展開論述。

乾隆初期，為鞏固執政地位，一方面持盈保泰，恪守先輩遺
教，提倡讀宋儒之書，到乾隆執政中期，社會已漸昇平，「正人
心，厚風俗」的叢書編纂，亦是網羅賢才為執政所用的活動。加
以理學末流，所言漸趨空虛，經濟發達、社會安定之後，一般士
子庶人，更盼望永續文化精神及生活安適，清代經學在顧炎武提
出「理學，經學也」、[18]「讀五經自考文始，考文自知音始，以

---

[18] 顧炎武說：「愚獨以為理學之名，自宋人始有之。古之所謂理學，經學也，
非數十年不能通也。故曰：『君子之於《春秋》，沒身而已矣。』
今之所謂理學，禪學也。不取之《五經》而但資之《語錄》，較諸帖括
之文而尤易也。又曰：《論語》，聖人之語錄也，舍聖人之語錄而從事
於後儒，此之謂不知本矣。」參顧炎武：《亭林詩文集‧亭林文集卷之
三》〈與施愚山書〉，《顧炎武全集》21，（上海：上海古籍出版社，
2011.12 一版一刷），頁 109。

至諸子百家之書，亦莫不然」[19]，明白指出經學內容及治經路向後，其後的學者，在治經方法上，更是全幅往經史考證靠攏，此由顧氏音學在嘉、道後，猶有惠棟、戴震、錢大昕、段玉裁、王念孫、王引之父子的繼承與轉化可證。

顧炎武的辨析，是針對當時理學研究，特別是對理學末流的看法而言。他認為，理學就是經學，但今之理學，則已雜揉了太多禪學，偏離經學本懷，故當返回《五經》的傳統，做根源上的探究，而不該只從後儒的語錄上探索，否則便是「不知本」的研究[20]，這是研經方向的調整。至於研經方法，顧炎武提出的步驟是先「知音考文」，然後讀《五經》。以考察語言文字為基底，廓清、釐正宋明以來的解經錯謬，此是顧炎武在經學研究及經典詮釋上的努力，他主張，回歸《五經》傳統而不以《四書》，也讓清代經學研究的主要核心文本，發生了改變。

顧炎武另一項關於經學的貢獻，是以《日知錄》總結個人平生志業。[21]他所強調的志業，是以學術著作「明道救世」，以整

---

[19]　顧炎武說：「愚以為讀《九經》自考文始，考文自知音始。以至於諸子百家之書，亦莫不然。」參氏著：《亭林詩文集‧亭林文集卷之四》〈答李子德書〉，《顧炎武全集》21，頁127。

[20]　顧炎武對學者求之語錄，十分反感。他批評說：「今之言學者必求諸語錄，語錄之書，始于二程，前此未有也。今之語錄，幾于充棟矣，而淫于禪學者寔多。……象山則自立一說以排千五百年之學者，而其所謂『收拾精神，掃去階級』，亦無非禪之宗旨矣。後之說者遞相演述，大抵不出乎此，而其術愈深，其言愈巧，無復象山崖異之迹而示人以易信。」參氏著：《亭林詩文集‧亭林文集卷之六》〈下學指南序〉，《顧炎武全集》21，頁194-195。筆者案：《下學指南》一書，經考訂為顧氏作品。可另參《顧炎武全集‧前言》1，頁1-88。

[21]　顧氏曾謂：「所著《日知錄》三十餘卷，平生之志與業皆在其中，惟多

頓民物，俾補世道人心。[22]雖然顧氏的經世之思，在乾隆修《四庫全書》期間，受限於帝王的政治傾向，刻意誇大顧氏輯佚考證，而略其「學以經世」的思考，不過，顧炎武所起的示範作用，仍然在往後傑出的學人身上得以繼承發展。以乾嘉學者為例，戴震、焦循、凌廷堪，甚至是阮元，都有以學術經世，以經學濟理學，甚至以經學取代理學的學術關懷。進一步說，經學本來就已包含性理之學，二者本非斷裂，僅言天道性命固有一偏之失，但若僅言小學考據，亦同樣僅見一隅；是以不廢形上價值，另以經學面貌闡釋道德內涵，以學問經世濟世，實踐實行，而不以空虛的修養工夫，範限或桎梏經學總體內涵，便是戴震等學者的共同主張。

乾隆八年春，隨著閻若璩遺著《尚書古文疏證》開刻[23]，惠

寫數本以貽之同好，庶不為惡其害己者之所去，而有王者起，得以酌取焉，其亦可以畢區區之願矣。」參氏著：《亭林詩文集・亭林文集卷之三》〈與友人論門人書〉，《顧炎武全集》21，頁101。又謂：「向者《日知錄》之刻，謬承許可，比來學業稍進，亦多刊改，意在撥亂滌污，法古用夏。啟多聞于來學，待一治于後王。自信其書之必傳，……平生志行、知己所詳，惟念昔歲孤生，漂遙風雨，今茲親串，崛起雲霄。」參氏著：《亭林詩文集・亭林文集卷之六》〈與楊雪臣〉，《顧炎武全集》21，頁202-203。

22　潘耒說：「先生非一世之人，此書非一世之書也。……立言不為一時，錄中固已言之矣。異日有整頓民物之責者，讀是書而憬然覺悟，採用其說，見諸施行，於世道人心，實非小補。如第以考據之精詳，文辭之博辨，歎服而稱述焉，則非先生所以著此書之意也。」參潘耒：《日知錄・序》。參顧炎武：《日知錄一》，《顧炎武全集》18，頁11。

23　閻若璩《尚書古文疏證》的考證之功，雖在當時學界引起熱烈的討論，但晚年的閻若璩，仍因寄人（朱彝尊）籬下而客隨主敗，失去周旋於顯

棟引為同志，言「閻君之論，可助我張目者」[24]，采其說於己書之中，惠棟以後，戴震、王鳴盛、孫星衍等相繼而起，繼續閻氏未竟之志，於是，判斷東晉所出的《古文尚書》為偽作，遂終成定論。此一意見，不僅釐清歷代以來關於《尚書》的爭議，更重要的是，標舉並落實了經史考析，做為經說確證的意義及價值，須特別說明。

惠棟身跨康、雍、乾（康熙三十六年－乾隆二十三年，1697-1758）三朝，他的重要貢獻，是復興漢儒在《易》學上的努力[25]。對惠棟來說，欲復興漢代經學，便是先復興漢《易》，而與漢《易》對比最鮮明的宋《易》，便是他所欲對治處理的對象。惠棟在三代治《易》的家學基礎上，辨《易》圖、發揮漢

貴的榮耀。閻氏畢生所掛念之《疏證》，終是未能完書。及至乾隆八年癸亥春，得程蓋資助，在揚州開刻。「癸亥春，謁同里慶州程先生，先生雅嗜先大父書，慨然捐資，始議開雕。」參閻學林：〈尚書古文疏證識〉，收入閻若璩撰・黃懷信・呂翊欣校點：《尚書古文疏證》上，（上海：上海古籍出版社，2010.12），頁 6。

[24] 惠棟：《古文尚書考》卷上〈辨尚書分篇之謬〉，收入杜松柏編著：《尚書類聚初集》第六冊，（臺北：新文豐出版公司，1984.10 初版一刷），頁 95。

[25] 關於惠棟易學內涵及其貢獻，學界已有多方討論，另可參陳睿宏（伯適）：《惠棟易學研究》（一一四冊），（新北市：花木蘭文化，2009.09）、《漢易之風華再現──惠棟易學研究》（上下），（臺北：文史哲出版社，2006.02）、〈惠棟改易經文以釋易述評〉，（臺中：臺中教育大學《臺中教育大學學報》第 20 期卷二，2006.12），頁1-32。曾勝雄：〈惠棟易學思想會通〉，（臺中：明道大學國研所碩士論文，2014.06）、江弘遠：〈惠棟易例研究〉，（臺北：臺灣師大國研所碩士論文，1997.06）。因與本文旁溢太多，此不再重覆，僅就惠氏易學於當時的影響做一討論。

《易》思想，指出漢《易》傳遞的今古文問題，也對當時學界產生廣泛的影響，學者多予正面回應。如錢大昕就說：「惠氏世守古學，而先生所得尤深，擬諸漢儒，當在何邵公、服子慎之閒，馬融、趙岐輩不能及也。」[26]凌廷堪也說：「自東漢至今，未析之大疑，不傳之絕學，一旦皆疏其源而導其流，不可謂非豪傑之士也。」[27]惠棟《易》學，在當世已受推崇，而和他交誼互往的學者中，以戴震受啟最多；其後的焦循，更同樣在《易》學上有重要的發揮，有「易學五書」行世；凌廷堪及阮元的考證工夫，雖非直接得益於惠氏，但時習如此，一代風會聚勢，卻也不免所染，或受益受惠、或受限受匯，同中之異難得，蔚然成家、以特出異見取勝而達登峰者，便更為可貴了。

除了官方文化政策的引領提倡，古學復興風氣興盛外，乾嘉的經典詮釋不斷向經史靠攏，也間接促成其後漢宋之爭的學術異見。本來所謂漢學、宋學，只是解經偏重傾向各自不同而已，但因治經方式有異，也造成經說內容及意義上的差別，甚至演成後來的意氣、意見之爭。戴震、焦循均屬乾嘉前期的學者，受有清王制朝習影響較多；凌廷堪和焦循為學友，於《禮》發明最多；阮元享壽八十餘年，其間在朝五十年[28]，學官雙棲；此四人，各

26　參錢大昕：《潛研堂文集》卷 39〈惠先生棟傳〉，頁 615。

27　參王文錦點校‧凌廷堪著：《校禮堂文集》卷 26〈周易述補序〉，（北京：北京中華書局，2006.03 一版二刷），頁 239。

28　阮元自乾隆五十四年（1789）考中進士步入仕途，直到道光十八年告老還鄉（1838），在清代中期的政治舞臺上幾乎活躍了近半個世紀。參〈阮元傳〉，《清史稿‧卷 364》，收入張鑑等撰‧黃愛平點校：《阮元年譜‧點校說明》，（北京：北京中華書局，2006.06 重印三刷），頁 268-271。

自都有解經方法及經說內涵的交涉交融。其中，焦循不論在解經方法及經說內涵上，可說直承戴震而有所發明；戴震、焦循二人，又分別承繼惠棟之一端。淩廷堪之學，雖哲思稍乏，然其所闡之禮例經解之法，亦頗可觀；阮元畢生培才編纂無數，以官助學，學以官成的標誌鮮明，為後人譽為「清代經學名臣最後一重鎮」[29]。戴震、焦循兩人於義理發揮較多，經典詮釋的核心文本仍持續關注《四書》，或以註解《語》、《孟》，但到了淩廷堪、阮元，則得見以偏重《六經》為主的論述，或者可以說，時風習尚披靡所及，學人的研究動能，自然不能不參與關注，由「傳」到「經」，注疏核心的遷轉移動，當然也暗示著，新一代詮釋見解的奠基或樹立，亦透過官方有意識的作為，已慢慢滲入不同的思考。

第三節　經典詮釋的進路

　　回到戴震、焦循、淩廷堪、阮元等人來說，戴震是四人中最具關鍵的角色，此固然是戴震年輩較前，學問發展及成熟較早，但更重要的，還在於他學問的深廣及其展開向度，具有指標性意義。以下分述戴震及焦循的經典詮釋進路及特徵。

一、戴震：字詞通道，相接以心

　　戴震曾在揚州兩淮鹽運史盧見曾的幕府中，與惠棟訂交[30]，

---

[29]　參錢穆：《中國近三百年學術史‧下》，（臺北：臺灣商務印書館，1996.07 臺二版二刷），頁 529。

[30]　事在乾隆廿二年（1757）。戴震於此記之甚明，曰：「震自京師南還，

後來，戴震撰〈題惠定宇先生授經圖〉，不僅給予惠棟高度評價，更因之提出他「由故訓以明古經」的重要主張。戴震說：

> 先生之學，直上追漢經師授受，欲墜未墜，埋蘊積久之業，而以授吳之賢俊後學，俾斯事逸而復興。震自愧學無所就，於前儒大師不能得所專主，是以莫能之窺測先生涯涘。……松崖先生之為經也，欲學者事于漢經師之故訓，以博稽三古典章制度，由是推求理義，確有據依。彼歧故訓、理義二之，是故訓非以明理義，而故訓胡為？理義不存乎典章制度，勢必流入異學曲說而不自知，其亦遠乎先生之教矣。[31]

　　戴震首先標舉惠棟學問的路向，欲上溯漢代經師之業，以復興經學。其次指出惠氏治經的宗旨及路徑，以故訓稽考於典章制度，通過博考稽徵之法，以推求理義，使所推得之理義確有據依。這段對惠氏的分析，更成了戴震自述研經路徑的定錨，由此

始觀先生于揚之都轉鹽運使署內。先生執震之手言曰：昔亡友吳江沈冠云嘗語余，休寧有戴某者，相與識之也久。冠云蓋實見子所著書。震方心訝少時未定之見，不知何緣以入沈君目，而憾沈君之已不及覯，亦欣幸獲覯先生。」可見戴震對惠棟之心慕。參戴震：〈題惠定宇先生授經圖〉，收入張岱年主編：《戴震全書六‧戴氏雜錄》（安徽古籍叢書），（合肥：黃山書社，1994.07 一版一刷），頁 504-505。

31　語見戴震：〈題惠定宇先生授經圖〉，《戴震全書六‧戴氏雜錄》，頁504-505。本文標題原為〈松崖惠先生授經圖〉，後改為〈題惠定宇先生授經圖〉，為乾隆卅年冬，戴過蘇州，晤惠棟遺屬及諸高足，緬懷亡友並拜觀惠先生遺像而題。後者較原來的篇題，語意更見明確。

提出對經義大旨的思考：理義存乎典章制度。戴震認為，當時學者，歧分理義與故訓二者實有差謬，因為故訓正是用來彰明理義的工具，且可避免經說淪於曲解之失；理義既存乎故訓當中，探求經義，便應從博稽考明典章制度的故訓上入手。戴震雖謙言，學無所就，未能得所專主，但從他高度推重惠氏之言，頗可明顯看見他與惠棟的同道之志。

〈古經解鈎沉序〉，是戴震另一篇析明個人學術宗旨的重要作品。這篇文章原是戴震為惠棟弟子余蕭客《古經解鈎沉》所作的序文。戴震重申前說，指出：

> 由文字以通乎語言，由語言以通乎古聖賢之心志，譬之適堂壇必循其階，而不可以躐等。……今仲林得稽古之學于其鄉惠君定宇，惠君與余相善，蓋嘗深嫉乎鑿空以為經也。二三好古之儒，知此學之不僅在故訓，則以志乎聞道也，或庶幾也。[32]

戴震指出，以訓詁為方法、手段，步步考經研索，目的並不在「故訓」本身，而是為了「志乎聞道」。顯然，理學末流，解

---

[32] 語見戴震：〈古經解鈎沉序〉，《戴震全書六・東原文集卷十》，頁377-378。事實上，戴震談「由文字以通乎語言」，是兼重形、音、義三者的統合研究，既要「初識字」、也要「通經義」。依戴震，「離詞」、「辨義」雖相表裡，但就文句脈絡的結構組織上言，「字」又比「構詞」略低一個位階。筆者在本文中的論述，係將「詞」視為一個「字族」、「字組」的概念，從而排除單字成詞的情況，而將「詞」歸在語句的結構上說。

經落入鑿空之說的弊端，早已為惠棟、戴震所棄，故他們強調改由語言文字、典章制度上考察，以稽古徵實的方法研經，從根源上，探究經典的確當內涵，俾便「通古聖賢心志」，達到「志乎聞道」的理想。

　　他另外說：

> 經之至者道也，所以明道者其詞也，所以成詞者字也，由字以通其詞，由詞以通其道，必有漸。[33]

　　此條若併同前文共見，更可明白得出戴震經典詮釋的路徑：由「文字→語言→古聖賢心志」；由「字→詞→道」的脈絡性思考。解經的順序、步驟，必須層層遞進，講求系統邏輯，因為詮釋經典是幫助通往道的途轍；換言之，在宋學家偏重心悟體證的修養工夫時，戴震則主張，對道體的認識理解，可以經由語言、文詞的把握，步步上溯。[34]他更同時指出，道體不是一個虛空的「形上價值」之謂，而是可核實徵求，透過典章制度所得見的聖賢心志。既然「經之至者道也」，聖賢之道可通過學經、研經習成，故對經典詮釋在工具方法上予以評騭或轉換，進而建立個人的學術體系，說明價值取向，便是戴震欲有別於宋明學者解經路徑的重要考慮。

---

[33]　語見戴震：〈與是仲明論學書癸酉〉，《戴震全書六・東原文集卷九》，頁370-372。

[34]　參筆者：〈儒家經典詮釋的集成——以戴震為核心〉，（臺北：臺北大學中文系《臺北大學中文學報》第17期，2015.03），頁69-87。

　　乾隆卅八年，清廷開四庫館，戴震因數算之長[35]，以舉人身分奉召入京修書。然而，戴震學問廣受後人推崇的，卻不是他的算學成就。在他入四庫館擔任纂修官的前半生裡，已寫定完成多篇重要文章，包括：《原善》、《大學補注》、《中庸補注》、《孟子私淑錄》、《經說》等哲學專著，可以說，戴震學問上的重要思索，已大備其貌了。經他編纂校定的書籍，高達廿多部，內容更涵蓋多方，有：《儀禮集釋》、《水經注》、《九章算術》等，舉凡禮學、算學、史志，都包含在內。此外，他還將訓詁考據，融入他的編審工作中，此不僅促成他在訓詁音韻上的特殊成就，其所完成的《聲類表》一書，將古韻析為 16 部，對清代的訓詁學和古音學，有重大影響；同時也繼續深發自己的哲學思考，完成〈答彭進士允初書〉，書撰並改訂《原善》、《孟子字義疏證》[36]；而通過語言文字，以學術和編審並舉的治學路線，編修群書，建立並標舉經義內涵價值，更是戴震學思至今為人所樂道者。

　　「道」的內容為何？戴震做了以下的闡釋：

　　　　聖人之道在六經也。當其時，不過據夫共聞習知，以闡幽

---

[35] 戴震在 22 歲時，寫成《籌算》（其後增改更名為《策算》）一卷，33 歲以前更陸續完成《考工記圖注》、《勾股割圜記》、《周髀北極璇璣四游解》等科學論著，及《爾雅文字考》十卷、《六書論》等訓詁專書，在自然科學和考據學上已有相當的成就。

[36] 有關《原善》先後改訂及諸版本異同，李暢然論之甚詳。李暢然所著《戴震《原善》表微》一書附錄，有《原善》三章集本、《緒言》本、定本對照，及三卷緒言本及定本對照，可為參考。詳氏著：《戴震《原善》表微》，（北京：北京大學出版社，2014.03 一版）。

而表微。然其名義制度，自千百世下，遙溯之至於莫之能通。是以凡學始乎離詞，中乎辨言，終乎聞道。離詞，則舍小學故訓無所藉。辨言，則舍其立言之體無從而相接以心。……治經之士，得聆一話言，可以通古，可以與幾於道。[37]

這裡所採取的經典詮釋進路，是「離詞→辨言→聞道」。此中，離詞的功夫是建立在名物制度、章句訓詁的小學工夫上頭；辨言，則是分析語言文字的系統建構，以理解話語對經典文本產生的全幅作用，俾便做出判斷與詮釋；從語言科學的角度來看，此處強調經典詮釋的層級，必求步步依實核證的方法，此明顯與宋明儒者偏向體證悟解式的理解詮釋不同。事實上，用考證、訓詁的方法來辨言離詞，以析經解經，是以名物、訓詁二者交互作用的。「訓詁」不單是要追尋語源、語意，還要釐清古訓的教義，亦即經典中的教訓。古訓的範圍既包含古字古意，也包括名物訓詁，前文所謂「由字以通其詞」，不僅包括對聲韻字形的辨正，還涉及對古代制度、禮儀器物的整體了解。[38]至於所謂「訓詁」，則包括聲訓、反訓、一字多訓等等。戴震是清儒中，最早

---

[37] 語見戴震：〈沈學子文集序〉，《戴震全書六·東原文集卷十一》，頁393-394。

[38] 如戴震撰《毛詩補傳》時，針對《毛傳》和《鄭箋》，在訓故上作疏析補充，其中就有很多討論到《詩》和古代禮制間的關係，舉凡如此的例子很多。可參鄭吉雄：《戴東原經典詮釋的思想史探索》，（臺北：臺灣大學出版中心，2008.08初版），頁249-251。

提出「因聲求義」[39]說，並作出應用示例的第一人；至於他所提出的「四體二用」說，甚至引發其後以「轉注互訓」發揮字義，不能不說是清代詞意訓釋上的一個重要座標；從語言科學的角度來說，無疑具有標誌性意義及價值。

　　其次，「離詞、辨言」的目的既是為了「聞道」，所運用的方法，便是此處的「相接以心」：不論是「以詞通道」，或是「相接以心」，都是一種經典語言哲學詮釋（hermeneutics）的發揮。戴震眾多作品中，表現最明顯的，非《孟子字義疏證》莫屬。如果說，戴震在訓詁上的表現，是他在經典詮釋上語言邏輯的起點；那麼，運用語言文字以通人情事理，由「我心之所同然」，向上通「聖人之心」且通於「道」，便是追索詮釋的價值，從事經典詮釋的實踐。以今日之語概括之，則前項是語言科學的探究，後者是上溯經典語言根源價值的哲學思索，由己心、己意通聖人之意，就經典詮釋上說，自然可說是孟子式「以意逆志」的繼承[40]、推進與發展，但卻不僅限於心理傾向的解釋層次

---

[39]　「以聲求義」作為一種解經方式，先秦典籍已屢見，宋末元初戴侗《六書故・六書通釋》是最早提出「因聲求義」的專著，其後包括方以智、戴震雖皆歸屬於「因聲求義」的脈絡下，但戴震卻是有清以來，討論此一訓詁方法的第一人，特別是其《轉語》、《方言疏證》，尤為後世「詞源學」探究者重視。戴震指出：「凡同位則同聲，同聲則可以通乎其義。……疑於義者以聲求之，疑於聲者以義正之。」參戴震：〈轉語二十章序〉，《戴震全書六・東原文集卷四》，頁 304-306。

[40]　孟子指出：「知人論世」、「以意逆志」的兩種詮釋方法，前者可說具有歷史主義的傾向，後者則具有心理學傾向。依孟子，此二種解釋方式並不是各自斷裂，而是互為發凡交融的。筆者將心理傾向的解釋路徑歸為「以意逆志」一路，較鮮明者，如陸、王可屬之，為免溢出本文核心討論太多，無法細論，將以待來日。

而已。

二、焦循：通博一貫，合諸性靈

　　焦循生當戴震之後四十年，其研學歷程，並未與戴震有直接交誼，獨戴震其學在當時學林已具影響力，考察焦循纂輯典籍的範圍，多有欲與戴震之學相接軌處。焦循早年亦如戴震所長，對算學頗有興趣，完成多部算學作品[41]；在焦循學思絕響之作《孟子正義》中，他更坦言：「循讀東原戴氏之書，最心服其《孟子字義疏證》。」[42]在《孟子正義》中，更有多處直接迻錄戴震《疏證》的文字；凡此，皆可得見，焦循除「心服」戴震之外，試圖踵繼戴震思考的痕跡。

　　焦循平生著作等身，除於傳統學問多所專精，即如戲曲、文學甚至醫學，亦有所發。與戴震、阮元等人相同，焦循亦編纂不少書稿，他的大量經學作品，如：《論語通釋》、《易通釋》、《六經補疏》、《孟子正義》等，不僅在體例安排及思想內容上，有取於戴震，甚至於研經取徑及經注經解，乃至提出聖人之道為「一貫」的哲學論述，都受到戴震的影響。

　　焦循治經的方法特色是：博採眾說、博通諸學，「精博」是

41　焦循所寫成的多部數學書，如：《釋輪》、《釋橢》、《釋弧》，及《加減乘除釋》、《天元一釋》、《開方通釋》等，其中提及的邏輯推理概念，成為他往後治《易》時，言「旁通、相錯、時行」之法，極好的學問養分。參王慧茹：《焦循「一貫」哲學之建構與證立》第二章，（新北市：花木蘭文化，2013.09 初版）。

42　語見焦循撰‧楊家駱主編：《雕菰集》卷 13〈寄朱休承學士書〉，（臺北：鼎文書局，1977.09 初版），頁 203。

其專擅所在。[43]其治經的方法，約可析分為二途：一是以歸納為主，從經典的內部求索，以經證經、博考核實法；一是以辨析、匯通為主，從經典本身向外求索，經史互證、通辭述己法。[44]

他說：

> 說經不能自出其性靈，而守執一之說，以自蔽如人，不能自立。……學經之法，不可以注為經，不可以疏為注。……儒者說經，言人人殊，學者熟復經之本文，引申而比例之。……必細推注者之本意，不啻入其肺腑而探其神液……要之，既求得注者之本意，又求得經文之本意，則注之是非可否，了然呈出，而後吾之從注非漫從，言之駁注非漫駁。不知注者之本意，駁之非也，從之亦非也。[45]

焦循治經，除了和傳統儒者相同，依從經傳注疏的脈絡外，他還強調必須熟悉經典本文，「引申而比例之」，此間，引申、比例之法更大量被運用在焦氏易學當中，就經傳內容的理解來說，焦循雖強調，不應盲從於注疏，但仍需依次由注而經，探求經文本義。經、傳、注、疏有經注層次與詮釋次第的問題，不可本末不清，淪於漫從或漫駁。

43　此錢穆語。錢穆譽焦循的學問「精博」。參錢穆：《中國近三百年學術史・下》，頁 499。

44　參筆者：《焦循「一貫」哲學之建構與證立》第三章，頁 41-49。

45　參見焦廷琥：《里堂家訓》下卷（傳硯齋叢書本影印本），收入新文豐出版公司《叢書集成續編》第 60 冊，（臺北：新文豐出版公司，《叢書集成續編》，1989 年臺一版），頁 670。又見《事略》引。

　　由於「經」是百家之總匯歸，故惟經學可言性靈，無性靈不可以言經學。焦循將原來袁枚（1716-1797）主張「性靈」說一詞，轉以說之於經學，可說是明白道出了他研經治學的立場。此間，「求訓故，核制度」是他所謂「證之以實」的工夫，而以「己之性靈，合諸古聖性靈」，甚至「貫通」其他立言者之性靈，則是「運之於虛」[46]的應用，必須要能虛實相參，以精汲精，才能貫通性靈。

　　焦循批評那些說經不能自出性靈者，是犯了「執一」、不能自立的毛病，學經治經者萬不可一味盲從注疏、為注疏所牽，而必須有一番仔細推敲經注的過程，惟如此，則不論從注或駁注，才有一番學問的根柢可言，此處可見焦循治經、解經雖有遵循傳統的一面，仍強調訓詁考證的重要，以訓詁明義理；但若衡諸於他所提出經學「性靈」的看法，又可以說是深具突破性的主張，明顯不同於當代的考據學者。

　　除了通經博覽，得見傳注之失，以歸納整理析明經義大旨外，焦循也經常在經部之外找材料，以證經注之文。

　　如：《孟子‧滕文公上》有：

　　　禹疏九河，瀹濟、漯而注諸海；決汝、漢，排淮、泗而注之江，然後中國可得而食也。[47]

46　焦循曾說：「證之以實而運之於虛，庶幾學經之道也。」參氏著《雕菰集》卷 13，〈與劉端臨教諭書〉，頁 215。

47　參焦循撰‧沈文倬點校：《孟子正義》上，（北京：北京中華書局，2004.02 重印），頁 377-386。

焦循除引〈禹貢〉及相關的地志外，又引謝身山《黃河圖說》、段玉裁《說文解字注》、胡渭《禹貢錐指》、孫蘭《輿地隅說》、孫星衍《分江導淮論》之說，以證孟子之言。[48]從他所引證的材料上觀察，焦循不侷限於傳統的經部之書，而遍及了各種專門知識，除引證古籍、前賢之見外，更遍及時人的研究，舉凡六書訓詁、版本校勘、天文曆算、井田封建、水道地理，無所不包，若非肇因於平日之博學強記，廣為蒐考，實不可能有如此的表現。

焦循自言其治《易》的方法時說：

> 余學《易》所悟得有三：一曰旁通，二曰相錯，三曰時行。此三者，皆孔子之言也，孔子所以贊伏羲、文王、周公者也。夫易，猶天也，天不可知，以實測而知。……測之既久，益覺非相錯、非旁通、非時行，則不可以解經文、傳文，則不可以通伏羲、文王、周公、孔子之意。十數年來，以測天之法測《易》，而此三者乃從全《易》中自然契合。[49]

---

[48] 焦循針對「排淮、泗」是否真能「注之江」，旁徵博引，花費了約五千言來辨明，足見考證之詳。參焦循撰・沈文倬點校：《孟子正義》上，頁 377-386。

[49] 參焦循：《易圖略・序目》，收入楊家駱主編：《焦循之易學》，（臺北：鼎文書局，1975.04 初版），頁 339。此處所採用之易學叢編《焦循之易學》，係鼎文書局據學海堂《皇清經解》本影印，並見《焦氏遺書》本，彙刊為「國學名著珍本彙刊・近三百年經學名著彙刊之一」，亦為今日所用通行本之一。以下凡引自《焦循之易學》處，僅注明該書

　　焦循表示，他學《易》悟得的三種方法，來自孔子，而此三項法則皆由實測經文而來，在未從事實測工作前，原無此名；既測之後，益覺非此三者不足以解《周易》經傳，此中，運用實測以歸納、辨析、演繹、體悟，都是前文焦氏治學方法的另一種說明，具有科學實證的精神。

　　前文已言，戴震認為，經學有理解層次上的分別，由字到詞、由文字語言而通古聖賢心志，字詞是治經明道的必經步驟，這種經由六書文字、詞語，以析經明道的方式，焦循也同樣重視。他說：「非明六書之假借轉注，不足以知彖辭、爻辭、十翼之義……不足以知伏羲、文王、周公、孔子之道」，「訓故明乃能識羲文周孔之義理」[50]，但他更大的貢獻卻是打破了傳統以來，奉經學為一尊的詮釋模式，雖然他也重視六書、以假借釋經，但他更同時認為，文字聲韻訓詁上的引申假借，仍是不夠用的。戴震沒能具體指出由字詞如何通於道的方式，在焦循處，則將之析分為「引申十二類」[51]，同時，焦循還增加了比例原則。

目次、卷數，其餘不再細述。並，中國大陸學者陳居淵另校點：《雕菰樓易學》（《易章句》、《易通釋》、《易圖略》），（北京：北京大學出版社，2012.06 一版一刷）；劉建臻編有：《焦循全集》共 18 冊，（揚州：廣陵書社，2016.09），為新版之點校本。其中彙編收錄焦循著作六十餘種，分甲、乙兩編。甲編為焦循自著，下分經史子集；乙編為焦循輯錄，後附焦循傳記等。為目前研究焦循最直截、便利之文獻。本文所引注書目，凡涉及選本問題，已於書目後說明，因未與新校本出入，故不以新校本為定。

50　參焦循撰・楊家駱主編：《雕菰集》〈與朱椒堂兵部書〉、〈寄朱休承學士書〉，頁 201-203。

51　參焦循：《易圖略・比例圖》，頁 370-371。

焦循所說的「引申十二類」，雖是針對《周易》卦爻辭的解釋而來，事實上，對任何文本的解釋理解，也都可以是一種引申的發揮。

其實，「旁通、相錯、時行」之法，皆不外引申、比例的範疇，而引申、比例係結合了實測經文的小學訓釋，及數學方程的解經方式而來，焦循這種實學實證的探究，便不只是數理邏輯上的空虛形式，也不是傳統經生素樸的章句考索而已；而是能真正擺脫枝節障礙，回到周、孔本懷，能運用「參伍錯綜、引申觸類」之法，達到通透全盤理解的方式。[52]

正是基於如此的思考，讓焦循不斷尋繹析明真理內容的方法。除了運用經部本身已涵括的學問，如小學、典章制度外，舉凡天文、地理、數學方法，也都成了解經、析經的材料，前節中所提及的易學方法論，便是運用數學方法以解經治經的最好說明。本來，天文、算學在古代只能算是「數術」，天元曆算是用來說明自然世界的方技之學，比起傳統學者研經明道、探究根源本體的經學來說，只是小道，但焦循並不認為天元、算學是低一級的學問。如果說，考據學對語言文字精闢的討論，目的是為了提供意義世界以真理的探究的話，那麼，天文算學所提供的步驟方法、解析或推論，則能更確當地補充或縫合文字、音韻、訓詁上的罅縫，為真理內容指出一條客觀準確、穩實可循的道路。或者可以說，焦循同時操作小學及科學方式以解經研經，博求證據，比較研究以立己說的特色，正係其深入積學後的創獲。

---

[52] 焦循於《易圖略・原翼》說：「學究之注，經生之義疏，就一章一句，枝枝節節，以為之解，而周公孔子之箋疏，則參伍錯綜，觸類引申。」參前揭書，頁378。

　　焦循用數學語言，構畫了一套意義世界，而此意義世界是公共、客觀，能夠再三驗核檢證的。從儒學精神的內涵上看，焦循曾說：「《論語》一書，所以發明伏羲、文王、周公之恉。蓋《易》隱言之，《論語》顯言之，其文簡奧，惟《孟子》闡發最詳最鬯。」[53]聖人本懷可透過《易》、《論語》、《孟子》三個不同時代、不同的文本闡發，雖其文字詳略說解不同，但其真理內容是互相貫通的。運用引申、比例之法來檢視，正可貫通聖人之道，更可得證儒學的思想格局。從通博廣蒐各項證據，用核實詳考的方法證經、解經，加以引申比例，以悟得經學性靈，焦循不僅講求「虛實相參」解經方法上的一貫，更重視《易》、《論》、《孟》做為聖人經典，其延續聖人道統、經意詮釋上的一貫，此通博、一貫、研精的經典詮釋特徵，亦同時成為他延續戴震，卻又有殊於戴震的特色所在。

第四節　經學考證與詮釋發揮

　　對比戴震、焦循的解經方式，可以發現，二人皆有強調訓釋經典需重視考證字句來源的主張，除了運用徵實的證據以疏釋經典外，解經還必須重視步驟次第，戴震談由「字→詞→言→聖人心志（聞道）」，焦循則強調，需詳明「經、傳、注、疏」，然後才能在經文本意的基礎上，以詮釋者的「性靈」說經。在詮釋經典的過程中，既重考據實證，又能兼及「性靈體會」，是二人的特出之處。

53　參焦循撰‧楊家駱主編：《雕菰集‧論語何氏集解》，頁 275-276。

一、心知與述難

　　戴震曾表示：「僕以為考古宜心平，凡論一事，勿以人之見蔽我，勿以我之見自蔽。恐求之太過，強生區別。」[54]在詳明考據的實證基礎上，用平心平情的公正態度，以解經釋經，既不囿於古說，亦不強出己見。戴震雖在音韻分類安部上，已有新見主張，但為了避免穿鑿，仍期勉自己及後學，應避免經說之蔽，此處言「去蔽」的看法，當是前文所強調以「心知」接聞於「道」的另一種提法。

　　與「去蔽」、「心知」類似的主張，焦循亦曾言及。焦循說：

> 述其人之言，必得其人之心，述其人之心，必得其人之道。學者以己之心，為己之道，以己之道，為古人之言，曰吾述也，是托也，非述也。學者不以己之心，求古人之言，朝夕於古人之言，而莫知古人之心，而曰吾述也，是誦也，是寫也；誦、寫非述也。……然則，述也者，述其義也，述其志也，不以志而持其言，有不可通，則曰古人如是說也；有不善，則曰吾友所受之也，古人所望於後人者，固如是乎哉？[55]

此條中，焦循所提出關於「述」的概念，亦可說是一種經典詮釋

---

[54]　參戴震：〈答段若膺論韻〉，《戴震全書三・聲類表・卷首》，頁356-357。

[55]　參焦循撰・楊家駱主編：《雕菰集》〈述難一〉，頁102-103。

的態度及方法。他指出，欲述其言，必當述其心；欲述其心，必
當得其道；此便和戴震所說，解經必須通於古人心志，以聞道為
目的看法相同。焦循不僅析分述、托、誦和寫的差異，還特別抬
高「述」的重要性及地位。夫子所謂的「述而不作」，在焦循身
上，被轉化成「作述無等差，各當其時而已」[56]，正因「述」的
效用可與「作」相當，故其地位明顯高於僅斷以己意的「托」；
或是不思其所以然的「誦」、「寫」。換言之，「托」是一種蔽
於己心的裁度；「誦」、「寫」則是泥於章句的武斷；這兩種方
式，都會造成解經之蔽。一如戴震所說，既「舍其立言之體」，
僅求經典章句的表面，朝夕徒誦古人之言，卻「無從相接以
心」，既不能「述其義」，更遑論欲「述其志」，至於那種以己
言、己心托言於述古者，亦不過是自抒機杼，並不能稱上是理解
經典、傳述經典。經典詮釋必當先由語言文字之述義，釐清內容
意旨，而向上推述古人心志，進一步以聞道明道，才算真正完成
了「述」的工作。當然，此間疑義辨析，通貫作者心志的工夫不
可少，而正因為考察「心知」、上與古人心志相接不易，故焦循
特別提出「述難」，作〈述難〉五篇。

　　焦循另以善醫者作喻說：

> 善述者如善醫，……學者述人，必先究悉乎萬物之性，通
> 乎天下之志，一事一物，其條理縷析分別，不窒不泥，然
> 後各如其所得，乃能道其所長，且亦不敢苟也。其人著撰
> 雖千卷之多，必句誦字索，不厭其煩，雖一言之少，必推

56　參焦循撰·楊家駱主編：《雕菰集》〈述難二〉，頁103。

> 求遠思，不忽其略，得其要，把其精，舉而揚之，聚而華
> 之，隱者標之，奧者易之，繁者囊之，縮者修之，鬱者矢
> 之，善醫者，存人之身；善述者，存人之心；故重乎述
> 也。不善述者，拂人之長，引而歸於己之所知，好惡本
> 歧，去取寡當，繪人者嫌眇而著瞭，惡僂而形直，美則美
> 矣，而非其人矣。[57]

這段文字指出，一名善述者在述人之前，必須先具備「博物」的知識能力，具備條理辨析的探索能力，不因循、不妄述，才能使經典文本得以合於分寸理序之述。究悉萬物之性，必求一事一物之縷析，此一詳考明察的學問工夫，亦與戴震重視考證訓詁的觀點相同。但焦循更進一步解釋說，是以「萬物之性」通「天下之志」，具體來說，便是為求徵實地述明文本，必須詳考萬物之性與文本內涵，可互為闡釋之處，並以其考察融貫所得，以如其所然者，述明文本之長。這種只求對經典謹慎述明而不踰矩的態度，既是建立在保存文本（經典）本意之上，也是為了保存作者（聖人）之心。這是談論「述」的第一步工夫。

　　然而焦循談述的重點，顯然並不僅僅如此。他還強調在不厭其煩地句誦字索外，猶須有其深思的工夫。亦即前文所說，在「推求遠思」之上，必「得其要，把其精，舉而揚之，聚而華之，隱者標之，奧者易之，繁者囊之，縮者修之，鬱者矢之」，此處的「要、精」，可說是對經典文本要義的把握；「揚、華、標」是經典文本意義的發揚；「易、囊」可歸屬於經典文本內涵

57　參焦循撰・楊家駱主編：《雕菰集》〈述難五〉，頁105-106。

之提煉；而「修、矢」則是經典文本的闡釋；焦循雖談提煉發揚
文本要義，但卻是一種基於文本實證基礎上的考察探究，並非隨
意的闡述，此重述意識、盼其作為「善述者」，亦其述者之為
「善」之所在。他更對比於不善述者，更改其人面貌以為己美，
美雖美矣，究非真實，亦非其本來面貌，述其言當知其人其心，
改易古人（經典）面貌，無異於以己知拂人所長，這當然也是一
種述者的心知好惡之蔽，當然是要避免的。

　　顯然，如何在心知和善述之間，取得平衡和調融，使文本意
義得以如其本然，甚至在隱而不顯處，能更合宜、明暢其表達，
一方面明析經典奧義，另方面揭明聖人之心，便是一名善述者
（詮釋者）的重要任務，基於此，故述作無差等。焦循談「述」
不言「作」，和夫子謙言「以述代作」，在經典詮釋的根源歸趨
上，倒有異曲同工之味。

二、發明傳統之外

　　戴震和焦循在經典詮釋上，除了都強調以章句訓詁為進路，
探求經典意義，甚至進一步通於古人心志，以上接於道。檢視二
人著述，亦不難發現，二人於經意內涵之表述，也多有個人式的
發揮。以二人對《孟子》的疏釋來說，戴震以字義為核心，做
《孟子字義疏證》；焦循則有欲補充戴氏而作《孟子正義》；二
人雖皆言旨在注釋經典，但實際上，二書也同在解經之外，為個
人哲學立場之闡釋發揮，將之理解為戴震及焦循意義下的《孟
子》，似更允妥。此間，二人於哲學範疇論述及所詮釋之內涵亦

多有相近及相通處，此暫留後文再論[58]。

即若跳脫二人共通之《孟子》學範圍，戴震、焦循二人在學問傾向上，亦有遍及群經的表現。戴震入四庫館編修，為諸經作序；焦循則有《羣經補疏》，以編修、補充說明方式，取代單一注疏經典，此亦二人之共同專長。此外，二人亦多有以《易》釋經的傾向，焦循為乾嘉時期的重要易學家，此故不差；戴震，在疏釋《孟子》時，亦多引《易》互為發凡，可見，易道生生、大化流行，亦二人之共同關注。即由二人詮釋重點，看似關聯表淺的《詩經》為例，亦可明二人關懷之傾向。

戴震說：

> 「《詩》三百，一言以蔽之，曰：『思無邪』」，夫子之言詩也。而〈風〉有貞淫，說者遂以「思無邪」為讀《詩》之事，謂《詩》不皆無邪思也，非夫子之言《詩》也。……
>
> 余私謂《詩》之辭不可知矣，得其志則可通乎其詞。作詩之志愈不可知矣，斷之以「思無邪」之一言，則可以通乎其志。〈風〉雖有貞淫，詩所以表貞而刺淫，則上之教化有時寖微，而作詩者猶欲挽救於萬一，故《詩》足貴也。三百皆無邪思也。……宋後儒者求之不可通，至指為漢人雜入淫詩，以足三百之數，欲舉而去之，其亦妄矣！
>
> 今就全詩考其名物字義於各章之下，不以作詩之意衍其說。蓋名物字義，前人或失之者，可以詳覈而知。古籍具

在，有明證也。作詩之意，前人或失之者，非論其世、知
其人，固難以臆見定也。……余亦曰：「《三百篇》皆忠
臣、孝子、賢婦、良友之言也，而又有立言最難、用心獨
苦者，則大忠而託之詭言遜詞，亦聖人之所取也。」[59]

這段文字，由夫子言「思無邪」出發，含括以下三個重點。其
一，同於前文所說，指出經典詮釋，須由詳核字義名物，而辨知
「立言之體」，「由詞通志」的方法論進路；其二，針對漢宋學
者解經之偏重，提出解經需建立在知人論世的徵實基礎上，不可
隨意推衍，斷以臆見；其三，強調《詩》之教化深意，不僅止淫
表貞，更有詩人挽救世局，垂鑑大義之心，故即詭言遜詞，亦獨
為聖人所取，不可不察。此中，衡諸「思無邪」之《詩》教，戴
震強調，需以「大忠」求通辨明，勿以淫邪之情概之，更是其為
〈補傳〉的用意所在。

　　以夫子「思無邪」語，以為裁斷詩旨的根據，歷來解詩者多
採此，但在解經之外，戴震還順便評騭了漢宋學者的是非。戴震
認為，有宋以後的儒者意欲求通，批評漢人治經之失，無疑是犯
了鑿空之蔽；然而，若解經不能通乎心志，徒為守譌傳謬，不能
以古籍核考，同樣不能獲得相應的理解。他強調，解經須兼重實
證考核和心理傾向的解釋，看似來自經典文本自身，然細究之，
卻是他於經典文本內容詮釋的轉化或發揮，此處所說「三百篇，
皆忠臣孝子賢婦良友之言」、聖人取「大忠以託諸詭言遜詞」之

59　參戴震：〈毛詩補傳序〉，《戴震全書一・毛詩補傳》，頁 125-126。
　　本篇文字，與經韻樓本《文集》卷頗有出入，此處引文，依黃山書社考
　　校之《戴震全書》為定。

用心，無疑皆不僅限於夫子所謂「思無邪」之奧義，甚至有偏離「溫柔敦厚」詩教的傾向，欲將「上之教化」，範定緊縮為「大忠」，藉聖人之說，以代國君行教的傾向。顯然，傳述「忠臣孝子賢婦良友之言」，是為了使百姓在「臣、子、婦、友」的倫理位階上，更守分守常，而不僅僅是做一名道德君子而已。

　　針對《詩經》的詮釋，焦循是這麼說的：

> 夫聖人以一言蔽三百，曰：「思無邪」。聖人以詩設教，其去邪歸正悉待言！所教在思，思者，容也。思則情得，情得則兩相感而不疑，故示之於民，則民從；施之於僚友，則僚友協；誦之於君父，則君父怡然釋；不以理勝，不以氣矜，而上下相安於正，無邪以思致，思以嗟嘆永歌、手舞足蹈而致。……雖然，訓詁之不明，則詩辭不可解，必通其辭，而詩人之旨可繹而思也。毛傳精簡，得詩意為多，鄭生東漢，是時士大夫重氣節，而溫柔敦厚之教疏，故其箋多迂拙，不如毛氏，則傳箋之異，不可不分也。[60]

　　在這段文字中，焦循同樣針對夫子「思無邪」之說作論。他指出，以詩設教的教化重點在「去邪歸正」，而「去邪歸正」之所以可能，便在「思」字上頭。因為「思」能啟人感通之情，與發民人情志，在嗟嘆永歌、手舞足蹈之外，不以理氣相勝相矜，而以情得相感，故能使上下正，使民人從，僚友協，使君父怡

然。焦循雖然也和戴震相同,一併提及經典詮釋的進路,必須由明訓詁而解詩辭,由通其辭而達詩人之旨,需辨明傳、箋次第;特別是,詩人之旨,係經由解經者的「繹、思」而來,此間,「繹、思」便已包含訓詁考釋及心理探知的雙重意義。然而非常弔詭的是,焦循雖強調訓詁之要,但他在本段文字中,對「思無邪」的解釋,卻是獨出己見的。他將「思」訓為「容」,講由「思」到「情」的兩相通感,顯然有別於訓詁之法,也不合於傳統的傳注解釋。因為不論許慎或毛、鄭,「思」均不做「容」解[61],焦循的解釋,不僅悖離他自稱的訓詁方法,也不合於他向來強調明「經、傳、注、疏」次第的傳統;何況,毛、鄭於「思無邪」三字的訓解皆同,亦不合於他評斷「毛傳精簡,鄭箋多迂拙」的批評;顯然,焦循此處對「詩人之旨」的個人看法,對「溫柔敦厚」詩教的發揮,是個人治經之「心得」,而此「心得」,是通過訓詁、通辭為手段過渡,以闡發經學之「精」、經學之「性靈」,並藉此以述己、陳揚個人的理念。

　　從二人對《詩》之解析,於「思無邪」的詮釋,皆可得見,二人均在《詩》的傳統訓釋外,出以個人式的經注詮釋,或藉由穩立倫理位份,使達政治平治;或使情得相感,上下相安;二人

---

[61] 「思無邪」一詞,最早出於《詩經‧魯頌‧駉》,《毛傳》、鄭玄、孔穎達基於詩人稱美僖公行伯禽之法的寫作背景,把「思」,訓為「專心」;邢昺在《論語正義》中,傾向以《詩》的作用及造成的結果來訓釋為,「此章言為政之要,在於去邪歸正」;許慎《說文解字》訓「思」,為「容」;段玉裁進一解釋「容」,為「思心」,指「心之容」,引申為「深通」。有關此三字之詳細辨析,可參筆者:《焦循「一貫」哲學之建構與證立》第三章,頁 47-49。

都在經典詮釋的過程中，一方面既詮釋了傳統經典，另方面亦漸漸拉開與傳統經注的訓釋內容，以出己意、新思的延伸、發明，而自我樹立。

第五節　結　語

　　觀察戴震、焦循的經典詮釋特徵，不難發現，在乾嘉重視經史考據之外，戴、焦二人猶有溢於考據之外的發揮；二人均大量從事經典注疏輯纂工作，特別是來自數算書籍之修纂，無疑直接間接豐富戴、焦二人的經注思考。戴震入四庫館為編修時期，校《周髀》以後迄六朝唐人算書十種，命曰《算經》；當時，《原善》諸作亦已草成；焦循初以數算見長，在卅二至卅五歲期間，他陸續寫成了幾本數學書，包括：《釋輪》、《釋橢》、《釋弧》，及《加減乘除釋》、《天元一釋》、《開方通釋》等。其中，《釋輪》、《釋弧》是補充說明梅文鼎、戴震數學觀念的不足；此外，他還補充說明了戴震《句股割圓記》的闕漏；並應阮元邀請，幫助李銳校訂恢復了蔣友仁《坤輿圖說》二十圖中的第十圖，使該書得以整全；卅六歲時，完成《里堂學算記》[62]；此外，他與當時的數學家李銳（1769-1817）、汪萊（1768-1813），並為「談天三友」[63]；凡此，皆可說明焦循於戴震學思

---

[62]　全書共輯錄《加減乘除釋》八卷、《天元一釋》二卷、《釋弧》三卷、《釋橢》一卷。

[63]　據《清史列傳》卷 69〈儒林傳下二・李銳〉記載：「銳與甘泉焦循、歙縣汪萊齊名，時稱『談天三友』」。參王鍾翰點校：《清史列傳》，（北京：北京中華書局，1987.11 一版一刷），頁 5591。

之繼承及影響。

　　戴震對焦循的影響，除有焦氏對戴震數算之學的改定外[64]，其在經解、經注方法上的繼承，則如上文所述；或者可以說，在總體時代趨勢、學術氣氛的籠罩下，個別學人亦難免於所處環境的影響。乾嘉年間可說是有清一朝中，「學者社會」最發達的時期，亦清學之全盛時期，梁啟超指出，清高宗席祖父之業，承平殷阜，以右文之主自命，日不暇給，其事皆有待於學者。內外大僚承風宏獎者甚眾。[65]梁啟超更將此時參與助成及主事推動學風者，如畢沅、阮元等，比為歐洲文藝復興時期的助力角色，當運動思潮熱度最高時，舉全社會各部分之人人，悉皆參加於此運動，盛清之考證，即其例也。[66]時代風尚如此，氣象掩襲一世，在大一統的威權體制下，一方面傳承前輩學者的學術成就，同時適應朝廷逐漸趨於實用的文化取向，似乎也是必然之勢。

　　回到經典詮釋本身來說，經解經說的詮釋方法進路，固然直接形成對經典內涵取徑之方向，不論戴震或焦循，其注經入路，

64　徐道彬另指出：焦循《孟子正義》徵引戴震文字之數量，凡 42 次；次於段玉裁之 111 次，及王念孫之 61 次；為出現頻率第三高者。其中，包括《孟子字義疏證》、《原善》、《方言疏證》、《屈原賦注》、《考工記圖》等，皆包含在內。參氏著：《皖派學術與傳承》，（合肥：黃山書社，2012.03 一版一刷），頁 473。

65　參梁啟超：《清代學術概論》，（上海：上海古籍出版社，2005.04 一版一刷），頁 56。

66　梁啟超指出：「前清一代學風，與歐洲文藝復興時代相類甚多。其最相異之一點，則美術文學不發達也。」、「夫此類之人，則何與于學問？然固不能謂其于茲學之發達無助力，與南歐巨室豪貫之於文藝復興，若合符契也。」參梁啟超：《清代學術概論》，頁 85、56。

大體觀之，雖亦必涵括在樸學考據的範圍內，但卻又不限於考據；還有更多詮釋者自抒心得的闡發，透過訓詁考據以為過渡，間接被表現出來。因為若仔細檢視他們的文字產出，便可發現，二人均不僅著眼於考據工夫，更不斷強調經典詮釋及理解的重要，或言心知、性靈，或倡善述、聞道，通過學人社會、學圈僚友及著作的研精交誼，深化所思所得，透過編修、纂注經籍，或專書著作，建構個人思想；焦循於戴震思想的繼承，又較其注經方式更為鮮明。張舜徽便認為，在揚州學者中，焦循對戴震哲學的引申發揮最為突出。[67]然而，清代學者社會的形成間，固有對比於宋人書院講學形態，改以書札本子、書函往來對談，焦循、淩廷堪、阮元人，雖多互往，但在個別論題的看法上，亦未必是一致的，此另由後文說明。

　　在大一統的時代格局下，不論戴震或焦循，都有強調君父倫理的一面，透過經典詮釋，以化育民人，助益或促成平明之治的思考。乾嘉時期，幾乎占滿整個清代盛世，其學術光輝之盛，透過經典詮釋，或可見諸一斑。

---

[67]　張舜徽指出：「揚州學者吸取了徽學領袖戴震的哲學思想，并加以引申發揮。汪中、焦循、阮元，在這方面都下了不少工夫。其中焦循更為突出，他的見解、理論，保存在《論語通釋》、《孟子正義》、《雕菰樓集》中，對宋元以來理學家們，所堅持的曲說、玄解，作了比較深刻的批判。」參張舜徽：《張舜徽集・清代揚州學記》，（武漢：華中師範大學出版社，2005.12），頁 17。

第三章　盛世格局下的經典詮釋 ——以凌廷堪、阮元爲核心

第一節　問題的提出

　　凌、阮二人分別爲揚州三巨擘其二，其解經方法皆有承於戴震而另見其長，且互有異同。凌廷堪治經，集中在他對《儀禮》的釋例之長，阮元專門作品稍乏，卻有大量的纂輯編著之作。他同時也是乾嘉時期的第二大幕主[1]，培育無數人才，阮元學圈

---

[1] 阮元幕士高達百餘人（93-146 人），主要活動地域，集中在浙江、廣東、雲南地區，其中浙江籍的幕友，有相當部分僅在本省範圍流動，其餘則流向他省。畢沅、阮元幕府，形成有清士人遊幕的第二高峰，幕主延聘遊幕士人，深受當時政治、社會、文化影響，乾、嘉時期經濟文化的高度發展，標誌著有清統治徹底確立，進入強盛，但又由強盛逐步走向衰落但仍穩固的時期。阮元幕府所從事的文事活動，亦佔有清一朝比例最高，達 52-79 次；政事、兵事活動則遜於晚清（1854-1911）時期。參尚小明：《清代士人遊幕表・清代士人遊幕量化分析（代序）》，（北京：北京中華書局，2006.04 一版二刷），頁 1-32。又，尚小明指出：阮元幕府編書、校書活動，具備「內容廣泛、經學書籍內容浩繁、編校活動皆帶有整理總結性質」的三個特徵。參氏著：《學人游幕與清代學術》，（北京：社會科學文獻出版社，1999.10 一版 1刷），頁 126-133。

中，更涵括了漢宋立場鮮明的學人，淩廷堪長期為其賓幕，直接受益影響亦多。對比二人的治經型態，以為橫攝相觀，恰可為乾嘉經典詮釋的縱貫發展——戴震、焦循、淩廷堪、阮元，釐清析分各自的學問內涵，勾勒出一段專屬於乾嘉時期的經典詮釋特徵，且由此經解系統化、脈絡化的過程，不僅可得見乾嘉學人於經典詮釋之通博、研精甚至新出之變，其所構築的詮釋面貌，亦不啻是盛世文明格局中，方可積漸有成的文化產出。

　　本文之作，除盼在過去的研究基礎上，豐實乾嘉經典詮釋內涵，得見揚州學人社群交輝共融的互成影響；復次，淩、阮二人也和戴震、焦循一樣，都有藉解經析義，以自我樹立的意圖，特別是以訓詁注經，取代個人述作專論的傾向，猶為明顯；雖則，二人是否真正建立縝密的論述譜系，仍值考慮，但淩廷堪和阮元亦不啻揭示了一種經典詮釋的類型，亦即：欲以回歸《五經》的詮釋，以經學落實於世用，補益世教，為治國輔政提供一套儀則準繩及文化教戒的可行性規範，此一詮釋進路，似是實證的、客觀的，卻也走向工具化、穩固政統的傾向。

第二節　經典核心範疇及經注文本的改動

　　淩廷堪及阮元均生於乾隆朝（1735-1795），二人學思發展成熟，正是乾隆治世昌隆之時，乾隆透過經筵講習，對館閣大臣、仕宦菁英進行思想馴化及改造[2]，乾隆三十七年正式開館修

2　最明顯的例子是，有別於宋代經筵「君臣傾盡，無有所隱」的互相探討，轉為康熙朝，提倡「君臣互辨」；到了乾隆，帝王更在經筵中佔據主講地位，以「訓導臣下」。併見本文末節所論。

纂整理《四庫全書》，卻也同步進行著經解詮釋方向的移動，並將經典轉向「正典化」論述的確立；凡與帝王之思扞格者，或名徵實禁、或予以痛擊，理學名臣如方苞等，均受震動。時會所趨，加上理學已淪為講章時文的不滿，學者便欲以復禮達情、拯濟立教，因為只有禮教綱常穩立，世局才能真正安定久長。重禮言情、遂欲暢生，談教養、重文化、樂安享，不僅是盛世昌隆的重要特徵，同時也提供了社會民人生活的規準及嚮往。

一、經注方向及內容的調整

另一方面，對理學失望的高宗曾表示：「帝王之學與儒者終異」[3]，在他發出「篤志研經，敦崇實學」[4]號召，正面公開批評朱子後，以乾隆二十一年重啟經筵為分水嶺，至四庫正式開館，自此之後，「重禮研學」遂成為乾隆盛世乃至嘉慶時期，最重要的學問基調。先秦儒家提倡「仁政王道」，夫子答樊遲問，曰：「愛人」[5]，孟子覆梁惠王說：「仁者無敵」[6]、《中庸》言：「仁者，人也」[7]，皆毋須再做形上價值的抽象論析，因為所謂

---

[3]　參慶桂等奉敕修：《清實錄》22（高宗純皇帝實錄十四），卷 1106，乾隆四十五年五月戊子條，（北京：北京中華書局，1986.11 一版一刷），頁 802。

[4]　參慶桂等奉敕修：《清實錄》12（高宗純皇帝實錄四），卷 286，乾隆十二年三月丙申條，頁 728-729。

[5]　語見朱熹：《四書章句集注・論語集注》，〈顏淵〉，（臺北：大安出版社，1999.12 一版三刷），頁 192。

[6]　語見朱熹：《四書章句集注・孟子集注》，〈梁惠王上〉，頁 285。

[7]　語見朱熹：《四書章句集注・中庸章句・20 章》，頁 37。

「仁者，本心之全德……為仁者，所以全其心之德也」[8]、「仁者，愛之理，心之德也。為仁，猶曰行仁」[9]，「理氣二分」，「心、性、情三分」的格局，通過靜養動察，敬貫動靜的工夫察識存養，成就美好人格，已非當時的重要考慮。取而代之的是，「仁」應從實事顯豁及教養實踐上增強，夫子曰：「克己復禮為仁」、「好仁不好學，其蔽也愚」[10]，提倡禮樂教化，以學問改造馴化民人，遂成為帝王治世很重要的依據。

「道」的核心論述被轉化了，自然根源的天道，政治場域的仁道，甚或歷代君王、聖賢一脈相傳的道統，到了乾嘉時期，已從「道體」是什麼？轉換成「道術」如何落實的問題；由「道之體」往「道之用」發展，最直接有效的方法，便是從移風易俗，教育文化上著手，施之於經典詮釋上說，便是詁訓解經方法及詮釋內容的變異。

從戴震學思內涵考察，可以發現，他雖受顧炎武「博學於文，行己有恥」之啟，在考據上發揮，卻不限於考據而有許多義理的闡釋，他一方面抨擊理學末流，另方面提出以「事物之理」、「條理」等實理，取代空言天道性命的虛理；換言之，不論顧炎武或戴震，皆有欲以學術著作「明道救世」，俾補世道人心的傾向。對比於戴震，淩廷堪和阮元的論述，則以行為實踐、如何填實學問上增強，二人不僅倡言實事實物，更提出「以禮代理」的主張，認為必由可考徵、可施行的禮制、禮儀上考察典章

---

[8]　語見朱熹：《四書章句集注‧論語集注》，〈顏淵〉，頁 182。

[9]　語見朱熹：《四書章句集注‧論語集注》，〈學而〉，頁 62。

[10]　語見朱熹：《四書章句集注‧論語集注》，〈顏淵〉，頁 285、《四書章句集注‧論語集注》，〈陽貨〉，頁 249。

制度之學，且唯如此，才是可幫助人類社會步向治世文明的理想方式。

　　詮經論學，不是為了更好的修養自己，而是為了更好的群體生活；析典稽挈，也不是為了探究大道，弘揚理念，而是為了合情飾貌，調暢身心；因為知識分子的「經世」責任，顯然不獨來自抽象價值的思辨，而必須和整個大時代、大環境合轍，甚至，也需要仰賴統治者政治力的扶植介入，價值理想才有實現的可能。故與其說，乾嘉經學之所以卓越輝煌，是來自大批學人的戮力投注；更毋寧說，此一經典詮釋範疇及經注方式的獨特性，是時勢政局創造了輝榮；此間，學人之功固不可沒，但以政引學、功因政成，才是乾嘉經典詮釋碩果，所以斐然豐實之因。

二、淩廷堪、阮元治經，皆承戴震展開

　　淩廷堪自言私淑戴震，有評議戴震算學之作[11]；於戴震歿後，做〈戴東原先生事略狀〉稱美之。阮元早年曾向王念孫（1744-1832）、任大椿（1738-1789）請益，王念孫直接受業於戴震[12]，在治經方法或詮釋內涵上，亦多與戴氏相近。又，淩氏

---

[11]　淩廷堪的算學，中西法俱通，於三角幾何尤有心得。他曾於〈與孫符如同年書〉一文中，評議數學家梅文鼎、戴震兩家得失，認為戴震的加減捷法，較西學斜弧三角六類之難，捷便實用，一求可得。欲撮二家旨要，勒為《弧三角指南》，俾初學者得門逕之要。

[12]　阮元自言：「元於先生（按：此指王念孫）為鄉後學，乾隆丙午入京謁先生，先生之學精微廣博，語元，元畧能知其意，先生遂樂以為教。元稍知聲音、文字、訓詁者，得於先生也。先生初從東原戴氏，受聲音、文字、訓詁，遂通《爾雅》、《說文》，皆有撰述矣。」參阮元：〈王石臞先生墓誌銘〉，《揅經室集‧續集》卷 2 下，續修四庫全書編委

客居儀徵時，即與阮元定交，時凌廷堪廿五歲，阮元十八歲。阮元記錄此事說：「訂交於揚州，問學相長，各期束身修行，少有所表見於世，以無忝所生。」[13]凌廷堪雖非揚州籍，但長期生活在揚州，學術活動也主要在揚州，他和眾多揚州學者中，與阮元、江藩二人交誼最深，往來互動，學思多有交輝影響，此由凌、阮二人皆不乏禮樂考釋之作，亦可得見。

不論凌廷堪自言私淑戴震，或阮元與戴震後學如王念孫等人的交誼，清代學人社群的交互影響，均可從各自的學術產出中得見。揚州特殊的經濟風貌、地理環境、文化養分，更直接培養揚州學人於學術上的相互促進，以文章、書信相往論學，居「學者社會」切磋商量[14]，也使學人們更兼容地看待問題，可以說，揚

會：《續修四庫全書》第 1479 冊，（上海：上海古籍出版社，2002，文選樓刻本影印），頁 472-473。王念孫不僅師承戴震，更延續了恢弘戴震學問。劉師培也說：「戴氏弟子，舍金壇段氏外……以揚州為最盛。高郵王氏，傳其形聲訓詁之學；興化任氏，傳其典章制度之學。」參劉師培：〈南北學派不同論・南北考證學不同論〉，收入章太炎、劉師培等撰・羅志田導讀・徐亮工編校：《中國近三百年學術史論》，（上海：上海古籍出版社，2006.10 一版一刷），頁 200。

13 語見阮元撰・鄧經元點校：〈凌母王太孺人壽序〉，《揅經室集（下）・揅經室三集》卷 5，（北京：北京中華書局，2006.06 重印 1 版），頁 679-680。凌廷堪和阮元訂交於乾隆辛丑年（1781），阮元記錄這段交誼時表示，與凌氏論學互動的過程，頗有啟於個人之學思生涯。

14 梁啟超稱有清為「學者社會」，乾嘉時期則可比為歐洲之文藝復興時代。他指出：「清儒不喜宋明人聚徒講學，賴以補之者，則函札也。凡著一書成，必經摯友數輩嚴勘得失，乃以問世，而其勘也皆以函札。此種風氣，他時代亦間有之，而清為獨盛。淮南鹽商，既窮極奢欲，亦趨時尚，思自附於風雅，此類之人，與南歐巨室豪賈之於文藝復興，若合

州學派之所以能成其特色，有別於吳、皖之學，自然也和這種同儕間的互動有極大的關係。

　　復次，淩廷堪以禮學稱著，阮元則是乾嘉中期編修群書最豐者，透過淩氏釋禮，論述禮制文化；阮氏修纂群書，聚授經義；頗可得見此期經典詮釋與盛世治道的巧妙連結，經典詮釋不僅是注經模式或經注論題的轉變更新，更是穩立治世王朝的重要助緣。以下即針對淩廷堪、阮元二人之解經方法及特徵，分別說明之。

第三節　經典詮釋的進路

　　淩廷堪、焦循、阮元除了在經學上的殊異表現外，於史學、文學、天文地理、曆算，亦皆有所貢獻，可以說，雖其研究重點在經學，但就其學術涉獵的範圍及內涵影響，卻是全面性的。

一、淩廷堪：歸納禮例，析釋禮義

　　檢視淩廷堪的學思歷程和學術觀點形成，乃至他的學問成就，是在和焦循、阮元的相互促進，傾心相往中前進的。他是三人中年紀最長，學問成熟相對較早者，同時，也是三人生命際遇最苦學複雜，磨礪最多者；但作為揚州三儒之一的淩廷堪，不僅博通諸經，又特別在《儀禮》上有其特長，《釋例》一出，即受學界盛讚。盧文弨譽為「君此書（《禮經釋例》）出，而天下始

符契也。」參氏著：《清代學術概論》，（上海：上海古籍出版社，2005.04一版一刷），頁52-56。

無有畏其難讀者矣」[15]；程瑤田也說：「細致精審，令人敬服，不復得作聲也」。[16]

　　凌廷堪卅歲左右始治《儀禮》[17]，畢生所涉的學問門類雖多，要皆以禮為主，這是因為他認為唯「禮可貫其學」，「禮為聖人之道」之故。[18]他針對二百四十六條的《儀禮》例證，將之析為八類：「曰通例，曰飲食之例，曰賓客之例，曰射例，曰變例（喪葬例），曰祭例，曰器服之例，曰雜例」[19]，運用「釋例」方式，就不同典禮中所採用之相近的禮儀，進行歸納比較，逐一對證，若有旁通他經的地方，即予分析說解，以見同中之異，異中之同。[20]每一例下，又再分為若干細目，以詳言之[21]。

15　參盧文弨：〈校禮堂初稿序〉，《凌廷堪全集》第四冊附錄，（合肥：黃山書社，2009.03），頁 318-319。

16　參程瑤田：〈與程易疇先生丙寅・附答書〉，《凌廷堪全集》第三冊卷二十五，頁 322-323。

17　凌廷堪曾表示：年將三十，始肆力於是經。至乾隆壬子，才定名為《禮經釋例》。其間矻矻十餘年，於嘉慶四年始成。見凌廷堪：〈禮經釋例序〉，《凌廷堪全集》第一冊，頁 3。

18　參凌廷堪：〈復禮上〉。原作：「貫其學者，禮也。是故聖人之道，一禮而已矣。」，《凌廷堪全集》第一冊，頁 13。

19　參凌廷堪：《禮經釋例・序》，《凌廷堪全集》第一冊，頁 1-4。

20　程克雅採方法論角度，以構建「文例」方式，說明凌氏「飲食之例」的解經方法。參氏著：〈乾嘉禮學學者解經方法中「文例」之建立與應用〉，收入蔣秋華主編：《乾嘉學者的治經方法》，（臺北：中央研究院中國文哲研究所籌備處，2000.10 初版）；〈乾嘉學者「以例釋禮」解經方法比較研究〉，（臺北：臺灣師範大學博士論文，1997.06）。商瑈指出：凌氏特重喪禮，多發明之例，且能推求省文，勘定《儀禮》訛誤。參商瑈：《一代禮宗：凌廷堪之禮學研究》，（臺北：萬卷樓圖書公司，2004.02 初版）。葉國良則採「定例」、「常例」、「特例」

通過對《儀禮》全面性的清理考察，一方面進行禮例的歸納整理，標記異同；其次在梳理辨析各種禮制的差別現象後，透過重取舊稿，對證群經的方式，使「合者取之，離者則置之，信者申之，疑者則闕之」[22]，以釋例解禮。此書一出，可說替研究《儀禮》的讀者，提供了一把鑰匙，找到研讀理解《儀禮》的路徑。

《儀禮》一書的來源甚古，其中詳盡記述了古代宮室、服飾、飲食、喪葬之制，但凌廷堪的《禮經釋例》卻不列宮室之例，這是因為他認為，李如圭《儀禮釋宮》已詳矣，無需多為贅言之故。[23]事實上，揭「例」以見義，向來為古經注釋方式之一，運用「禮例研究法」，或補經文未足、或據例以正之，鄭玄注《禮》亦如此[24]，只不過凌氏在歸納類比之外，顯然已覺察「禮例」無法盡歸之的缺憾，故另為專文詳析。透過辨析禮例，考訂禮制，以提出他的經義詮解，俾以導民正俗，興復禮學，解

　　另為考察，指出《釋例》一書，雖大多足以見義，但亦有語焉不詳、不能見義，有逸出釋例以見義之旨處。參葉國良：〈論凌廷堪的《禮經釋例》〉（臺北：臺大中文系《臺大中文學報》28 期，2008.06.01），頁177-196。

[21]　如：通例上 19 例、通例下 21 例；飲食之例上 18 例、中 20 例、下 18 例；賓客之例 18 例；射例 20 例；變例 21 例；祭例上 14 例、下 16 例；器服之例上 20 例、下 20 例；雜例 21 例。詳凌廷堪：〈禮經釋例序〉，《凌廷堪全集》第一冊，頁 3。

[22]　見凌廷堪：〈禮經釋例序〉，《凌廷堪全集》第一冊，頁 3。

[23]　見凌廷堪：〈禮經釋例序〉，《凌廷堪全集》第一冊，頁 3。

[24]　有關「以例釋禮」之法，鄭玄注《禮》即表示：「大抵先就經以求例，復據例以通經，故經文所無，往往據例以補之，經文之誤，往往據例以正之。」此可另參黃季剛：《黃季剛先生論學名著》，《禮學略說》，（臺北：九思出版社，1977 年影印《黃侃論學雜著》更名），頁 459。

禮倡禮、復禮復性。此亦可見，淩氏《禮經釋例》雖已稱巨擘之作，但針對他無法自圓其說或勉強為說者，更可得見淩氏的特殊關懷。

舉例來說，《儀禮》紀錄了鄉飲酒事，但其釋義則見於《禮記》，淩氏於是把與鄉飲酒相關的飲食禮儀，如：有司徹禮中的「祭畢飲酒」之禮、士冠禮中的「冠畢酬賓」，同歸為一例；因前者所舉行之儀文節式和鄉飲酒禮很類似，後者又和以酒酬酢賓介之禮近似；淩氏將之統歸稱為「飲食之例」。根據《禮記・鄉飲酒義》記載：古者，三年大比，諸侯之鄉大夫獻賢者、能者於其君將行之時，以賓禮待之，與之飲酒，謂之「鄉飲酒禮」。鄉飲酒禮約分四階段：獻賓、樂以樂賓、旅酬、無算爵，不僅禮數差異鮮明，儀節更是極為繁盛。雖如此，但透過此禮以明貴賤，辨隆殺，使和樂不流，弟長無遺，安燕不亂，而達到正身安國的目的是很鮮明的，所以孔子說：「吾觀於鄉（鄉飲酒禮），而知王道之易易也。」[25]極言教化之本，強調踐禮遵禮可使達到尊賢尚齒，穩立倫理譜系的作用，可知王道之政並不難推行。

《禮經釋例・飲食之例》上有：「凡主人進賓之酒，謂之獻。」淩廷堪於此先做案語曰：「此燕飲之始也。」然後羅列〈鄉飲酒禮〉、〈鄉射禮〉、〈燕禮〉、〈大射禮〉、〈士虞〉、〈特牲饋食〉、〈少牢饋食〉、〈有司徹〉中關於主人獻賓的文句，分別指出不同倫理位序者，擔任主人獻酒於賓時的方式、地點，以明禮制親親之等。最後淩氏更提出他歸納這些禮例

25　語見鄭玄註・孔穎達疏：《禮記注疏・鄉飲酒義第 45》，收入阮元校勘：《十三經注疏》第五冊，（臺北：藝文印書館，2011.12 初版十四刷），頁 1006。

後的結語：「細按之，皆有條而不紊，聖人之心，精密如此，學者審諸。」[26]整本《釋例》的註解，基本上都採如此的方式進行。表面上看，《釋例》是以歸納整理各種禮制相類相異方式，提出他對禮制的解釋，此間，核考古禮當是首要之務，然而，每句原典考訂後的案語，才是凌廷堪以「釋例」方式解經的重要思考。因為他認為，唯有通過對《儀禮》的詳查，才能了解古代生活之所以演進至今的軌轍，比觀禮制特徵，可以明白聖賢先儒思想之連貫延續[27]，而禮的儀節規範，便是在有條不紊的次第程制中，彰顯聖人微言，傳達聖人之心。

　　其次，他也指出前人釋《禮》之未允處，以釐正經義顯其寄託。如，飲食之例中，釋「凡餕者亦祭」條。凌氏案語曰：

　　　　《曲禮》「餕餘不祭，父不祭子，夫不祭妻」，鄭注：
　　　　「食人之餘曰餕，唯此類也。食尊者之餘則祭，盛之。」
　　　　考之《禮經》，餕者亦祭，此則云「餕餘不祭」，故鄭氏
　　　　云「餕餘不祭，唯父之于子，夫之于妻」，可謂深得經
　　　　意。疏復引熊氏說以申之，允為完密。陳氏灝後說雖失其

26　詳凌廷堪：《禮經釋例‧飲食之例上》卷三，《凌廷堪全集》第一冊，
　　頁 96-98。
27　如《禮經釋例》中，釋「凡酌而無酢酬曰醮」條中，凌氏分別列舉禮典
　　為例後，又舉了《荀子‧大略》之說，指出荀子之意正與《禮經》相
　　同，「足徵《荀子》之書所述者，皆周孔之微言矣。」參凌廷堪：《禮
　　經釋例‧飲食之例下》卷五，《凌廷堪全集》第一冊。頁 160-161。此
　　條可見，凌氏博採多方，在歸納禮例，析明禮意外，同時還勾勒出儒家
　　思想的傳承譜系，亦即周孔之微言，透過〈大略〉可得進一步之理解；
　　荀子當然是繼承周孔以來禮教之統的人。

　　經意，尚知是「祭食」之「祭」，前說直以為「祭祀」之
　　「祭」，則陋甚矣。顧氏炎武雖亦以為「祭祀」之「祭」
　　而不蒙上「餕餘不祭」之文，其失與陳氏等，蓋顧氏之學
　　雖博，而于《禮經》特疏，故其言如此。《論語》「君賜
　　食」，《集註》：「食恐或餕餘，故不以薦。」亦誤以
　　「餕餘不祭」為「祭祀」之「祭」。**28**

　　凌氏先鋪排禮典中的類似禮制，一一指出「餕」的各種情
形，然後辨析凡「餕」當不當祭。考之《禮經》，餕者也應要
祭，但此處所言卻是「餕之餘」，凌氏據鄭注指出，只有在面對
「父之於子、夫之於婦」的特殊情況下，方不可用做祭物，故言
鄭注深得經意。「餕」是著獻剩餘的食物，在一般情況下，
「餕」既為剩餘的食物，就不拿來祭神祀祖了。但若為「食尊者
之餘」，則不但可用為祭食，更可盛大之，此處可見先民既體人
情之欲，不悖生活之儀，同時信守禮之分寸等差，愛惜飲食物
用，使禮節、禮容之德，得以全盡的風俗。所以凌氏特別稱美鄭
玄深得《禮經》深意。可惜後人不察，以為舉凡「餕者」亦皆可
為「祭祀」之用，忽略《曲禮》上句有「餕餘不祭」之大旨，舉
凡不可用於祭，或可以祭，均有其禮分的前提。即若陳灝或以博
考著名的顧炎武，亦失於此，凌廷堪詳為辨析，從經典根源上入
手，既導正釋經差謬，評述學人；同時也勘定了長期以來的解經
訛誤，從他的釋解辨析中，可窺見《禮經》強調生活日常，不僅

---

28 見凌廷堪：《禮經釋例・飲食之例下》卷五，《凌廷堪全集》第一冊。
　　頁 172-173。

化、重實用的一面。

　　另為推求《禮》之本經，凌氏往往類比群經，相為校讎，前文已提及他比證《論語》、《荀子》處，事實上，《釋例》各卷正文之後，大多亦附有專文，再予詳辨，或駁誤辨正、或詳發前說，所擇取的材料則遍及群經，目的均在使禮意明暢可知，因為經義貫通，則禮義實踐便可順利推動，完就復禮、復性、復聖人之道的理想[29]。

　　釋例歸納，釐定舊注是非，是凌氏此書的貢獻之一，他更藉著《釋例》一書，暗藏個人學術觀點，前二項皆可見他推崇鄭玄，以鄭為宗的傾向；從經典詮釋的方法上說，是以條列例證為實據的解經入路，屬考證範圍；從經解內涵的闡釋方向上看，則是明倫理位序之義，以為禮之儀文質殺的標準，講求一切唯禮的實用主義傾向。換言之，釋例考禮是為了析明凌氏心目中的聖人王道理想，「禮」便是通向經世治世之寶鑰。

二、阮元：修纂編寫，述作培才

　　對比於戴震、焦循或凌廷堪來說，阮元並無專門的解經之書，但他的許多專文卻也透顯出他的治經態度及方法。阮元說：

> 士人讀書當從經學始，經學當從注疏始，空疏之士、高明
> 之徒，讀注疏不終卷而思臥者，是不能潛心窮索，終身不
> 知有聖賢諸儒經傳之學矣。至於注疏諸義，亦有是有非，

---

[29] 關於凌氏談「以禮復性」、「以禮代理」之內涵要義，另詳本文第五章。

> 我朝經學最盛，諸儒論之甚詳，是又在好學深思、實事求
> 是之士，由注疏而推求導覽之也。[30]

阮元認為，經學是士人學習的基礎，然研習經學，必由辨明注疏
入手，一方面需潛心研究，其次更需徵實求是，如此方能不蹈於
空疏；然而，由閱讀經典注疏以擘經探索，亦不過是起步而已，
還必須通過注疏以推求導覽，而導覽之功，則建立在求實深思的
基礎上。

　　以上說明了阮元對經學研究的兩種態度。其一是實事求是的
徵實路徑，必須有系統層次地，由詳明經、傳、注、疏入手，此
間，講求析分經傳次第的看法，與焦循談「注不破經，疏不破
注」，方得經之本意相同；如此能使經義不落於空疏。其二是在
徵實的功夫上，仍需好學深思、潛心擘索，才能推求導覽，使明
聖賢諸儒之學。其中，徵實擘索及推求導覽是交替循環的，如此
的看法，亦頗接近戴震、焦循。戴、焦二人皆主張解經須兼重字
詞及考據、心知及性靈，戴震力陳由「文字→語言→古聖賢心志
（通道）」；焦循則主張，依經、傳、注、疏的解經層次「引申
而比例之」，以「貫通」於道。或者可以說，阮元的解經步驟，
應是和戴、焦二人合轍的。

　　然而阮元之所以特出，並不在於他談解經的方法或步驟，而
在他大量且廣泛地修纂群書上。阮元分別主持過多項大型圖書的
編修：其所編著的字義工具書《經籍纂詁》，被時人稱作「經典

30　參阮元：〈江西校刻宋本十三經注疏書後〉，《揅經室集·揅經室三
　　集》卷2，頁620-621。

之統宗，訓詁之淵藪」；遍校群經的《十三經校注校勘記》，不啻「大清朝之《經典釋文》」；一千四百卷的《皇清經解》，更被譽為「漢學之巨觀，經生之鴻寶」；至於匯編中外科學家事蹟的《疇人傳》，使「算學之源流傳習始得專書」[31]；這些大型圖書的編校、勘刻，不僅得力於他善於組織學術社群，動員學人力量，更來自他開闊、包容多方的識見和氣度。此外，阮元還興建書院，延聘名師，培養人才，他在浙江創立「詁經精舍」，在廣東創立「學海堂」，以講授經史為主，不授八股時文，不僅開創出一種書院新模式，更為後起的尊經、南菁書院所仿效[32]，凡此，皆可說是阮元環繞經典文化事業上的具體實績。

　　阮元積極扶植學術，兼採漢宋，其幕府編書、校書活動，具有總結 18 世紀以來乾嘉學術的高度成就，他不執守經學範圍，擴大修纂面向，主編《疇人傳》，其不限經生儒者，推升專門學術，抬高疇人地位之舉，即於今日來看，仍可稱得上是具有前瞻眼光的開放性舉措。當然，阮元學官雙輝的特殊地位，無疑直接助成他引領一代風會，特別是經史領域的多元走向；而阮元學圈所形成的學術氛圍，也在乾嘉時期造成一定的作用和影響。得自阮元學官雙美之益，大量經典得以被保存下來，這些由官方主導編輯而成的經典，也就順利地由「經典」過渡到「正典」，甚至是「教典」地位。傳統經典經過大量地修纂、重編，因之被重新詮釋，賦予「新正典」樣貌，阮元以經典的新編重整，取代經學家或思想家個人從事著述、解經注釋，「以編修取代注詮，以纂

31　參周國林：〈序言〉，收入林久貴：《阮元經學研究》，（北京：人民出版社，2015.05 一版一刷），頁 1-3。

32　參周國林：〈序言〉，收入林久貴：《阮元經學研究》，頁 1-3。

輯取代釋作」，重新為傳統經典標誌出「正道」方向，培才掔經，獎掖更多學人投入纂修，他在此上的殊異貢獻，實應積極看待。

　　因編修圖書所網羅聚集的學術菁英，在某些意義下，亦必同質性高、思考一致，阮元側身期間之所以可貴，不僅因為他是總其事者，更值得一提的是，他盡量採取持平漢宋的學術立場。當時各自捍衛漢學、宋學的學者——江藩、方東樹，就同為阮元的幕府學人，雖然江、方二人的學術立場不同，且因漢宋問題勢同水火，但阮元卻仍是盡量採取中立的立場，以調融糾偏。阮元曾為江藩（1761-1831）《國朝漢學師承記》作序，於方東樹（1772-1851）《漢學商兌》一書，雖未置一辭，卻也始終未表示反對意見；這是因為阮元認為：兩漢、宋明各得儒經、師教之益，不應偏譏互誚，足見環繞在漢宋問題上，他所採取的看法是兼採漢宋、持平漢宋[33]，有異於江、方二人斷裂漢宋為兩端的主張。

　　對比於戴震、焦循、淩廷堪三家來說，阮元以圖書修纂取代個人撰述詮釋的解經方式，更為鮮明；至於關於儒學核心範疇的討論，則另透過專文，如〈論仁〉、〈性命古訓〉等諸篇提出看法，強調「人己並為仁」、「禮義為威儀」。《疇人傳》一書，則是試圖擴大經學研究領域，將專門之學也納入學術圈討論，提高專門知識的地位，凡此皆可以說是阮元在修纂官方「正典」

33　參筆者：〈阮元經學評騭〉，（臺北：孔孟學會《孔孟學報》第 95 期，2017.09），頁 165-181。

外，加廣經典詮釋[34]面向的努力。

第四節　凌廷堪、阮元經典詮釋的貢獻與限制

　　前文已分別提及凌廷堪、阮元的解經進路，實際上說，乾嘉學人偏重訓詁考據的解經入路，除了在官方政策引導下，有樹立一代學風的意味外，個別學人如戴震、焦循，雖不僅限於訓詁而言心知之感、經學性靈，然而涵括於考據光環下的經典詮釋，畢竟仍構成了乾嘉經學的重要特徵，然而採取不同的經典詮釋路徑，果真是為了對應前代注經者，尋得一個「更好的理解」或「不同的理解」？[35]或者，真的是以回返「經典本意」或「聖人

34　阮元治經，具備「以編修取代注詮，以纂輯取代釋作」的特色，《疇人傳》是他少數的專書之作。蓋疇人術士之學，原非以經學致身通顯者所關注者，阮元著《疇人傳》抬高科學家地位，可說是很進步的作法。此書由兼治經史的考據學家為之，亦可證所謂經學及經典詮釋，不應僅限縮於訓詁、五經範圍，而應涵括經術、經史。筆者此處稱阮元擴充加廣了經典詮釋面向，即針對前揭特徵而言。又，阮氏此書出，羅士琳續補之，清代斯學變遷略具，可見一斑。

35　伽達默爾（Gadamer, Hans-Gerorg, 1900-2002）主張「不同的理解」係對比於【德】施萊馬赫（Friedrich Daniel Ernst Schlerirmacher, 1768-1834）主張「更好的理解」看法而來。所謂「更好的理解」，是重視對文本原始意義及作者意圖的凌越，文本和詮釋者因為已有了時間距離，故要求要比作者「更好的理解」文本。「不同的理解」，則是強調並要求，詮釋者在每一次參與詮釋的過程中，必須用自己的概念，把陌生的東西置於自己的視域中，使它產生作用。二者皆主張詮釋者再創造的活動，不同於在本質上作者的創造活動；且前者和後者最大的差別在於，伽達默爾強調脫離作者意圖的論域，從存在的歷史性表達理解的真理。有關伽達默爾和施萊馬赫二人的主張，可參喬治婭・沃恩克（Georgia

之道」為依歸？在自覺或不自覺的「影響之焦慮」[36]下，試圖經由編修群經，透過釐訂經意的過程，在經典詮釋的解經傳統中，爭得一席之地？

Warnke, 1951- ）著，洪漢鼎譯：《伽達默爾──詮釋學、傳統和理性》，（北京：北京商務印書館，2009.09 一版一刷），頁 14-20、30-31。

[36]　哈洛‧卜倫（Harold Bloom, 1930-）反對「作者之死」觀念，繼續發揚「影響之焦慮」，判定「正典」（the canonical）總是一直就是「互為正典」（the "intercanonical"）；正典不只是一次競爭搏鬥造成的，它本身即是一個在持續進行的競爭。強勢詩人設法藉由焦慮、反抗、嫉妒、啟示──也就是「創造性的矯正」等方式，以修正、併吞、壓抑、崇拜、漠視強勢先驅詩人的作品，以便從作品內部輕輕推擠出空間，逼迫文學傳統讓出空間來。參哈洛‧卜倫著，高志仁譯‧曾麗玲校訂：《西方正典》，（新北市：立緒文化事業公司，1998.01 初版一刷），頁 9-58、727-747。借用卜倫的觀念來說：傳統經典不斷被詮釋，詮釋者亦同樣在自覺或不自覺中存有「影響之焦慮」。獨此一過程不必是卜倫所說，如「子」對「父」或是解經者對「傳統」的挑戰，而是解經者，重新與經典相遇，檢視或展露個人如何與「道統」、「文本」、「聖人」對話，在所謂「述而不作」、注經解經，或在經典詮釋的脈絡下，建構經解者個人的、秀異的音聲。本文所論述的經典，並不同於卜倫所說的「文學正典」（教學機構的選書），是階級、種族、性別和國家利益下的產物；然就歷代的解經傳統來看，儒家經典在不斷被詮釋的過程中，或為「教化（戒）之具」，或服務於「治道」、「政統」，或用以經世、或賡續繼承、參與道統論述，卻是不爭的事實。而歷代有能力從事經注者，均為一時的學術菁英，解經方式或詮釋內容有異於前代，並不是基於對前代注經者的「刻意誤讀」，但透過解經者當代的、新的詮釋，以繼述道統的幽微之思，正可與正典之為正典的開放性相通，此可再補充說明。

一、經史主流地位的確立

　　隨著乾隆展開一連串大幅圖書修纂工作，有意識的經筵講習，崇講經學，大張文網，排斥朱熹式的理氣論述已成風氣，取而代之的是個人情性滿足，及與總體社會相適應的問題。清高宗從乾隆十六年八月至乾隆二十一年正月，對偽撰孫嘉淦奏稿案、王肇基獻詩案、楊煙昭著書案、劉震宇《治平新策》案、胡中藻《堅磨生詩鈔》案、朱思藻《四書》成語案等，一連串的嚴懲打擊，窮究論罰，揭示了乾隆立異朱子的宣講，不僅是帝王個人好尚愛惡的學問傾向而已，還必須積極落實於官民教化。正是在此一背景下，學術界導向窮經考古之路，對古代歷史文化進行實事求是的考察，自然順理順當的成為經學教育的重要內容，何況，此一廓清經典內涵的工作，不僅具有興復學術之功，其校讎考訂之法，雖承自漢代，卻也在兩漢的經典詮釋基礎下，將漢學推向另一個鼎盛的格局。

　　凌廷堪談《禮》，討論生活儀節的相關準則，強調一切依禮而行，唯禮為歸；阮元編修群書，考史孿經，主張「聖賢之道，無非實踐」、「恐學者中求之于心學而不黲之行事也」[37]，極言行事之要；以核實的學問為入路，擴及生活日常，間接豐實了經史研究的內容，舉凡地理水文、宮室堂宇、禮樂器物、典章制度等，無一不是可為詳考的對象。回到經學研究的本質內涵上說，此地理考文、器物探析的工作，既是考據的，也是史學文化的，如此，不僅鬆動了宋明以來以性理為宗的思想論述，進一步說，

---

[37]　參阮元：〈大學格物說〉，《孿經室集・孿經室一集》卷 2，頁 55、54。

從「四書」回歸「五經」的經學研究，也就不是表面上的回歸傳統，以回歸聖人之心、聖人之道，或是回歸經典本意、作者之心為務，而是為了對應現實，回應時代之需。

乾嘉學人改以可見的形器之用，取代抽象的理氣之察；以經史論證，取代義理思辨，直捷面向盛世王朝，因為這不僅是讀書人，得以繼續探研學問的最有效途徑，恐怕也是相對可行的方式之一。乾嘉時期，經史研究大興，各種詳考論證蜂出，舉凡古代經傳可見者，無不逐一錄入檢索，以為論據，想當然爾，或言學術轉型、或言以考據取代詮釋，顯然有其必然趨勢。進一步說，從康、雍二朝之重視文治，到乾隆、嘉慶時期，經史研究確立並穩實站上學術主流地位，學人如汪中等，即若不以經史論述見重於當世，卻也不可迴避於經史研究，留下經史探研之跡，學術之傳，一代風會，在此不在彼，其究心可見。

二、淩廷堪的貢獻與限制

前文已言淩廷堪於《儀禮釋例》的詮釋進路，試圖創一代「釋例」之功，以核正辨明禮意之貌，淩氏於禮制的重省，固可視作乾嘉時期的思想活力，開啟了往後研究《禮經》之一路[38]，但若回到淩氏的經注核心觀察，淩氏經學，亦有解經釋經的貢獻與限制。

---

[38] 張壽安指出：清代的儒學思想走勢，從抽象思辨轉而為一種社會秩序的關懷，三禮之學興起便是其中一種重要的典型。其詳細論述，可參氏著：《十八世紀禮學考證的思想活力——禮教論爭與禮制重省》，（北京：北京大學出版社，2005.12 一版一刷），頁 1-85。

（一）通經復古兼及文章性靈

　　淩氏為戴震同郡後生，自言其學私淑於戴震，尤其推崇戴震由訓詁明義理的經學貢獻，於戴氏經典詮釋的進路，淩廷堪更表明說：

> 先求之於古六書、九數，繼乃求之於典章、制度。以古人之義，釋古人之書，不以己見參之，不以後世之意度之。繼通其辭，始求其心，然後古聖賢之心不為異學曲說所汨亂。[39]

淩氏分析戴震治經，先以六書、九數之法，其次詳考典章制度；先求通其辭，而後求其心；採取客觀論證的方法解經，既不參雜己見，也不度以後世之意，惟如此，古聖經典、聖賢之心，方能不被異學曲說汨亂，經義方得以彰顯。可見，所謂推求六書、典章，目的仍在推求古經之義、釋古聖之心，可惜當時的好古之士，「僅取漢人傳注之一名一物而輾轉考證之，則又煩細而不能至於道」[40]，讓淩廷堪十分不滿。觀淩廷堪之《禮經釋例》、《燕樂考原》等，皆有「稽之於典籍，證之以器數」[41]之考察，實事求是，審定積思，詳明根本，可說是踵繼戴震之後，與戴震同軌之作。

---

[39]　參淩廷堪：〈戴東原先生事略狀〉，《淩廷堪全集》第三冊卷 35，頁 323。

[40]　參淩廷堪：〈戴東原先生事略狀〉，《淩廷堪全集》第三冊卷 35，頁 322。

[41]　參淩廷堪：〈燕樂考原序〉，《淩廷堪全集》第二冊，頁 1-2。

　　淩廷堪治經，雖講求通核經史，持之有故，卻又不限經史範圍，舉凡辭章、天算、佛、道，皆有所觀。他曾表示：「近日學者風尚，多留心經學，於辭章則卑視之，而於史事，又或畏其繁密。」[42]於經史、辭章之學的積極看待，可見一斑。淩氏於史，與修《雲臺山志》、《寧國府志》等地方志，參編《史籍考》、《寧國府志》，著《元遺山年譜》、《後魏書音義》；文集中也有大量論史之作，如：〈兩晉辨亡論〉、〈十六國名臣序贊〉、〈金衍慶宮功臣贊〉等。此外，有關考驗地理水文等專門之學的作品，亦不算少數，如：〈復許雲樵司馬書〉反覆論證地理水文；〈與程麗仲書〉考《宋史》所說，以辨〈易筋經〉傳授之序；〈與海州刺史唐陶山同年書〉論海州新修志書種種；雖說經史考證地位，在當時已被不斷抬高，但這種博核通考的工夫，畢竟仍有待於學人淵博的學問功底，證之淩氏諸作，可見他在經史考證上的通博精達。

　　全盤檢視淩氏諸文，不難發現，他沒有專考一字一名的瑣細文章，這是因為他強調欲詳明經義，必兼擅考證、文章二者，蒐核諸例，實事求是；且在考證之外，還須講求經術文章之暢，俾便衡鑒犖犖，使不奪於經義大道。他說：

> 近者學術昌明，士咸以通經復古為事，本無遺議。而一二空疏者流，聞道已遲，向學無及，遂乃反脣集矢，謂工文章者不在讀書，淪性靈者無須考證。此與臥翳桑而侈言屏

---

[42]　參淩廷堪：〈與張生其錦書〉，《淩廷堪全集》第三冊卷 25，頁 219-220。

膏粱，下蠶室而倡論廢昏禮者何異？不知容有拙於藻繢之儒林，必無昧於古今之文苑也。[43]

就時人主張通經復古的普遍傾向，凌廷堪主張，治經更需重視讀書考證，兼擅文章性靈，經史考證與文章性靈看似二路，其實二者可互補兼美，雅麗藻繢有助於儒者之思，注經考史，亦不當昧於文苑之得才是。此間，凌廷堪甚至嚴詞批評，那些空疏乏學、聞道已遲，反脣集矢的讀書人，實無異於受剕桑絕糧之餒，而言膏粱飲食有蔽；受蠶室宮刑之除，卻倡論昏禮當廢；特別是將經典詮釋空疏之謬，將之與臥剕桑、下蠶室相比，雖窮盡形象，譬喻生動，卻不免語之激烈，凌廷堪最後以「道不同不相為謀」回應孫符如答書，其欲導正時習差謬之感，實見鉅切。

另就徒慕惠棟、戴震高名，而不循正道解經者，凌氏同樣也未假辭色。他說：

浮慕之者，襲其名而忘其實，得其似而遺其真。讀《易》未終，即謂王韓可廢；誦《詩》未竟，即以毛鄭為宗；《左氏》之句讀未分，已言服虔勝杜預；《尚書》之篇次未悉，已云梅賾偽古文。甚至挾許慎一編，置《九經》而不習；憶《說文》數字，改六籍而不疑。不明學術之源流，而但以譏彈宋儒為能事，所謂天下不見學術之異，其

弊將有不可勝言者。[44]

此處淩氏同樣主張，治經解經必須名實相符，此可視為前文「實事求是」的另一種提法。這段文字，包含二個向度：其一是針對文字訓詁而言，亦即從句讀、文字、篇次上出發，談由訓詁而明經義的解經層次；可視為戴震經典詮釋方法的繼承。其次是，辨明經典古注真疑之思，不論王、韓或毛、鄭，皆必須在本經的基礎上，推求經注之徵實，不可遽為評議；經由語言文字、典章制度，回到《六經》、《九經》上頭，以步步求真核實的方法，析經解義。表面上看，似是談一種考核原典古注的踏實工夫，事實上，淩廷堪高度維護古經漢注，運用語言文字、習九章數算，俾便能更真實而完整地解經，且當以回溯《六經》學術源流為歸；至於那些執守當代《說文》改動《六經》者，在他看來，自是錯誤之舉。

戴震治經，目的是為了以心明道；焦循談經學，則言「惟經學可言性靈，無性靈不可以言經學」[45]，解經需有「心得」；[46] 阮元則主張疏可破注，提出「矯疏不破注」的觀點[47]。焦、阮二

---

[44] 參淩廷堪：〈與胡敬仲書癸丑夏〉，《淩廷堪全集》第三冊卷 23，頁 194-197。

[45] 焦循撰・楊家駱主編：《雕菰集》卷 13〈與孫淵如觀察論考據著作書〉，（臺北：鼎文書局，1977.09 初版），頁 212-214。

[46] 參王慧茹：《焦循「一貫」哲學之建構與證立》，（新北市：花木蘭文化，2013.10 初版），頁 32-35。

[47] 淩廷堪曾表示：「（阮元）來示云『矯疏不破注之說』，……然以疏不破注為謬，說則不然。疏不破注，此義疏之例也。劉光伯、黃慶之徒，公然違注，見譏孔、賈。若以為謬而矯之，恐又蹈宋人武斷之習矣。」

人雖皆同意，注經應重視經傳注疏的經解順序及詮釋次第，但此層次並非僵固不變的，只要言之有據有故，持之圓通成理，糾偏古注差謬，自亦是解經者當為且必為的工作。[48]淩廷堪於此，雖亦主張以經史文章證經解經，性靈、考據不必斷為二轍，文章、讀書亦必兼重，但他強調，先本經次注疏，經傳次第不可違扞，嚴詞維護考源復古，凡古必真，稽古必達，言考據典章，讀書釋義，文非虛車等，又不同於戴、焦、阮三人。

（二）精覈析疑，唯禮為見

淩廷堪力倡復古的主張，表現在經典詮釋內容上，最鮮明者，自是淩氏於禮制的考釋。[49]除前文以《釋例》一書，詳明《儀禮》典制外，淩氏於《禮》之用功關注，也處處顯現在他對所有經典的詮釋上。比如他討論《大學》「格物致知」，所採取

---

[48] 反對「疏可破注」之誤，並評議劉光伯、黃慶之徒，自以為有見，其實差謬，流於經典詮釋的武斷之失。見淩廷堪：〈與阮伯元孝廉書丁未〉，《淩廷堪全集》第三冊卷 22，頁 188-189。

[48] 焦循認為，對經典本文的內容理解，雖需依照「經、傳、注、疏」的層次，但卻不應盲從於注疏，而需經過反覆熟讀經之本文，求得正確之判讀，如此，則「從之非漫從，駁之非漫駁」。有關焦循對經典注疏層次的考察，可另參本書第二章及筆者：《焦循「一貫」哲學之建構與證立》，頁 41-49。

[49] 淩氏屢屢表示，研治經籍，首辨經、傳、記次第，故其治《禮》，當專治《儀禮》，因為他認為只有《儀禮》所言的禮制，才最真確。詳乙巳年〈學古詩廿首並序〉，《淩廷堪全集》第四冊卷 5，頁 62-68。壬寅年〈高堂生墓〉《淩廷堪全集》第四冊卷 4，頁 47。〈禮經釋例序〉《淩廷堪全集》第一冊，頁 1-4。〈與阮伯元孝廉書丁未〉《淩廷堪全集》第三冊卷 22，頁 188-189。〈七戒並序〉（即〈禮經釋例後序〉）《淩廷堪全集》第三冊卷 8。頁 5-11。

的立場，也是採取以經證經、以古為式的方式。他說：

> 〈禮器〉曰：「禮之以少為貴者，以其內心者也。德產之
> 致也精微，觀天下之物無可以稱其德者，如此，則得不以
> 少為貴乎？是故君子慎其獨也。」此即〈學〉、〈庸〉慎
> 獨之正義也。慎獨指禮而言。……後儒置〈禮器〉不觀，
> 而高言慎獨，則與禪家之獨坐觀空何異？……格物亦指禮
> 而言。禮也者，物之致也，〈記〉文亦明言之。然則〈大
> 學〉之格物，皆禮之器數儀節可知也。[50]

　　凌氏舉《大戴禮記》中的〈禮器〉篇，言〈學〉、〈庸〉之
慎獨，皆是禮之內心精微的表現，他將安立禮制，演為儀軌，必
以隆殺之節的體現，將之比為慎獨，可說完全顛覆並推翻了朱子
談君子慎獨修養的提法。他認為談「禮之貴少」，重點不在談器
物多寡，儀節繁複與否，而在盡其情實；德是內在的本性，禮儀
典制施作，既是為了顯豁德之精微，是以精微既見，便毋需再論
大小，小者毋須加益，微者亦毋須言大，可以直道而行。故〈禮
器〉接著說：「是故君子慎其獨也。」從君子學習禮器之規制儀
節，到施禮行禮而言禮文實踐，當竭情敬慎，方能致德敬德。換
言之，凌氏運用〈禮器〉文字，將慎獨解為「學習禮文實踐後的
感知作用」。
　　回到原典上考慮，〈大學〉言「慎獨」的文句，原應和「誠

其意」連在一起說，「誠於中，形於外，故君子必慎其獨也」。
朱子將〈大學〉重分章句後，將「慎獨」解釋為：「獨者，人所
不知而己所獨知之地也。言欲自脩者知為善以去其惡，則當實用
其力，而禁止其自欺……然其實與不實，蓋有他人所不及知而己
獨知之者，故必謹之於此以審其幾焉。……此君子所以重以為
戒，而必謹其獨也。」[51]故進一步演繹出自脩致知，實用其力，
禁其自欺之意。朱子之言，顯然是為了樹立個人哲學之論。[52]然
而凌氏引〈禮器〉諸文，將慎獨指為「禮」，不僅和〈大學〉「誠
於中」的原句斷裂，亦與〈禮器〉所言不合；至於將「格物」，
比之「禮之器數儀節」，也有相同的差謬。由於凌氏治禮之長，
徵引古經為論，一切唯禮為是，成就了他的經典詮釋特徵，卻也
造成他的詮釋偏失。特別是把道德、禮制歸為一體，將格物窮理
完全鎖定在「禮」的範圍內，可說是極度擴張了禮的內涵。

　　很明顯的，在知識探索上，朱熹採取格物致知的途轍，步步
窮理，言其研經求知之方；乾嘉學者，則多由章句訓詁解經，重
名物徵實之證；蓋「宋儒以格物為窮理者，廷堪以格物為考禮」
[53]。凌廷堪由釋析、分判禮例，強調考禮之所據，談格物即是考
禮，以見禮意，他批評後儒言格物致知，置〈禮器〉不觀，而高

51　參朱熹：《四書章句集注・大學章句》，頁10。

52　朱熹重分〈大學〉章句，做〈格物補傳〉以釋，成就個人的哲學地位。
　　本文重點不在探究朱子哲學之安立，故於朱熹論述不再細究。關於朱熹
　　於「慎獨」論述之分析，可另參梁濤：〈朱熹對「慎獨」的誤讀及其在
　　經學詮釋中的意義〉，（北京：中國社科院哲研所《哲學研究》，2004
　　年3期，2014.04），頁48-96。

53　參錢穆：《中國近三百年學術史》下，（臺北：臺灣商務印書館，
　　1996.07臺二版二刷），頁547。

言慎獨，與禪家言獨坐觀空無異，當然是針對宋儒談修養工夫而來，然衡諸〈禮器〉對校〈大學〉原典，乃至對比於朱熹，淩氏所論，不僅其囿限可見，亦干犯了他所批評的「武斷」之失，流於另一種「唯禮主義」[54]。

三、阮元的貢獻與限制

隨著專制政治引領學風，帶領經學發展的思想方向外，儒者說經研經，還包括面向民生社會的經世意義。理學末流形成的禮教綑綁，在戴震時，已有所反省，他指出唯有改變「以理殺人」的困境，賦予總體社會以啟新重整，才有機會調整人心世風之變。是以如果說，戴震藉訓詁經典的詮釋方法，提出一種哲學思考下的理論，最終目的在矯風正俗；那麼，阮元則是在同一知識陣營中，以相同的考據方法，提出「訓詁即當致用」之一人。

（一）擴大經學面向兼及術用

此間，淩廷堪提出的方法是「考禮」，阮元則講「實學實行」，運用經典考辨的方法，形成一定的經說效力，或糾偏、或復古，目的都是為了正其經義。講文字故訓、典章制度，既是「為學術而學術」[55]，卻又不限學術，而隱含著對時局的關注。

---

[54] 陳居淵以為：淩廷堪「舍禮無以學」的思想主張，可稱為「唯禮主義」。參氏著：〈淩廷堪倡導復歸古代禮學思想新探〉，收入（山東：中國孔子基金會《孔子研究》，2007 年第 6 期，2007.11），頁89。

[55] 梁啟超指出：「凡當主權者喜歡干涉人民思想的時代，學者的聰明才力，只有全部用去注釋古典。」此戴力從事注釋古典的工作，便是一種純粹為學術服務的傾向。參氏著：《中國近三百年學術史》，（上海：上海三聯書店，2006 年 4 月一版一刷），頁 18。

清初學問仍具反叛精神，如顧炎武談「博學於文」、「行己有恥」，倡議以實學考據為主的經世之思；阮元所強調的，是從生活日用的儀軌，從可見的社會秩序，人與人、個人與社群的關係互動上討論。換言之，所謂經世致用，不必一步躍進通於宇宙人生，直接改變全天下；經世可以從個人日用的禮俗實踐，到致用倫常的社群關係安立；然後才是面對國族文化變動之際，如何從個人的爾我相親，藉由通經習禮等知識學問，連結種種客觀事為，建立新的時代秩序，幫助人們更好的生活。

　　基於此，傳統經學的內容，自是要研究的；術士疇人之學同樣有利於生活，有益於現實物用，亦可與經學併論。其他如：天文、術算、地理、水文，乃至戲曲，既可提供部分生活之享，自然不必囿限不談。阮元作品中，除傳統經學範圍外，尚有書體流派之論，如：〈南北書派論〉、〈北碑南帖論〉；器用名物記，如：〈記蝴蝶礙子〉、〈吳蜀師甀攷〉、〈自鳴鐘說〉；曲樂之文，如：〈琴操二卷提要〉、〈蘋洲漁笛譜二卷提要〉……等；凡此，皆可說明，阮元編修群書範圍之廣，以編修群書取代個人述撰，以保存傳播文化，培成生活教養，助成社會教化的努力。

　　從啟益知識分子、學術社群入手，進一步擴大知識影響力，阮元積極扶植學術文化，不可不說是有別於有宋及清初，改以「學術文化」、「生活教養」為核心的經世型態。

　　雖然從可見的事實上觀察，阮元的最大貢獻仍是修纂群書、從事書院教育，然而強調「學術文化」作用，並非只是表面上所見者。阮元長年身居揚州，他所籌建的兩座書院──「詁經精舍」、「學海堂」，分別位於浙江、廣東，是明清時期的農業經濟中心，範圍包括了江浙及兩湖、兩廣地區。揚州憑著京杭大運

河獨特的地理優勢，成為漕運樞紐，揚州經濟更在康、雍、乾盛
世中創造巔峰。大量依附鹽商而來的行業，擠滿了揚州，歡快繁
華、金融消費、精緻飲食、休閒娛樂不再是享樂，也是生活需
求；賈而好儒的徽商，重視文化，揚州仕紳致力於典籍教化、資
助經學出版，一時之間，海內文士，半集維揚[56]。光是籍儀徵的
學者，《清史列傳》、《清國史》的〈儒林傳〉、〈文苑傳〉
中，就有 11 位列名。至於藏書家，如：馬曰琯、馬曰璐兄弟有
「小玲瓏藏書樓」，時人雅好博物鑑賞、琴棋書畫、彈詞小唱、
詩文雅會等，不一而足，阮元通博廣泛的學問背景，及他所倡議
的書院教育正和揚州風氣和韻同奏，加美增輝。書院有名師教
導，又有膏火費協助生活，頗能吸引學子就學。諸公愛人勵俗，
加以朝廷大員引領，揚州不論在政治經濟、文化教育，甚至福利
救災工作，都收效顯著。阮元站在朝堂大員的高度，擇地佳美而
人傑薈萃，是以，為商人則以儒商自期，學人則以學雅為正，遂
成為上流社會共識，博雅的文化內涵，自亦成了揚州學人的共同
特色。焦循、凌廷堪、阮元，同為揚州三巨擘，同處社會文化昌
明的年代，盛清文化文明之合理必然，既植基於三人所處的時空
環境，學人因社群聚集的共伴產出，亦當值得一提。

（二）學術之變，漢宋兩難

只不過，阮元雖具廣集學人修纂群書之功，卻也在不意中，
促進了乾嘉學術更向考據靠攏，在戴震提出「訓詁明而義理明」
的看法後，經學得以從「明道救世」的理想，順利和「通經致

---

56 參羅威廉（William T. Rowe）著・李仁淵、張遠譯：《中國最後的帝
國：大清王朝》，（臺北：臺灣大學出版中心，2016 年 4 月二版一
刷），頁 79-85。

用」勾連；到了阮元，「明道」一詞被消融了，盛世昌明、經濟發達的時代，無所謂「救世」，而應追求「好好生活」；詮釋經典、經學研究，既是為了完成「通經致用」的理想，聖人之道載之於《六經》，故訓詁考據之法，便是「通經」的最大依靠；而「致用」之於生活，便是更熟習經典，在文化教養上落實。經典詮釋的目的，既是為了追求個人更好的生活，是以學習釋經解字之用，以核實可徵的解經方法，以經義內容與古聖賢之道相接榫，也就成了他的首要關注。

　　阮元曾表示：「聖人之道，譬若宮牆，文字訓詁，其門逕也。門逕苟誤，跬步皆歧，安能升堂入室乎。」[57]其所採取的，仍是同於戴震，由文字訓詁以明經義的路子。他更推崇段玉裁說：「先生於語言文字剖析如是，則於經傳之大義，必能互勘而得其不易之理可知。其為政亦必能剖析利弊源流，善為之法又可知。」[58]極言語言文字可助成經傳釋義之功。只不過，在強調精校博考，使經義確然外，阮元也同樣重視經典詮釋，需不立門戶，不相黨伐，論聖道、立宗旨之要，且唯有兼古所不能兼，綜輯持平，才能精發古義，詁釋聖言。[59]此由訓詁考據的實證出發，盼望完就闡明經典古義的詮釋，必以聖道、聖言為究極，故阮元強調儒經、師道必須扣連，漢宋學問不可偏譏互誚。

---

[57]　參阮元：〈擬國史儒林傳〉，收入阮元撰・鄧經元點校：《揅經室集・揅經室一集》卷2，頁37。

[58]　參阮元：〈漢讀攷周禮六卷序〉，《揅經室集・揅經室一集》卷11，頁242。

[59]　參阮元：〈擬國史儒林傳〉，《揅經室集・揅經室一集》卷2，頁36-38。

　　阮元由漢學而意欲持平漢、宋學問的看法，表現在他論述儒家的思想專文上，如：〈性命古訓〉、〈論語論仁論〉、〈孟子論仁〉……等。他說：

> 孔子告曾子曰：「吾道一以貫之。」一貫者，壹是皆行也。……言聖道壹是貫行，非徒學而識之。……故學必兼誦之、行之，其義乃全。馬融〈注〉專以習為誦習，失之矣。……孔子道兼師、儒。《周禮・司徒》……《易》曰……《中庸》曰……即此道也[60]。

阮元釋夫子「一貫」為「實行」，所謂聖道，即是一貫誦習其學，實行其學，如此便可兼得師、儒之功，明經義之全。然而這套實學實行，實事實踐，目的是為了倫理位序的實政需要[61]。自然修復古學，綜輯古訓，曉暢經義，詮釋經典，最後都指向阮元所欲展開的「學問之實」。

　　羅列諸經故說，以為訓釋實證，是阮元所採取的解經基礎，也是阮元慣常所使用的解經方法，然而他所提出的詮釋指向，卻是「阮元式」的詮釋。這也讓阮元以語言考據為基底，朝向欲兼採漢宋、調和漢宋的詮釋，顯得更加為難，換言之，若說宋學以

60　參阮元：〈論語解〉，《揅經室集・揅經室一集》卷 2，頁 49-50。

61　阮元〈石刻孝經論語解〉釋曾子言「忠恕」時指出：「忠恕者，子臣弟友自天子至於庶人之實政實行。」參《揅經室集・揅經室一集》卷 11，頁 238。談忠恕、〈曾子十篇〉皆「君卿士庶，以及天下國家」的一貫實行，由實行實學導向綱常實政的穩立企圖，可謂明顯。說詳本書第五、六章。

性命天道之理為依歸，那麼阮元的考慮，便是以治政、禮文生活的完滿為歸。以填實學問的方法，替換宋學流於虛玄高論之弊；以引據明瞻的漢學面貌，欲以釐清經義，其實已非章句訓詁之真，而是一種新詮新釋。

朱筠就曾表示：「經生貴有家法，漢學自漢，宋學自宋，今既詳度數，精訓詁，乃不可復涉及性命之旨。」[62]主張漢、宋學問既為二途，學術研究的現實意義已變，便不可再以宋人的觀點面向經典，大有欲以研學取代道統的傾向[63]。問題是，入聖之端若由知行而來，以知識為進路談人文教養之育養培成，雖是幫助人們提升生命內涵的可行路徑之一，然而，知識訓練可以直接等同於生活修為嗎？具備更堅實的知識能力，尋索本經本義，實行實事，便足以成為聖賢的保障？此種考慮，無疑是極度荒謬的。對漢宋學術，宋儒、清儒解經進路的差異，在考據風尚披靡之下，果然也很快的得到反擊。

方東樹是此間批評最巨切者之一，他說：

---

[62] 朱筠勸洪榜不必在戴震的傳記中載其性與天道諸語，認為戴氏所可傳者不在此。參江藩纂・漆永祥箋釋：《國朝漢學師承記》下卷 6，（上海：上海古籍出版社，2013.06 一版一刷），頁 621-622。

[63] 筆者此處言以研學取代道統，係指乾嘉學者的經史考證、經典詮釋，背後實隱藏著對宋明理學的反省。解經者從經典中討論禮制面向的考察，逐步進行價值觀的調整改變——「以禮代理」。戴震、焦循、淩廷堪、阮元解經方法之變異、重新詮釋經典、重新修纂圖書，目的都是為了取代宋明以來談「道統」延續的命題，戴、焦、淩、阮將「理」是什麼？轉而為討論「禮制」的內容及程序如何？「習禮」（倫常位序、生活教養）的實踐意義為何？故重新詮釋經典，樹立價值意義，才是解經背後的重要關懷。

> 夫文字訓詁，只是小學事，入聖之階，端由知行。古今學
> 術歧異，如揚、墨、佛、老，皆非由文字訓詁而致誤也。
> 而如漢儒許、鄭諸君及近人之講文字訓詁者，可謂門徑不
> 誤矣，而升堂入室者誰乎？[64]

> 考漢學諸公，大抵不識別文義，故於理義多失。蓋古人義
> 理，往往即於語氣見之，此文章妙旨最精之說，陋儒不解
> 也。[65]

　　此處可見，方東樹並不是反對以訓詁考據方法解經，而是反
對執於訓詁為唯一解經之法的析經方式，因為考慮上下文句使用
之當與不當，才是解得經義的正確方法。前條指出，文字訓詁可
幫助經義的理解，且是經典詮釋之門徑；後條繼續補充說，解得
經典之文義，還必須考慮章法語氣，方得理義之妙旨精蘊。對昧
於訓詁、執於考據的漢學家來說，既不別文義，失於理義，自是
方東樹不能接受的。

　　回到阮元來說，阮元一生歷經乾、嘉、道三朝，既躬逢乾、
嘉考據之盛，卻也面臨了世亂相尋的政經變化，嘉道以降，考據
失去可繼續安定繁榮的土壤，偏重義理內涵的詮釋方法，又再次
興起。阮元以後，學風漸變，而阮元正是站在此一轉折點上，由
「尊漢」而「兼採漢宋」、「折衷漢宋」[66]，方東樹集中抨擊考

64　參方東樹：《漢學商兌》卷中之下右欄，（臺北：廣文書局，1963.01
　　初版），頁14。

65　參方東樹：《漢學商兌》卷中之下，頁52。

66　「漢學、宋學」名詞，最早由惠棟提出，但在阮元官學皆盛時期，猶未

據化、漢學化的經學走向，阮元雖有意於調和鼎鼐，亦無力於愈演愈烈的漢宋學術之辨，經解方式之異，最終還是演成了意氣之爭。

第五節 結語
——以經典詮釋完善昌明之治的思考

有清一代，歷經康、雍、乾三朝積累，將國力推向高峰，乾嘉時期更是文明盛世的代表，因應盛世昌明，政經發展逐步推向鼎盛，必須產生一套新論述，以解決文化變遷所可能造成的歧異及其相關的延伸性問題。因此，建構一套新的話語系統，或轉化既有的舊詞彙，賦予新的意義內容及任務，自是統治階級及知識界必然迫切的關注。

被當時學術圈所普遍使用。阮元於漢宋立場的看法，學界討論不一，有主張阮元因受毛奇齡、凌廷堪影響，嚴明漢學立場，如侯外廬、何佑森、張錫輝等；也有認為阮元治經兼採漢宋、持平漢宋，於漢宋問題，採調和、持平立場，如陳居淵、張麗珠等，指出阮元治學堅持從訓詁進求義理，具清中葉義理思想之新創特色。筆者此處之所以談阮元的不同表現，正可說明他做為一名朝臣、學官的特殊困境。筆者認為，由阮元編纂《皇清經解》所取內容及個人之單篇論述言，雖仍漢學家作風，然其所資助的對象，卻兼及各類學人。阮元治經，踵繼戴震「由訓詁明義理」立場，更主張「宋學性道」，需以「漢儒經義」充實之；漢學得儒經之功，宋、明得師道之益，二者必互相補充，方不致自限所見；〈擬國史儒林傳序〉更強烈表明兼採漢宋立場。阮福於其後記中表示：「家大人……持漢學、宋學之平。」或可為阮元持平漢宋立場，做一明確的敘明。參阮元：〈擬國史儒林傳序〉，《揅經室集・一集》卷 2，頁 36-38。

　　不獨是朝堂上的經筵講習文本，由《四書》轉為《五經》，或宋代經講「為帝王師」，轉為以「帝王為師」的程制改變，自乾隆開設四庫館編修群書以來，透過朝廷主導，乾隆君臣更似有意重新建構一個以漢學為中心的學術思考，《四庫總目》中的〈凡例〉：「我國家文教昌明，崇真黜偽，翔陽赫耀，陰翳潛消，已盡滌前朝之敝俗」[67]、「庶讀者知致遠經方，務求為有用之學」等[68]，即已透露出訊息。到了乾隆六十年（1795），即將退位的乾隆皇帝把經筵一事委託給顒琰：「明年丙辰正月上日即當歸政，嗣後經筵為子皇帝之事，予可以不復文華親講矣。」[69]，「親講」二字，更直接表明經筵是皇帝主講、講官聽講的課堂。

　　阮元負責十三經編修，由中央提供資源，大量修纂群書，透顯改變傳統學術，構建新經說的思考；凌廷堪諸作，雖非來自中央委託設意，但釋例考禮的目的性則十分鮮明，從表面觀察，雖說是「以禮代理」的禮制考釋，但卻隱含著經學話語及論題的轉變趨向。辨析考禮，求有用之學，以學輔政，以文教昌明的實學，教化臣子民人，培育知禮、守禮、合禮的文化教養，顯然是注經者、執政者的致力方向，且漸次內化成學人們的共同主張。

　　透過編修群書，考釋經典的方法及過程，重構經學話語，從

67　參紀昀總纂：《四庫全書總目提要》壹〈卷首・凡例〉，（石家莊：河北人民出版社，2000.03 一版一刷），頁 47。

68　參紀昀總纂：《四庫全書總目提要》壹〈卷首・凡例〉，頁 46。

69　清高宗：《清高宗御制詩》五集，卷 94，收入：《清高宗（乾隆）御製詩文全集》第九冊《春仲經筵》，（北京：中國人民大學出版社，1993 年 8 月一版一刷），頁 841。

消極上說，可化解或調融社會文化及學術發展的疑慮不安；從積極上看，經典詞彙在符碼意義上的調動改變，將原來偏向抽象意涵的哲學性論述，如：天理、人欲之對舉；轉成社會生活上的經驗語詞，如：以情抗理、以禮逐情；從語詞重新被導入建置，到指示思想活動，甚至產生、開發新議題，透過經典詮釋的方法進路，提供一套確定的、清楚的、可具體辨析以為界說的詞彙內容，自然也可以是一種廣義的文化政治服務。

　　對比於宋明儒者來說，乾嘉學者所面對的挑戰，是更為特殊的。宋明儒者長期所思考的弱勢政治，人心凋蔽的困境，到了有清中期，已然改觀，因為不論從政治社會或文化經濟層面觀察，由滿人統治的大一統王朝，早已確立穩定，加以帝王有意識地扶植經典教養，民人百姓於異族入侵、文化認同等問題，亦已漸漸淡化、弱化，雍正及乾隆前期謹慎於儒學教化的政治設想，到乾隆中晚期，改以大量纂修群經、編輯圖書推動；主政者積極引領風向，學人直接投注參與編修，追求明確意義的思想改造，亦透過編寫活動來進行。

　　不論戴震、焦循或凌廷堪、阮元，都有以修纂替代述作的表現；對比來說，個人思想見解的呈示，反而因章句訓詁的解經進路，變得相對不鮮明[70]。此間，部分學人如凌廷堪以釋例方式，

---

[70] 筆者此處所謂的不鮮明，僅是採取一種寬泛意義的相對比較而言。以戴震來說，戴震最為後世所稱道者，是〈原善〉諸篇及《孟子字義疏證》等思想性論著，但戴震個人的現實生活，卻是因其算數上的專長，受邀入四庫館編修算學類書籍維持。戴震在入館期間，完善了他的多部重要作品，從而建構個人的哲學譜系。換言之，若沒有館閣所資，戴震其名、其學，就不可能有往後的發展。就此向度而言，戴震在當時的貢

發其新見；阮元主持編纂《皇清經解》等多部大型叢書，開設書院等，初意雖不一定是為了政治場域服務，但亦皆脫離不了這種傾向。

　　換言之，強調以核實、章句訓詁的經典詮釋方法，用以說明語言與觀念流動的正當性，不僅可作為論述社會文化、學術思想的主要工具，更進一步說，運用這套經典詮釋方法，將詮釋經典的視角，逆溯或回返至漢代，不僅是一種經義的考源探討，或紀錄質詢經義內涵的知識活動，更是在解經過程中，重新以詮釋、創新、重複、延伸、轉移、限定的教化過程，同時藉由這套話語論述及伴隨而來的經學新教養，以遂達情性、使民有常，穩固朝綱。即使對當時的知識菁英來說，於日常禮教、性命情欲的看法，雖有來自各方的不同質疑和論述，甚至對其他學派予以撻伐，指為門戶意見、門面弔場語[71]，亦不過是透過爭議，註解意義，形塑價值的過程，經學的經世意義與價值，卻也在對話及爭辯中，不斷被揭明、闡揚乃至落實。

　　至於由朝廷官方支持修纂群書的活動，以禁代徵以蒐書編書，更是一種文化政治學的考慮，經典文本的範圍被擴大與變動，詮釋向度的發展，在編輯群書群經前，顯然已有相當的考慮。儒學本來就談「人文化成」，問題就出在如何「化成」？是採取外部規範，以禮義教化？或強調內在主體，以心性修養為

獻，主要仍在水地算學、聲音訓詁，其思想論述，對比於他的小學成就來說，仍是不受關注的。

[71]　如方東樹批評錢大昕談讀書通經，必資於小學時就說：「此等議論祇是門面弔場語，其實無謂。」參方東樹：《漢學商兌》卷中之下，頁24。

功？這兩套論述本不悖反，可交互為用，但藉由經典詮釋的意義內容辨析，詮釋進路之別，被裂解為二路。於是，漢學家阮元，和主張調和漢宋、兼採漢宋的阮元，可以是同一人，他雖有意於持平漢宋，卻引發了激烈的漢宋之爭；而倡言復古，尚古為真的唯禮主義者凌廷堪，則直接促進了道光以後的禮學研究，使禮學因之繁榮光大；凡此，皆不可不說是乾嘉盛世文明綵衣下，矛盾而變異的局限糾結。

　　乾嘉漢學是一個歷史過程[72]，經世致用之學受政治力引導，不斷被遷動易容，漢學成為統治教化之具的手段補充，從事繁瑣的箋注併同經典詮釋，成就一代專門之學的興盛，也支配整個學術圈的生命走向，注經模式之選用，經典注疏進路體例之應用，顯然不是最終的目的。透過注經、解經「是如何」，談如此的之經注疏理「如何發用」、「落於實踐」？是以實學、實證，不僅是一種方法論上的徵實，更是落實於生活日常的「實用」、「可為踐履」的學問。論禮論性如此，論學論政亦復如此。

　　乾、嘉兩朝的學術研究最富活力個性，學人數量、成就亦最大，在「欽定御纂世界」[73]中的長養下的凌廷堪和阮元，有創有得之際，有蔽亦有限，自是必然。

---

[72] 參陳祖武：《清代學術源流》，（北京：北京師範大學出版社，2012.03 一版一刷），頁 171-175。

[73] 侯外廬歸結乾嘉漢學的發展及特色表示：「對外的閉關封鎖與對內的『欽定』，相為配合，促成了所謂乾嘉時代為研古而研古的漢學，支配著當時學術界的潮流……專門漢學就是在這樣欽定御纂的世界中發展起來的。」參氏著：《中國思想通史》第五卷，（北京：人民出版社，2004.04 一版七刷），頁 411-412。

第四章　性與命：
焦循、阮元的人性論述

第一節　問題的提出

從晚明到清初，對人性核心範疇的討論，已由宋代以來強調心、性、理、氣，轉而為性、命、情、才的論述，清代學者王船山（1619-1692），言「性日生日成」，將人性內涵釋為「歷史性」的發展，重視氣化生成，主張「理氣合一」、「理勢合一」、「道器合一」，關於性與命的討論，顯然已從形上價值的建構，更向日常現實、生活世界靠攏，是一種歷史人性論的考量。[1]

到了乾嘉時期，戴震更直言感官欲望的重要，此間，他所提出「以理殺人」受到後人的廣泛討論。[2]戴震將理學家心目中，

---

[1] 關於船山「歷史人性論」的思考，可另參筆者：〈王船山「正統論」的理解與思索——以〈船山對傳統史觀的批判〉及〈「正統論」的瓦解與重建〉二文為核心〉，（臺北：國文天地雜誌社《國文天地》250 期，2006.03），頁 27-32。

[2] 關於戴震談「以理殺人」的討論甚夥，戴震如此之論主要是為了對治宋明理學桎梏化，特別是朱子於「理氣二分」的批評。如：林安梧：

代表唯一客觀真理的「理」，另做考察。他認為「理」，是事理、物理、條理，試圖把宋明以來熱衷於建構形上學本體論的哲學，看作是一個氣化流行、生生不息的過程，這個過程就是「道」，是永遠進行的過程。[3]由「理在人心」，談「達情遂欲」、「以情絜情」，基本上所採取的，是自然人性論的基調，雖然，戴震再再替孟子說話，甚至寫了《孟子字義疏證》，由經解經注入手，大力倡言《孟子》一書的價值本懷是「正人心」，但與其說，戴震所從事的是一種解經、注疏工作，毋寧應更合適地，將《孟子字義疏證》視為是戴震標明自己哲學及學術立場之作。除了在治經方法及進路上，有別於前賢，更有進者，是他透過經典詮釋為過渡，另外構建了一套價值論述系統。

此一思想改造活動，無疑對後輩學人有莫大影響，且已在當時社會引起相當程度的關注。本文僅就戴震、焦循、阮元三人言「性、命」論述核心，藉以分析焦、阮於戴震思想上的繼承、更

〈「以理殺人」與「道德教化」〉，《中國近現代思想觀念史論》第四章，（臺北：臺灣學生書局，1995.09 初版），頁 95-121。指出戴震「以理殺人」與一般生活中談「道德教化」所產生的話語糾結及悖謬，從而釐清教化與社會宰制可能產生的困結。蔡家和：〈戴震哲學的倫理義涵〉，（臺北：鵝湖月刊社《鵝湖學誌》第 41 期，2008.12），頁110-131。由戴震談「自然到必然」的發展，論惡的可能，並強調慎習之要。楊祖漢：〈康德的「外在自由說」與華人社會的發展——對戴震「以理殺人」之說的解答〉，（新北市：哲學與文化月刊編輯部《哲學與文化》第 43 卷第 3 期，2016.03），頁 103-118。試圖釐清戴震「以理殺人」的誤謬，藉康德指出「外在自由說」，以補充重德的中華文化。經由「以理殺人」可展開輻射的範圍甚廣，不詳一一。

[3] 參張立文：《戴震哲學研究‧序》，（北京：人民出版社，2014.09 一版一刷），頁 3。

新或發揚，並指出其各自的侷限。

就經典詮釋來說，透過思考議題的相觀對比及內涵梳理，除可彰顯時人關懷，凸顯時代精神外，亦可為目前已見的乾嘉學術研究，提出一些不同的思考。剋就戴震及揚州三子而言，他們在擷取人生意義及價值時，有明顯通過知識探究，提供行為實踐的傾向；而對傳統經注、經說核心話語的改變，亦正標誌著經典詮釋，即將走向其他的可能。亦即，經典詮釋不論是內容意義上的多元並陳，或形式特徵、經解方法之互異，皆代表傳統經典面向不同時空背景時，其不斷增生的語言、思想活力，而此詮釋之多彩匯聚，在乾嘉時期，正恰得到了表現空間。

第二節　戴震對性、命的解釋

《孟子字義疏證》中論「性」者，凡九條，戴震在第一條中，便開宗明義地表示：

> 性者，分於陰陽五行以為血氣、心知、品物，區以別焉，舉凡既生以後所有知事，所具之能，所全之德，咸以是為其本，故《易》曰：「成之者性也」。氣化生人生物以後，各以類滋生久矣；然類之區別，千古如是也，循其故而已矣。在氣化曰陰陽，曰五行，而陰陽五行之成化也，雜揉萬變，是以及其流形，不特品物不同，而一類之中又復不同。……《大戴禮記》曰：「分於道謂之命，形於一謂之性。」分於道者，分於陰陽五行也。一言乎分，則其限之於始，有偏全、厚薄、清濁、昏明之不齊，各隨所分

> 而形而一，各成其性也。然性雖不同，大致以類為之區
> 別，故《論語》曰：「性相近也」，此就人與人相近言之
> 也。……人物之性，咸分於道，成其各殊者而已矣。[4]

　　戴震首先指出，性是由陰陽五行而來的，這種氣化而來之
性，可以表現在人及物上頭，且各因其「分」之不同，表現出不
同的血氣、心知、品物的區別，《易》所言之「品物流行」，便
是因為陰陽五行成化不同之使然。同樣的，表現在人性上，人之
偏全、厚薄、清濁、昏明之不齊，亦各隨其所分而形著成性，同
類雖相似，亦各自分於道之多寡，故就同類相近來觀察，是「性
相近也」；但若從分有道的一部分來說，則此「限於所分」者，
就叫做「命」。

　　此間，對比於宋人言性，有二項重要的看法：其一，「性」
是形著原則，表現在外的氣質之性，是氣化之自然，舉凡人、物
皆如此，然而即於同類者，亦各自有異。其二，「命」具限制
義，因其分有道的一部分，故「有所限而不可踰」[5]。

　　當然，就戴震來說，所謂「性」、「命」，尚有各自需要釐
清辨明者：「人物之生，分於陰陽氣化，據其限以所分謂之命，
據其為人物之本始謂之性」。[6]這是說，「命」雖從陰陽氣化之
分有而來，但因所分有的，亦各自有其偏全、厚薄、清濁、昏
明、品類的不同，所以說「由分於道而不能齊也，以限於所分，

4　戴震：《孟子字義疏證》卷中，《戴震集》，（上海：上海古籍出版
　　社，2009.06 一版一刷），頁 291-292。

5　戴震：《孟子字義疏證》卷中，《戴震集》，頁 305。

6　戴震：《孟子私淑錄》卷上，《戴震集》，頁 407。

故云天命」[7]，是一種天（自然）的使然。

至於「性」，他說：「性者，血氣心知本乎陰陽五行，人物莫不區以別焉是也。」[8]血氣心知之性的表現，也是從陰陽五行而來的，人和物的區別，就在這陰陽五行落在血氣心知的殊異性上得見。換言之，「性」、「命」雖有其先天限制分定的一面，均是對陰陽五行之氣的「分有」，但亦須加入後天經過形塑培養的殊異面。「由其分而有之不齊，是以成性各殊」、「由其成性各殊，故形質各殊；則其形質之動而為百體之用者，利用不利用亦殊。」[9]陰陽五行的氣化流行就是天道，人及萬物各自「分有」天道的一部分，是「氣類」之性，這感官欲望之性，就是人的「天性」。故戴震說：「成是性？斯為是才。別而言之，曰命，曰性，曰才；合而言之，是謂天性。」[10]分別來看，命、性、才似各有所指，其實「所成之性」也是「才」，天地之生生、陰陽之氣化，以成性各殊，而可以有不同的知覺運動，人物的殊性便由此見。此中戴震對「性」的討論，更遠遠超過「命」，因為陰陽之氣自然潛運不同，「性」亦可以有各種不同的轉化呈現，此既是天地的生生，氣的生生，也是生生之性。但「命」，則是偏向限制義，是道的一個側面，氣化流行之命，必賴「性」，方得以表現。人身上的自然氣性，是具有材質等差的分殊之體，從存有的本體上觀察，並不足以提供保證「善」的可能，故戴震談「性善」時，便另從踐履角度、行為結果談「人能

7　戴震：《緒言》上，《戴震集》，頁 395。

8　戴震：《孟子字義疏證》卷中，《戴震集》，頁 295。

9　戴震：《孟子字義疏證》卷中，《戴震集》，頁 294、295。

10　戴震：《孟子字義疏證》卷下，《戴震集》，頁 308。

全乎理義」[11]，所謂性命之論，亦需落在現實世界中，因人秉受陰陽五行氣化而為人道後的呈顯。戴震將性、命論述，轉以和陰陽之氣的流行相比，到了焦循、阮元，卻有了更多元的繼承展開。

第三節　焦循對性、命的討論

一、命分於道，性形於一

前文中，戴震對性命的說法，到焦循處，幾乎也有相同的論述。他在《論語通釋》中指出：

> 一陰一陽之謂道，分於道之謂命，形於一之謂性。分道之一，以成一人之性，合萬物之性，以為一貫之道，一陰一陽道之所以不已。……伯夷之清，伊尹之任，柳下惠之和，三子不同道，其趨一也。清、任、和，其性也，不同道，即分於道也；其趨一，則性不同而善同矣。孔子，聖之時，則合其不一之性，而貫於一。三子者，分於道；孔子，純於道；分於道者，各正性命也；純於道者，窮理盡性以至於命也。孟子學孔子，而性善之指，正所以發明一貫之指耳。[12]

11　戴震：《緒言》上，《戴震集》，頁370。
12　參焦循：《論語通釋》（木犀軒叢書本影印）〈釋一貫忠恕〉條。收入嚴靈峰編輯：《無求備齋論語集成》第 22 函，（臺北：藝文印書館，1966 年）。

　　焦循這段話，原是用來解釋夫子所說的「一貫」之意，他表示，孟子的性善說，正所以用來發明「一貫」之旨。若暫不討論焦循論「一貫」承繼的觀點如何，回到他對性命的看法來說，他也同樣認為，由陰陽相合相成之道，正是「命」之分有及繼承，「性」則是「命」的形著原則，能將分道之所得，表現在人上頭，就是人性；表現在萬物上頭，就是物性；若合人與物，就是一貫。他甚至指出，伯夷、叔齊、柳下惠所表現的「性」的特質，雖各自不同，但都是「分於道」、「各正性命」的表現；至於純於道者，焦循認為是「窮理盡性以至於命也」，只有孔子是純於道者，換言之，也只有孔子是盡性盡命的人。

　　此間，焦循對「性、命」的說解，除了和戴震相同，都以《大戴禮記》「分於道謂之命，形於一謂之性」的談法為主，言「命」分有道之陰陽，「性」則必然各隨所分，各成其性而形著為一，焦循還特別指出，清、任、和之性雖然外在表現不同，但皆趨於善，通於「一貫」，焦循言「性」的歸趨及一貫之旨，便是他有進於戴震之處。焦循特別以「一貫」言性，不獨是對戴震看法的延伸與發揚，更重要的，還在樹立一己的「一貫」哲學。

　　若將焦氏所論，用圖說表示，即：

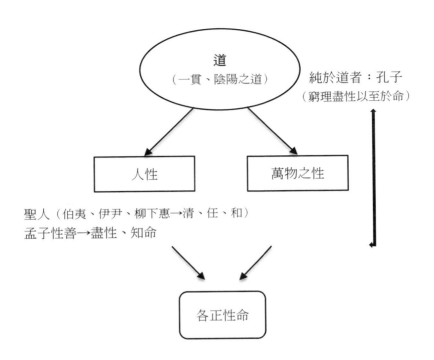

　　焦循畢生對戴震極為推重，他表示，「戴東原之學莫精於孟子」[13]，平生「最心服於《孟子字義疏證》」[14]，故在他完成平

---

[13]　語見焦循：《里堂道聽錄》第二冊卷 14〈戴東原論性〉，（揚州：廣陵書社，2001 年）。此書原係焦循輯錄有清以來，各家著述精要及人物事迹、軼聞異事等，焦氏自言，手錄這些「心有所契」的文字，目的是為了「廣見聞，通神明」。今稿本存於北京圖書館中，收入《北京圖書館古籍珍本叢刊・子部・雜家類》第 69 卷，（北京：書目文獻出版社，2000.07）。廣陵書社刊本已另作校勘，釐改焦序言所說之 40 卷為38 卷，並加入〈篤行傳〉、〈術藝傳〉、〈年譜〉都為 41 卷，為目前所見最完整的版本。

[14]　焦循曾謂：「循讀東原戴氏之書，最心服其《孟子字義疏證》」。參見

生重要著作《易學三書》後，編輯《里堂道聽錄》[15]時，便收錄了戴震《疏證》中論性的全部文字，不獨如此，其《孟子正義》更有大量轉引戴震的文字，可見戴震對他的影響。

焦循論性，也是持自然人性論的主張。他說：

> 性無他，食色而已，飲食男女，人與物同之。
>
> 孟子曰，口之於味，有同耆也，易牙先得我口之所耆者也，如使口之於味也，其性與人殊，若犬馬之與我不同類也，則天下何耆皆從易牙之於味也，此於口味指出性字，可知性即在飲食。[16]

在此條中，焦循直接寫明「性」是口腹感官之類的欲望，是食色之性，不僅人人對感官欲望的體會不同，人和物也各自不同。但他談更多的是「性善」，著〈性善解〉五篇，只不過他之所以認為性是善的，是由「心知」認取，由先覺者覺之，經過施教復性而來。故焦循雖然也談孟子的「性善」，講的卻不是一個本然的性體之善，而是由「情之旁通」，心知的肯認，由性習而來。「心知」由天道來保證，因為天道貴善，鍾靈於人，賦予人有「神明之德」，人極盡其心思行善的能動性，便能知天。

焦循撰・楊家駱主編：《雕菰集》卷 13〈寄朱休承學士書〉，（臺北：鼎文書局，1977.09 初版），頁 203。

[15] 焦循摘鈔東原文字，見於《里堂道聽錄》第二冊卷 14〈戴東原論性〉。

[16] 參焦循撰・楊家駱主編：《雕菰集》卷九〈性善解一〉、〈性善解五〉，頁 127-128。

二、遂生知命，司命造命

至於「命」，焦循分為天命和非命二者，前項是「知命」之謂，後者則是「不知命」。他做〈知命解〉說：

> 凡死生窮達，關於天者為命，不屬於天者則非命也，順受其正，莫之言無也，無者，禁戒之詞，謂無使非命而死也。厭於巖牆而死，與桎梏而死，皆為非命，故曰，桎梏而死者，非正命也。死生有命，正謂不可死於非命，顏子三十二而終，此受於天之命也，不可強者也。……命宜死而營謀以得生，命宜窮而營謀以得達，非知命也，命可以不死，而自致於死，命可以不窮，而自致於窮，亦非知命也，舉一概而皆委之於命，是為不知命。[17]

這條所說的「命」，指的是「天命」，在道德實踐的過程中，謹守禮法、順受天命，就叫做「知命」；反過來說，若違背天命，命當不死、不窮，而自致於死、自陷於窮，就是「不知命」。焦循在此處指出：命的來源是天，但他更強調現實生活中，人們面對死生窮達「命限」的規制和面對之方，不著意於命的形上根源或保證，而倡言命向下落實在人們身上的展開呈現，和宋明對比，可說是很不同的想法。

他又說：

> 聖人在尊位，君天下，則可造天下命，君一國，則可造一

國之命，故自王侯以至令長，皆有以司人之命。孔子不能
得位，則道不行，而天下之命不能造，故云：道之將廢也
與，命也。……聖人之於天道，與口鼻耳目四體，同指為
命，天下之飢命在稷，天下之溺命在禹，此口鼻耳目之命
也，逸居無教，則近禽獸，勞來匡直，命在司徒，此仁義
禮智天道之命也。百姓之飢寒圉於命，君子造命，使之不
飢不寒，皆有以遂其生，百姓之愚不肖圉於命，君子造
命，使之不愚不肖解有以育其德，於是天下之命，自聖人
而造。惟聖人不得位，則不特民之生無以遂，即己之生亦
待人而後遂，故味色聲臭安佚，聽之於命，不苟得，不妄
求，不以為性也，是知命也。[18]

「命」除了前條所說的「命限義」外，焦循還提出「造命」的觀
念。命是天道的呈現，道之興廢，雖有命限的制範，但王侯令長
等在上位者，有司人之命，此間的「命」，是指職命，掌管眾人
之事；若君天下之聖人，或君一國者，就可造天下或一國之命。
造命的前題是必須有位，然後可以安頓百姓，使百姓不飢不寒，
而聽之於命。此處可得見他對不同社會階層，於性命論題的期許
和要求，亦有所不同，基本上說，聖人、君子加多了教化之責，
既司命更需造命，而民人信受教命，聽命遂命，亦可矣。

　　焦循指出，命除有限制義外，還有承擔和開展，人雖有命而
不應受限於命，此間，在上位者、君子，都各有造命、教命的責
任承擔。道德君子固可發揮個人的影響力，但一國之命、天下之

---

[18]　參焦循撰‧楊家駱主編：《雕菰集》卷九〈知命解下〉，頁130。

命，畢竟還須依賴君國、君天下者，故焦循提出一個理想的狀態，就是「聖人在尊位」。「命」除了前述之命限、司命之管治、造命的承擔外，同時也指口鼻耳目的欲望，即口鼻耳目之命。這口鼻耳目之命，指的是自然之命，自然性命必須通過教化，使之轉化匡正，合於節度，讓百姓一方面暢遂其生，一方面培育仁義禮智之德。若小體欲望可得滿足，「遂命」固然很好，但若不得滿足時，也盼望能聽之於命，不苟得、不妄求，這便是個人的「知命」。

三、性與命的「一貫」哲學

若將焦循於「性」、「命」的討論合併來看，則二者皆具有自然性命、口體欲望之義；同時亦具備貫通上下、上達天道、下受教化之義。百姓的自然性命，可以通過王侯令長的司命教化，而順命知命、遂性遂命，猶有進者，更可以透過不斷的窮理盡性，向上提升生命品質，或為道德君子，或為君長、聖人，助家國天下之人以造命，上通天道，下開人事。陰陽之道是天道，同時也具有道德內涵，所以由性命上通天道，便能成為一個理想的聖人；由性命往下展開，人與萬物各安性命，各受其正，也就能樂天知命。

此一觀點，正如他在〈知命解下〉，最後的總結：

> 易傳曰：樂天知命故不憂，樂天者保天下，則溺由己飢，飢由己飢，各正性命，保合太和矣，如是為樂天，即如是為知命，第以守窮任運為知命，非孔子之所云知命也。[19]

19　參焦循撰・楊家駱主編：《雕菰集》卷九〈知命解下〉，頁130-131。

從知命上說，命既有上通於道，下開現實感官的兩端，如此便不僅限於夫子強調道德性命的一面，而有更多生活之資。對比於孔、孟論命，寡言自然性命的一端來說，焦循在性命論題上的闡釋，顯然是基於他對《易經》的關注而來，前文言陰陽之道，此談保合太和、守窮任運，皆是如此。或者可以說，焦循對性命的論述，有基於孔、孟，而不限於孔、孟之處，於孔、孟性命的解釋，僅取其道德性命的一面；至於自然性命的提法，則明顯來自戴震。戴震談血氣心知之性命，可通過生生的自然條理，得到合禮合理的安頓，「從人道→天道，和從人德→天德的追溯過程來考察，是一個陰陽五行氣化流行，生生不息的過程」[20]，但在焦循，卻又不限於戴震所說的氣化。焦循在通過孟子式的「盡性、知性」過程，往上以通貫天道、天命，往下以任運「知命」、「正命」，如此，既發明夫子「一貫」之道，也闡明了他的性命觀點，另啟焦循意義下的「一貫」哲學。

第四節　阮元對性、命的討論

　　阮元對性命的討論，集中在他〈性命古訓〉、〈節性齋銘〉兩篇論文中。前篇是藉由訓詁考證之法，批評宋明理學的性命觀點，闡發他對性命的思考；後篇則是以銘文的特殊形式，總結他對性命的理論建構。另《揅經室集》中的〈塔性說〉、〈復性辨〉等，亦同樣主張「制禮節性」，大別於宋儒言「復性」之說。

---

[20]　參張立文：《戴震哲學研究・序》，頁 148-149。

一、祈命節性，性命相並

戴震及焦循論性命，逕就哲學範疇做討論，阮元則是另外採取追古溯源的方式，先舉《尚書‧召誥》、《孟子‧盡心》二書，從字義的根源上探索。他說：

> 〈召誥〉所謂命，即天命也。若子初生，即祿命福極也。哲與愚，吉與凶，歷年長短，皆命也。哲愚授於天為命，受於人為性，君子祈命而節性，盡性而知命。故《孟子‧盡心》亦謂口、目、耳、鼻、四肢為性也。性中有味色聲臭安佚之欲，是以必當節之。古人但言節性，不言復性也。[21]

阮元將「命」析分為天命、祿命二者，哲愚、吉凶、年壽皆承天而來，這是天命。至於祿命，則是人承受天命而來的現實生活，亦即人的福祿、貧賤遭遇等，於此天之所授，及人所受之性，阮元強調要盡性知命。性是自然形器，性中有欲，節欲則能盡性，節制欲望以盡性，便能知命。

他又舉《孟子‧盡心》中談口、目、耳、鼻、四肢處，並引趙注評論說：

> 孟子此章，性與命相互而為文，性命之訓，最為明顯。趙

---

[21]　參阮元：〈性命古訓〉，收入阮元‧鄧經元點校：《揅經室集‧揅經室一集》卷 10，（北京：北京中華書局，2006.06 重印一版二刷），頁211。

氏注亦甚質實周密，豪[22]無虛障。若與〈召誥〉相並而說
之，則更明顯。惟其味、色、聲、臭、安佚為性，所以性
必須節，不節則性中之情欲縱矣。惟其仁、義、禮、知、
聖為命，所以命必須敬德，德即仁、義、禮、知、聖也。
且知與聖即哲也，天道即吉凶、歷年也。[23]

此處所言和前文相同，繼續說明性是自然的感官欲望，對欲望之
性必須節制，道德綱目中的仁、義、禮、知、聖，屬於命的範
圍，敬德即是敬命。阮元將性命的關係，連在一起說，甚至也主
張性與命二者，當相互為文，道德之命與福祿遭遇，當得居而
行，不遇則不行。人們須以君子之道修禮學知、學聖，達於聖
哲，不坐而聽命。至於欲望之性，則應以仁義為先，禮義為制，
不以性欲而苟求，故言節性復禮以知命。

　　阮元說：

　　　　《尚書》之「虞性」、「節性」，《毛詩》之「彌性」，
　　　　言性者，所當首舉尊式之，蓋最古之訓也。學者遠涉二
　　　　氏，而忘聖經，何也？《樂記》曰：「好惡無節」，《王
　　　　制》曰：「節民性」，皆式《尚書》「節性」之古訓也。
　　　　哲愚、吉凶、永不永，皆命於天，然敬德修身，可祈永
　　　　命，不率典者，自棄其命，孟子所謂命也，有性焉是也。
　　　　若諉之命而不可祈，豈周公〈金縢〉皆作偽哉？[24]

22　即「毫」字。為忠於阮元原典，引文仍作「豪」。
23　參阮元：〈性命古訓〉，《揅經室集‧揅經室一集》卷 10，頁 212。
24　參阮元：〈性命古訓〉，《揅經室集‧一集》卷 10，頁 214-215。

阮元追溯最古的性命訓釋，係來自《毛詩》和《尚書》，他並推尊《尚書》之「節性」說。指出，現實的遭遇雖受命於天，但可透過修身敬德，祈天命永終，而不應當甘受性命所限，諉於命限之不可祈。

二、禮義彌性，保定性命

除了引證古訓說解外，阮元也從字義的分析上釋「性」。他分析《左傳・成公十三年》「成子受脤於社」一事，說：

> 「性」字從心，即血氣心知也。有血氣，無心知，非性也。有心知，無血氣，非性也。血氣心知皆天所命，人所受也。人既有血氣心知之性，即有九德、五典、五禮、七情、十義，故聖人作禮樂以節之，修道以教之，因其動作以禮義為威儀。威儀所以定命……能者勤於禮樂威儀，以就彌性之福祿。……是以周以前之聖經古訓，皆言勤威儀以保定性命，未聞如李習之之說，以寂明通照復性也。[25]

此處從「性」字上拆解，也和前文所說相同，需要依賴修道教化以節性，而用以教化的工具，便是禮樂威儀。性的內容，包含了血氣、心知，及前文所說的耳目口體之欲，若能勤於禮義教化，便能彌合先天性命之未足與缺憾，故阮元主張，勤威儀可以保定性命，祈於命之永福、永祿。《左傳》的這段文字，主要是在說明成子疏惰，於祭祀、兵戎等國之大事，未能勤禮致敬，亦未教

化民人盡力敦篤。阮元特別鎖定在執政者和民人的「性命」上討論，旨在強調在上位的君子，更需明禮敬義、勤習威儀；至於百姓小人，則受其教化，盡力守業便可。他還一併批評了李翱的「復性說」，認為李氏所言，已背離古訓太遠，且有雜於佛、老之見，雖李翱有意藉「復性說」接跡孔、孟，然無疑是太過[26]之言。

　　阮元批評「復性說」，其實還有一個隱含的意圖，即是回應乾嘉時期的學術論述而來。此論血氣心知之性，口體耳目之性，都有近於戴震的思考，人所受的血氣心知之性，係天所命而來，聖人創制禮樂典章，以節民人之性，保定民人性命；仁、義、禮、知、聖之德，也是天命，而修德可求[27]，故強調禮而不以理；「命」兼含道德與自然義兩面，哲愚、吉凶、永祿亦是自然天命的呈示，其重點就在透過修德知禮、勤於威儀，轉化與生俱來的憂病困厄。阮元提出的辦法是節性、禮治，但他同時又說，「性」、「命」當相連為文，「性、命」同屬一個層次，故治禮節性也就成了治禮節命。如此之論，反而造成他「性命說」的蔽障困陷所在。

---

[26]　阮元另評論說：「『性命』二字相關，始見於此，質實明顯，曷嘗如李習之復性之說？自昌黎、習之，言性道者幾欲自成一子，接跡孔、孟，此則太過。……擬於諸經之義疏，已為僭矣。」參〈性命古訓〉釋「尚書西伯戡黎」條，《揅經室集・揅經室一集》卷10，頁213-214。

[27]　阮元另謂：「命雖自天，而修德可求。」參阮元：〈性命古訓〉釋「詩・大雅・文王」條，《揅經室集・揅經室一集》卷10，頁215。

三、居敬勉德，肅警無逸

〈節性齋銘〉說：

> 周初〈召誥〉，肇言節性。周末孟子，互言性命。性善之
> 說，秉彝可證。命哲命吉，初生既定。終命彌性，求至各
> 正。邁勉其德，品節其行。復性說興，流為主靜。由莊而
> 釋，見性如鏡。考之姬、孟，實相逕庭。若合古訓，尚曰
> 居敬。[28]

此處仍強調，性命之論，當從古訓上推求。阮元指出，不論是
〈召誥〉的「節性」，或孟子的性命互言、性善之論，都可證明
哲吉皆由天命而來，是初生即已命定的。人們對此天命、天性的
既定事實，必須各正性命，勉德節行、節性，以祈天永命，此
間，節性以禮是修養工夫所在，至於如何節之？就是接受聖人定
制的禮治教化，修養道德。

　　此處批評的復性之說，即是前幅李翱的提法。阮元認為，
「復性說」摻雜佛老，已非周、孟原貌，因為若從古訓上探索，
修養工夫應是「居敬」，而不是見性如鏡。他歷數堯、舜、禹、
皋陶、文、武、周、孔、孟等古訓，指出：「未嘗少有歧異虛高
之說出於其間」[29]，並說：「九德[30]凡十八字古訓多矣，本無

28　參阮元・鄧經元點校：《揅經室集・揅經室四集》卷 4，頁 1075。
29　參阮元：〈性命古訓〉釋《尚書・皋陶謨》條，《揅經室集・揅經室一
　　集》卷 10，頁 213。

『靜』、『寂』、『覺』、『照』等字雜於其間」[31]，其批評佛老的意圖可謂鮮明。只不過，阮元提出「居敬」的修養工夫，從文字表面上看，似近於理學家所講的「主敬」，但實際上，阮元是藉著他所提的「居敬」，批評理學家的「主靜」工夫，指出「主敬」不合於「居敬」。換言之，此處所批評的對象，尚不止於二氏，還包括了理學家。

對「居敬」的說明，阮元是這麼說的：

> 《釋名》曰：「敬，警也，恒自肅警也。」此訓最先最確。蓋敬者言終日常自肅警，不敢怠逸放縱也。……非端坐靜觀主一之謂也，故以肅警無逸為敬。凡服官之人，讀書之士，所當終身奉之者也。至於孟子論性，有曰：「四肢之於安佚也，性也。」年老之人，久勞於事，養神之人，不勤於學，皆樂於安佚。或知安佚不可為訓也，於是有立「靜」之一字，以為宗旨者，非也。惟聞孔子閒居，未聞孔子靜坐；惟聞孔子曲肱而枕，孟子隱几而臥，未聞孔、孟瞑目而坐；惟聞君子欠伸，侍坐者出，未聞君子瞑坐，侍者久立。蓋靜者，敬之反也。年衰養神者，每便於靜，乃諱其所私便，而反借「靜」字以立高名，則計之兩得者也。……終當以苟支節之也，此節性之一端也。[32]

30　「九德」語見《尚書·皋陶謨》。係指：「寬而栗，柔而立，愿而恭，亂而敬，擾而毅，直而溫，簡而廉，剛而塞，彊而義」九種德行之美。

31　參阮元：〈性命古訓〉釋《尚書·皋陶謨》條，《揅經室集·揅經室一集》卷 10，頁 212-213。

32　參阮元：〈釋敬〉，《揅經室集·揅經室續集》卷 1，頁 1016-1017。

阮元指出，「敬」是一種日常生活上的態度，表現在儀容行止上，必終日肅警，不敢怠逸放縱，並不是理學家如朱熹所談的靜坐修持。他還舉了孔、孟並不瞑目而坐，說明靜、敬是相反的兩件事，隱几瞑目和肅警無逸，雖亦各自可成修身工夫，但阮元顯然是很看不起那種借「靜」以立高名，實為便己的人，所以他以字義及古訓再再明言「敬」之本源，必當以「茍、攴」節之，以「敬」之敬肅、警戒、警醒，表現為居敬之儀，此亦節性之要也。

　　阮元對「性、命」所提出的看法，並不從學理或思想內部考察，而是從故訓上探究，指出「性、命」二者的自然欲望，試圖以節性治禮，將自然性命導向道德性命的一端，強調日常生活的道德實踐，在勤威儀，修禮治上檢視人性，可以說是很務實的表現，此由他名書房為「節性齋」，亦可併見。當然，於當時習見的學術觀點，阮元也做了意見表示，其想法曲直，暫容後文再議。獨此節性、性命之說，倒是得見阮元亦有意於以禮代理的表述，他意欲把人性往形上價值闡述的一面，轉以言落實生活、日常實踐的應用，換言之，性命不再是一個「價值性」的根源論述，而是「實踐式」、日常的生活節制。

第五節　「性、命」論述的轉化與限制

　　透過前文的分析，可得見焦循和阮元於戴震的人性觀點，皆各有繼承和闡發，其同異處，正不啻一代學人思深研精的研考之得；學術研究貴在延續新發、後出轉精，其繼承、發揮，甚至新變及限制，亦同樣代表一代學人的集體洞見或胎息。以下分述焦

循、阮元二人對戴震人性思考的彌合及範限。

一、各正性命，保合太和

　　事實上，諸家對「性、命」的說解，都是針對《孟子‧盡心下》的這段文字而來。孟子說：

> 口之於味也，目之於色也，耳之於聲也，鼻之於臭也，四肢之於安佚也，性也，有命焉；君子不謂性也。仁之於父子也，義之於君臣也，禮之於賓主也，智之於賢者也，聖人之於天道也，命也，有性焉；君子不謂命也。[33]

　　本節文字，牟宗三稱為「性命對揚」章。[34]當代學者對「性命」討論亦多，大抵分為以下幾種：其一，以牟宗三為代表，皆採取牟先生的解釋傾向，指出孟子的「性」分為兩層意義。一是感性方面的動物之性，「食色之性」，此是與天俱來的「生之謂性」；另一種是仁義禮智之真性，人之異於禽獸的價值之性，孟子於此上確立性善之意。由「性」而言「命」，命則有命限、命定義，從道德實踐、道德生活中顯現出來，且由氣化之一面，如感性、氣質、遭遇等之限制而更顯著；「命」只能被轉化其意義，雖不能消除，但可以充盡其親親之實性，使之轉化而無礙，成為正命，無可奈何而安之若命，在氣化方面無可奈何，然而重

---

[33]　趙岐注‧孫奭疏：《十三經注疏‧孟子注疏》，（臺北：藝文印書館，2001.12 初版 14 刷），頁 253。

[34]　參牟宗三：《圓善論》，（臺北：臺灣學生書局，1996.04 初版二刷），頁 150。

性不重命，君子進德修業而不可已矣。[35]持此立場者，如：林啟屏[36]、李瑞全[37]等，皆在如此的思考範圍下，談性、命能否被表現？應當如何表現？表現得如何？所謂「求則得之，舍則失之」是也。

另一種解釋則以唐君毅為代表[38]，認為引文上下兩段的「命」字意義，並不相同。唐君毅指出，第一段文字中的「性也，有命焉，君子不謂性也」是要表達「即命見義」，此處類同於牟先生的命定、命限義；但第二段文字的「命也，有性焉，君子不謂命也」，是要表達「即義見命」，即見天之命我以正，非我所自定；如在外境中之他人，恒在啟示我、規定我，而命我以仁義禮智等，此無異於天之命我以仁義禮智等。然我之行仁義禮

---

[35] 參牟宗三：《圓善論》，頁 150-155。

[36] 參林啟屏：《從古典到正典：中國古代儒學意識之形成》第七章〈限制與自由：從「窮達以時」論起〉，（臺北：臺灣大學出版中心，2007.07 初版），頁 276-281。林啟屏將此段文字中的「命」解釋為「命限」、「客觀條件限制」義，但前後兩段文字中的「性」則作不同的定義，前者作生理本能解，後者作道德意識解，因與牟先生的觀點近似，故列為同一類。

[37] 李瑞全進一步概括牟先生的分析，說：「牟先生之解說是以第一、二次出現之『性』為同義，均指人的動物性或生理欲望之本性，而以第三次出現的『性』字為人之義理之性；至於『命』字的三次出現皆為命限、命定之義，並不取天命之義；而『謂』字亦不解作稱謂，命名之意，而指重不重，稱不稱述，依不依順之意。」參李瑞全：《當代新儒學之哲學開拓》〈孟子「性命對揚」章釋義〉，（臺北：文津出版社，1993.03 初版一刷），頁 137-138。

[38] 參唐君毅：《中國哲學原論——導論篇》，（臺北：臺灣學生書局，1986 年校訂版），頁 526-527。

智，正所以存養擴充我之性，而非只是順從外境，或天所啟示之命。[39]持此觀點者，有陳寧[40]、林玫玲[41]等。以上學者，不論採取「性命對揚」或「義命二分」的看法，其實是對於孟子於二段文字中的「命」字，究竟是「命限」、「義命」或「德命」的看法不同。

關於此，戴震採取以下主張。他說：

> 「欲」根於血氣，故曰性也，而有所限而不可踰，則命之謂也。仁義禮智之懿，不能盡人如一者，限於生初，所謂命也，而皆可以擴而充之，則人之性也。謂性猶云「藉口於性」耳；君子不藉口於性以逞其欲，不藉口於命之限之而不盡其材。後儒未詳審文義，失孟子立言之指。不謂性非不謂之性，不謂命非不謂之命。由此言之，孟子之所謂性，即口之於味、目之於色、耳之於聲、鼻之於臭、四肢於安逸之為性；所謂人無有不善，即能知其限而不踰之為善；所謂仁義禮智，即以名其血氣心知，所謂原於天地之化者之能協於天地之德也。此荀、楊之所未達，老、莊、告子、釋氏昧焉而妄為穿鑿者也。[42]

---

[39] 參唐君毅：《中國哲學原論——導論篇》，頁 526-527。

[40] 參陳寧：《中國古代命運觀的現代詮釋》，（瀋陽：遼寧教育出版社，1999.01），頁 131。

[41] 參林玫玲：《先秦哲學的命論思想》，（臺北：文津出版社，2007.12一版一刷），頁 224-232。

[42] 參戴震：《孟子字義疏證》卷中「性」，《戴震集》，頁 305-306。

　　這段文字包含以下幾個層次：自然血氣之性包含了欲望，但能知道欲望有限制而不逾越；自然之性，為命之一面，取命限義。仁義禮智道德之性，亦與天俱來之性，既為天生自然的一部分，亦當有限制所在，並非人人生來都有相同的生命品質，但人性卻可以擴充這些美德。可見，戴震也主張，「性」有兩面性，一是孟子所謂的「口之於味、目之於色、耳之於聲、鼻之於臭、四肢於安逸」之性；另一面則是由「人無有不善」之「性善」而來的，「能知其限而不踰之為善」之性，知道「命」有所限制，在自然初生時，稟受先天氣質的限定，而能自動、主動地不逾越自然的範限，就是「善」的表現。

　　戴震認為仁義禮智、血氣心知，都根源於天，人之所以為人，人的可貴之處，便在於人能發揮「性能」，不藉口於氣性，而逞肆欲望；不藉口於命限，而能不斷盡其材質。能知道自己天生性分之不足及限制，而致力擴充仁義禮智之善；能節制口、目、耳、鼻、四肢之欲，而能妥適處理自己的欲望；使無偏差，就是善。這些都是性命和天地之德相協相合的表現。天地變化的自然本質就是性，仁義禮智等道德法則，也是人性的表現，這就讓氣質之性和道德之性得到了統一。所以說：「蓋孟子道性善，非言性於同也，人之性相近，胥善也。明理義之為性，所以正不知理義之為性者也，是故理義，性也。」、「察乎人之才質所自然，有節於內之謂善也」[43]。

　　以上對性命的考慮，若轉到焦循的論述上看，便可得見焦循對戴震性命之說的吸收與轉化。

---

[43]　參戴震：《原善》中，《戴震集》，頁339、340。

　　焦循由陰陽和合的天道，言天道性命相貫通，分於道者之命，形著於人之性，落在不同的人身上，各有不同的情性表現，但透過窮理、盡性，知命、正命等修養工夫，可上達天道。猶有進者，王侯、令長有司人之命；君天下者，則可造天下人之命；通過仁義禮智之教，勞來匡直，育德遂生，如此，人便可不被自然的耳目之性所溺，囿於命限，徒然聽命、順命；而可以各正性命，保合太和。焦循甚至以為，孟子講「性善」、《易傳》上說「樂天知命」，都是環繞著將自然性命予以適當的轉化和升進而來的。

　　首先，二人皆同持「性一元論」的立場，主張自然氣命和道德性命為一，人和其他萬物不同，便在於人類可以在自然之性和理義之性中，充盡個人的努力，一方面遂性絜情，一方面不淪於自然欲望的流盪，使受之於天的性命，在命的規制範限下，猶能知命、正命。其次，二人對性命的討論，最後亦皆和陰陽之氣的流行相比，戴震言天地之氣的生生，亦是性之生生，此間的「生」，指的是生化、運動不已的意思，和天道自然、陰陽之氣的流行相同；焦循更直接指出，「命」是分於陰陽之道者，形於人者便是人性；可見，不論戴震或焦循，都共同認為，所謂人性，應從落在氣性處思考。如何將自然氣質之性，合理合適地表現出人與其他萬物之不同，方是人性論考量的重點所在。

　　而不論戴震或焦循，亦各自主張人和萬物在「類」上本有不同，戴震從品物流形上言，即若一類之中又復有所不同；焦循則分言人性、物性，但只有人性具備「心知」之感，可為「情之旁通」的工夫，至於其他萬物，如草木禽獸等，則不能「知」。戴震從氣質之性談理義之性，指出二者為一個整體，必不可分，復

由「自然通必然之極則」，規範出人們必然可為理義道路的可能，仁義禮智同時也是血氣心知，既原於天地之化，亦能協於天地之德；焦循則強調先覺者對民人的教化，性命雖各有限制，但通過在上位者的造命、司命，民人亦可遂命、知命，與在上位者一起窮理盡性，完就仁義禮智的道德實踐，以上通天命，實現天道理想。

對比於戴震來說，焦循的性、命論述，加多了不同社會階層者，各自不同的性命表現，雖然戴震也說，氣質之性在每個不同的人身上，亦各有偏全、清濁、昏明之不齊，但他並不從職分、社群的位階分判上說，而概言其整體；焦循則認為，聖人、君國者，王侯、令長各有不同的教化責任，必須為天下人、為民人的欲望滿足、道德實踐，達到一定的遂育，使之遂生、遂命，而能各正性命，知命知天。聖人和民人雖然天性各有不同，但「性善」則同，也同樣趨一往道，民人得教化，聖人合不一之性，則可通達於「一貫之道」。

依焦循，他還特別指出，陰陽氣化的天道內容，即是夫子的一貫之道、仁義禮智之道；他也分別舉出，不同社會位階中的典範人物，如：孔子是純於道者；稷、禹皆造命者；至於孟子「性善」，則是用來發明一貫之旨者。在天道、性命一貫的格局下，人能上通天道，下暢性命，使口腹耳目等自然欲望，不至於飢寒難安；逸居有教，而能不淪於愚或不肖；樂天者保天下，故能面對紛陳的世間變化而不憂，而不僅是白白地「守窮任運」，聽天由命而已。

此處可以明顯看到，焦循強調，不同社會階層所應擔負的責任承擔，知命而不謂命，亦由此見。此即有別於戴震人性論的轉

出和發揚，焦循認為，性命皆以天道為最後保證，社會中的各個
階層，皆因具備趨一往道的「性善」本質，故民人必是可被教化
的，君子亦必然勇於承擔匡直民人的責任與使命。

二、修治性命，教民習禮

　　阮元論性命，也和戴震、焦循相同，談氣性、氣命的一面，
至於道德之性，則是從敬德、節性知命而來，前文所謂的七情、
十義，都屬於性的範圍。「七情」，指的是《禮記・禮運》中所
說：「喜、怒、哀、樂、愛、惡、欲」七者，先在於人的本性之
內，弗學而能者；「十義」，則是指「父慈、子孝、兄良、弟
悌、夫義、婦聽、長惠、幼順、君仁、臣忠」等，十種位於倫理
向度中的人義；凡此，阮元都認為包含在「命」中。阮元認為，
七情、十義既是與天俱來的人的本性，也是人之「性」中，所要
「節」、要「修」的，故他用《周易・說卦傳》「窮理盡性，以
至於命」來談「命」[44]，其工夫致力處，便在兼言「節、修」的
兩面性上。他又引《禮記・禮運》說：「故聖人之所以治七情，
修十義，講信修睦，尚辭讓，去爭奪，舍禮何以治之！」[45]強調
禮治對性命的重要性。「七情」包含在孟子所說「性」的範圍，
「十義」則在孟子所言「命」的範圍；故以禮對治「七情十
義」，便是以禮修治性命。

---

[44] 阮元原案語為：理即《禮記・樂記》「天理滅矣」之理。性命即孟子
　　「性也有命焉，命也有性焉」之性命。聖人作《易》通天道，故窮理盡
　　性以至命也。參阮元：〈威儀說〉釋《周易・說卦傳》條，《揅經室
　　集・揅經室一集》卷10，頁222。

[45] 參阮元：〈威儀說〉，《揅經室集・揅經室一集》卷10，頁227。

　　阮元不斷強調禮的重要性，談敬德、重威儀，批評一般人多認為，這些威儀舉止、人之體貌，不過是最粗淺之事，無足性命之輕重，故他特意做〈威儀說〉，附於〈性命古訓〉之後，強調古人談性命實最重視「威儀」二字。換言之，先天之性命，必須運用後天的威儀以培成化育，此是阮元刻意聯繫性命及工夫所在，然而，衡諸先天本質與後天工夫之別，內外的分際規範，難道不需釐清層次嗎？很明顯地，正如阮元自己所說：「威儀乃為性命所關，乃包言行在內，言行即德之所以修也」[46]、「威儀者，言行所自出」[47]、「君子在位可畏，施舍可愛，進退可度，周旋可則，容止可觀，作事可法，德行可象，聲氣可樂，動作有文，言語有章，以臨其下，謂之有威儀。」[48]透過刻意強調外在的言行規範，在生活處事，與不同位階的人們互往相與中，表現出來的進退容止，正是君子的威儀，小人以為法式及模範。因為一個人的言行舉止，是道德修養的表現，重視周旋聲氣，重視威儀，也就等同於重視修養；故勤威儀，便是勤於修德；勤威儀，亦勤治性命。

　　問題就出在，雖然不同社會位階的人，都可以經由力於威儀，以祈天命利民，以敬德治禮，彌性命之福祿，但阮元以為「民則」的「威儀」，畢竟仍是有階級分別的。亦即言「君臣、上下、父子、兄弟、內外、大小皆有威儀」，上下僚屬，父子兄弟，各自因威而有儀，因位之高低，威儀不同，在下位者必「畏愛」長上，甚至連朋友之道，亦必相教訓以威儀也。換言之，正

---

[46]　語見阮元：〈性命古訓〉，《揅經室集‧揅經室一集》卷10，頁216。

[47]　語見阮元：〈威儀說〉，《揅經室集‧揅經室一集》卷10，頁219。

[48]　語見阮元：〈威儀說〉，《揅經室集‧揅經室一集》卷10，頁218。

因君子的威儀，可為小人畏愛學習，故談性命，講節性復禮、談禮治修德，便不僅是一種「個人式」的內聖修養，而成了一種面向群體生活，做為上位者言教化治政的工具及方向之一。

「有威而可畏謂之威，有儀而可象謂之儀。君有君之威儀，其臣畏而愛之，則而象之，故能有其國家，令聞長世。……順是以下皆如是，是以使上下能相固也。」[49]「勤威儀」，不僅是為了讓民人可以更好的活出自己，安頓精神或提升道德，或者可以更暢遂人之情性，安適自然性命；同時也是為了在大一統的格局中，可以更好的治理人民百姓。在此意義格局下，家國的條理平治，可以更順當合宜地與個人的修德相連，因為在上位的君子之德，是一切道德的標準，下位者亦當因上位者之勢而順是，因位威而引以為法儀。

阮元提出「相人偶」的「仁論」主張，包括「一己踐德」之主觀實踐、與「行道天下」之客觀事為的「踐仁」在內，都在強調，道德實踐必須經由與人群相涉的進路，才能完成。[50]以鄉黨宗族為基礎，建構一套通向外王的道德體系，強調道德實踐不只是個人的成德觀照，更是群體生活的實事踐履，「仁」之為全德之稱，重點即在「必須」著於行事，故與其上溯「性命」根源，毋寧更要強調「性命」與具體生活、經世現實的關係。

49　語見阮元：〈威儀說〉，《揅經室集・揅經室一集》卷 10，頁 218。

50　參張麗珠：〈阮元向「群學」過渡的「相人偶」人論〉，收入《清代義理學新貌》第六章，（臺北：里仁書局，2006.07 初版三刷），頁 326-327。學界關於阮元「仁論」的討論亦甚夥，本篇因僅及於阮元思想中之「性、命」二字，為恐溢出核心論述，於阮元論仁之分析，暫留他文再議。

故依阮元，性命的本質內涵，究竟為自然或道德的，已不是必要的重點，因為將「性命」連說的目的是為了「知命、知性」，而「盡命、盡性」的唯一法門，是節性修身，盡性知命，或如《易》所謂的「各正性命」，亦即孟子所謂「知命者不立乎巖牆之下，盡其道而死者，正命也。」[51]釐清性命各自的內容，不在彰顯抽象價值，而是發為世用。此一思考，由阮元引《易》闡釋孟子之言「知命」、「正命」的特殊意涵可見。他說：

> 天正性命以與人，人必正性命以事天，乃所謂知命，乃所謂盡性。〈卷阿〉、〈天保〉，保定福祿，固正命也。……比干諫而死，伯夷、叔齊餓而死，亦正命也。顏子短命，曾子啟手足，亦正命也。皆盡道者也。……道以忠孝為本，比干、夷、齊不死，是不忠，曾子手足有傷，是不孝，盡其道則盡忠孝，秉夷、物則之道也。[52]

阮元羅列了幾種盡性知命、得固正命的典型。包括《詩經》〈卷阿〉、〈天保〉篇中，言成其政治美善，保定福祿[53]；或是政治上的盡忠賢達典型，如比干、伯夷、叔齊；甚至是不屬於政治範疇的道德典範人物，如顏回、曾子等。這些人的共同特徵

---

51 語見朱熹：《四書章句集注·孟子集注》〈盡心上〉，（臺北：大安出版社，1999.12 一版三刷），頁 490。

52 語見阮元：〈威儀說〉，《揅經室集·一集》卷 10，頁 232。

53 〈卷阿〉、〈天保〉分別出自《詩經·大雅·生民之什》、《小雅·鹿鳴之什》。前篇言求賢當用吉士。後者則言君能下下以成其政，臣能歸美君德以報其上，除為君王祝願祈福之外，亦美下報上之意。

是，他們在不同職分及倫理位序上，都各自做出堅持正命的選擇，因「盡道」而死；雖死，但猶是正固性命的表現。非常特別的是，阮元將前揭盡道正命的賢人，直接劃定說是為了「忠孝」而死，此無疑滑動了「道」的範圍及內涵。本來「道」做為萬物總體、最高價值的根源，被限縮成「忠孝」二字，也就消泯並悖離了「道」作為最高理想、最後根源的價值。但「忠孝」不能是價值論述嗎？「忠孝」當然也是道德價值，但不必是「唯一」或「最後」的價值。「道」落實於人間的展開與表現，如何呈顯為「人道」踐履，為群己生活所用，才是阮元心之所繫。

三、由主體確立轉向社會位階的安立穩固

通過以上的討論，可以發現，不論焦循或阮元，「天道」都有被刻意忽略的傾向，取而代之的是，倫理位序規範下的君臣之忠，父子之孝，此亦不啻是清儒重實黜虛的有意思考。盡心知性，不是為了盡己知天，實現個人的道德理想；而是為了向群體世界、甚或君王盡心盡忠；知性是知為臣下的職分，知為人之禮分，俾便可以能更好的生活；焦循及阮元務使性命之談不流於空言，著重落實經驗領域的討論，更指出為國盡忠，為家盡孝，才是立身修德、為人處事的根本。

阮元甚至進一步說：

> 李習之之言性以靜而通照，物來皆應。試問：言忠孝不能說在性之外，若然則是臣子但靜坐無端倪，君來則我以忠照之，父母來則我以孝照之，而我於忠孝過而曾無留滯，試思九經中有此說否？……君臣貴賤群類不同，各有

性命。[54]

這條明顯指出，君臣貴賤社會階級不同，故性分不同；臣、子有責任義務以忠孝對應君、父，以實踐忠、孝自期。強調「忠孝」德目之親切日常，過無留滯，而不徒言光景。要言之，阮元的「性命說」，以「威儀」和禮治節性合言，強調「性命」內在，即是「忠孝」，忠孝如何實踐？便是在尋常生活中，談實事踐履，為家國盡孝盡忠。因君臣貴賤群類不同，所以各正性命的方法，也自然不同，阮元特別著意於下對上應照之以忠孝，上位者則應擔負「勤教化」、「勤治」性命之責，他所提出禮治盡性，顯然已不再是以「血緣親情」為骨幹的儒學傳統，而是可以擴及群體社會，甚至是以「帝王」為中心的「龍種文化」傳統[55]；強調「位階高下」、「社會位序」的群體穩立，從倫理結構上來說，由個人「親情血緣」，走向社群「經驗生活」的傾向，

---

[54] 語見阮元：〈威儀說〉，《揅經室集·一集》卷 10，頁 229。

[55] 林安梧先生以為：以「血緣性自然的連結體」（父子）經由「親親」、「尊尊」的演變，形成一嚴密的宗法社會與封建政治。原本「血緣性的自然連結體」，成了極為鞏固的「龍種政統」（君父），當「龍種政統」成為獨大的管控者時，儒家建立於「血緣性自然的連結體」之上的道德教化、仁義之道，便喪失了自主性與獨立性。參氏著：《道的錯置——中國政治思想的根本困結》，（臺北：臺灣學生書局，2003.08 初版），頁 119-130。筆者在此，藉以言原始儒家以「親情血緣」即「父子倫」為首出者，對比漢代《白虎通》以後，以「君臣倫」為首出的「龍種文化」傳統；前者係「自然的血緣連結」，後者側重「宰制的政治連結」。阮元強調忠孝之道，雖可歸屬於「宰制的政治連結」，卻亦是在大一統格局下，必然要求的穩固力量，既強調政治社會世道的「應然面」，更強調應如其實踐，重視「實然」。

是很鮮明的；這種看法；顯然大別戴震，亦有別於焦循。

　　還需再另為辨析的是，阮元此處所說，尚有針對李翱「復性說」的批評。阮元當然很反對言身心寂然不動之性，認為那些都是竊釋氏之言，李翱所說即有此上的偏頗，是以被阮元用來批判，認為不但不合孔、孟之道，更不合唐代以來的九經[56]之教，根本是傅會之言。但若暫時擱下阮元對李翱的評論不談，單就他的性命之論來看，阮元推性命之原，主性命合一，倡節性修禮，教人知命敬德，學知威儀，其最終的目的，是為了忠孝家國，為萬世開太平。在個人的欲望滿足和社會責任間，阮元強調，兩者皆需相當程度的調融，要節性、要勤威儀，盡性知命以完成盡道的理想，而盡道，無疑是以盡忠孝為主要訴求。

　　嚴格來看，阮元對性命問題的重新思考，雖不脫他久為臣屬，強調教化的思考，此亦清儒暢言情性之遂，對比於宋儒喜談心性天理之異，但他省察民人生活的各項儀節，另提出「性、命」的字詞訓釋，仍是一種別有殊見的解釋[57]；雖然在哲學範疇或邏輯層次上，仍多有未當之處，倒也表現出一代學官之思，表

---

[56] 唐太宗令孔穎達等撰《五經正義》，突出了《禮記》的地位，唐代明經科取士，便以「九經」為測驗內容。阮元批評唐代的李翱想法錯誤，所以說他的看法不合九經內容。「九經」分別是：《周易》、《尚書》、《詩經》、《左傳》、《禮記》、《周禮》、《孝經》、《論語》、《孟子》等九種。

[57] 如：岑溢成主張，阮元對「節性」的解釋，雖然不是唯一可以接受的釋義，但這種解釋在訓詁上是言之有據，可以成立的。……但於相關典籍中的「性」字的意義，則作出了不恰當的概括化。參岑溢成：〈阮元〈性命古訓〉析論〉，收入江日新編：《清代經學國際研討會論文集》，（臺北：中央研究院中國文哲研究所，1994.06），頁 350-351。

現出乾嘉考據之外的思想躍動。另外，於論題的表述及討論方式，雖有來自戴震的影子，但對「性命」內容的看法，則與戴震、焦循不合，亦與先秦儒學不合，凡此，皆阮元「性命說」的有意作為，阮元期以「古訓」為素材，將過去的性命論述，透過經說論述、經典詮釋的轉化，改以文化傳播及生活教養，以當為而為的經世落實，取代空懸價值的用心，是很鮮明的。

第六節　結　語

　　阮元幼時是焦循的學侶，焦循完成他的第一部學術作品《群經宮室圖》二卷，曾寄送稿本請阮元作序。阮元任山東、浙江學政時，曾邀請焦循擔任幕僚諮議[58]；阮元搜求萬斯大（1633-1683）遺書，刊行《音學五書》，焦循則代阮元撰序，二人「少同遊，長同學」，彼此互相啟益，在焦循學問養成期中，阮元可說提供焦循許多實質上的幫助。焦循在嘉慶七年（1802）離開阮元，自 40 歲開始足不出戶，潛心專志著述，其畢生貢獻，阮元稱為「通儒」，譽其為「一大家」。在他近一甲子的年壽中，前文所言的性命之論，皆係學問成熟期的作品[59]，足堪代表他的學

---

[58] 焦循約有三年（乾隆六十年至嘉慶元年 1795-1796、嘉慶五年至七年 1800-1802）的時間，曾短暫擔任過阮元幕府，其後託言足疾，以修《揚州府志》的酬金築雕菰樓，自此足不入城十餘年，閉門著書以終。

[59] 筆者將焦循畢生學思歷程，概分為三期：1-40 歲，學問奠基養成期，焦循於此期中，曾擔任阮元幕府，得見許多著名典籍及學林先驅，直接助成焦循的數學研究。41-53 歲，易學思想確立期，焦循除完成「易學五書」外，如《論語通釋》、《六經補疏》等大多數重要經學作品，皆在此期完成。53-58 歲，哲學體系完成期，焦循於此期中，總結畢生學思之

思精要所在。

　　焦循曾表示，於戴震《孟子字義疏證》書中，理道、性情、天命之闡發，最為推重[60]，其實他的《論語通釋》，不論體例安排及論述內容，都有資取及補充戴震的傾向，至於個人哲學建構完成的完熟之作《孟子正義》，當然是他對戴震之所以「心服」的最佳說明。焦循、阮元同屬揚州學派，為戴學之嫡派色彩是很濃厚的，不僅二人治經的入路，都從故訓入手，其對性、命的思考，亦和戴震近似，都從自然情性上著眼，談氣質欲望該如何面對安頓的問題。

　　其所相異者，戴震和焦循，雖都主張「性一元論」，皆有性命天道相貫通的一面，且二人都表示，其學思建構來自孟子，分別著有《疏證》、《正義》之作。雖然核實來看，戴震、焦循所說的孟子，皆不免是「戴氏孟子學」、「焦氏孟子學」，但於「性、命」的闡發，亦皆可通過後天個人的修為，心知、天道的保證，而為性善之實踐，換言之，即若戴震、焦循的性命論與孟子不契，且有下墮一層的傾向，但並不妨於人之為人的自我完善。客觀知識雖是助成道德實踐的重要關鍵，但因人稟受於天，故亦可盡己之心、己之性，而盡人之性、物之性，以參贊天地化

　　得，完成《孟子正義》一書，於孟子學的發揮，正是建構個人哲學譜系之所在。參筆者：《焦循「一貫」哲學的建構與證立》第二章、第六章。

60　焦循於《論語通釋‧序》中曾言：「余嘗喜東原戴氏作《孟子字義考證》（即戴氏《孟子字義疏證》），于理道、性情、天命之名，揭而明之若天日，而惜其于孔子一貫忠恕之說未及闡發。」此一方面說明了焦循於戴氏性命之說的推崇，也一併指出他作《論語通釋》的動機。參焦循：《論語通釋》，嚴靈峰編輯：《無求備齋論語集成》第 22 函，臺北：藝文印書館，1966 年。

育。戴震強調事理、物理、條理，達情遂欲；焦循則主張，性「能知故善」、性善可引；其「性、命」之論，或有偏重，但都算能綰合形上思維和經驗世界的兩端，其具體務實的社會人性關懷，亦皆有可取處。

到了阮元，阮元重求是、求實之學，採考據入手以詁經解經，政學兼善，扶植學術，培育人才，面對當時紛擾的漢宋之見，亦有意於兼容調和，意圖舒緩漢宋分峙對立的紛爭，獨因其說將「道」的內涵，限縮在「忠、孝」二目，以節性知禮、勤習威儀，做為改造社會人心的價值論述，此亦讓阮元的性命說，轉衍成一種教化治具的傾向。由個人的完善，而社群、而總體，試圖由「子→父、臣→君、我→群」的經驗互動和落實，突破宋明以來，儒學強調以提升個人修養為訴求的道德侷限，著眼於群體生活，亦在求實求是之外，有「以禮經世」的傾向。

另外要補充說明的是，焦循為阮元的族姊夫，阮元在〈通儒揚州焦君傳〉中，曾盛讚焦循學問「精深博大」，特別推許他在天文算學上的精到之處。此外，阮元還曾多次為焦循的書撰序，如：〈焦氏雕菰樓易學序〉、〈焦里堂羣經宮室圖序〉、〈揚州北湖小志序〉、〈里堂學算記序〉，顯見他對焦循學問的推崇，然而阮元所推崇者，僅限於焦循對具體實事的關注，至於在經典詮釋上的意見，阮元則與焦循頗有不同。焦循於《論語》夫子言「一貫」處，釋「一貫」為「通貫」；但阮元則於〈論語一貫說〉中，則主張「貫」應釋為「行事」，如此，聖賢之道才能歸於儒，他更批評說，若以「通徹」訓「貫」，則聖賢之道近於禪矣。此可看出二人對經典意義訓釋之不同，亦係基於個人學思歷程的關注焦點不同而來，焦循主張「通」，阮元重「實事」。另一方面，

阮元對焦循在義理思想上的不以為然，亦可從他未替焦循關於經
典闡釋的著作作序得見，舉凡焦循之《六經補述》、《論語通
釋》、《孟子正義》等書，阮元皆未替他作序，亦未助其刊刻。

劉師培對比明、清學問之別，曾說：

> 明儒之學，用以應事；清儒之學，用以保身。明儒直而
> 愚，清儒智而譎；明儒尊而喬，清儒棄而濕。……然亦幸
> 其不求用世，而求是之學漸興。夫求是與致用，其道固
> 異，人生有涯，斯二者固不兩立。[61]

此處劉師培對清儒的批評，當然是很嚴厲的。他認為，清儒論
學，多是智譎低下，以求保身的學問；少數不求用世求官者，能
講求是之學，便算是能自樹立的學者了。故依理，阮元求是求
實，應不入批評之列。但劉師培又說：

> 阮氏之學主於表微，偶得一義，初若創獲，然持之有故，
> 言之成理，貫纂群言，昭若發蒙，異於餖酊群碎猥瑣之
> 學。甘泉焦氏與阮氏切磋，其論學之旨謂不可以注為經，
> 不可以疏為注，於近儒執一之弊排斥尤嚴……雖立說間鄰
> 穿鑿，然時出新說，秩然可觀。[62]

---

[61] 參劉師培：〈清儒得失論〉，收入章太炎·劉師培等撰，羅志田·徐亮
工編校：《中國近三百年學術史論》，（上海：上海古籍出版社，
2006.10 一版一刷），頁 154。

[62] 參劉師培：〈南北學派不同論·南北考證學不同論〉，《中國近三百年
學術史論》，頁 200。

此處對比阮元、焦循二人的學問特徵，依劉師培之意，阮元、焦循雖皆善於考據，卻不同於當世一般的考據學者，而能有個人之新發。阮元「持之有故，言之成理，貫纂群言，昭若發蒙」，能表明經典微義，具修纂通貫之功；焦循解經，重經傳注疏次第，斥當世「執一」之偏，力抗近儒之失，其解說卦爻辭處，以字類相屬，或難免於穿鑿附會，但能出以新說，亦有可觀者。只不過，焦、阮二人雖有別於乾嘉的考據學者，窮於餖飣之學，但二人是否在義理思想上，有其貢獻或限制呢？

剋就二人的性命之論來說，用訓詁考據的方法以釋經義，其欲解釋析明經義處，皆不及藉原說以發揚；二人都經由訓釋經意，以建立己說，解經不過成了方法手段；從義理上看，阮元提出的結論，更是不能成立的。但不可否認的，不論是焦循於戴震性命說的發揚、或阮元理論上的侷限困滯，焦、阮二人，都表現出以語言學觀點，試圖解決哲學命題的一種態度及方式，這便是劉師培所謂的「求是」之學。劉師培稱許阮元輯纂之功，但更批評阮元：「以純漢學而居高位，然皆由按職升遷，漸臻高位，於其學固無與也。」[63]劉氏所說，雖有其基本立場，但自阮元強調倫理位序階級之禮，言禮儀之要，節性復禮後，嘉道以下，禮學大興；嘉道之後，其學愈實，而亦多病矣，阮元無疑具備有關鍵轉折的地位，也是不爭的事實。劉師培所言或不免過激，但以文化生活教養為入路，培育潤成一代人才，阮元無疑窮極了畢生努力；而焦循性命論之轉出，乃至建構個人的「一貫」哲學，更可說是繼戴震後，將有清哲學的討論往下延伸，此不可不察。

63　參劉師培：〈清儒得失論〉，《中國近三百年學術史論》，頁164。

第五章　禮、理之辨：
以焦循、淩廷堪、阮元為核心

第一節　問題的提出

　　經學強調「修己治人」的致用價值，自漢至清莫不如此。戴震以後的乾嘉學者，雖普遍採用訓詁考據的治經模式，略其經義發揚，卻也不斷思考如何以經學回應時代之變，強調「凡古皆真，凡漢皆好」的研究，是否能再為演繹，另以新姿轉出時代所需的特色？

　　此間，焦循、阮元、淩廷堪三人，從經學中「禮」之踐履，提出對應時代的典型說明：以大規模的修纂群書，更新的經典詮釋，從事一種新漢學、新經學的研究整理，試圖另立一條道德文化與精神信仰的新路徑。非常特別的是，此三子的經典詮釋，在治經方法上，雖皆以漢學為基礎，卻不限於漢學核心；三人雖同屬於經學家，然其纂作著述卻又不僅限於五經範圍。如焦循，頗可為乾嘉中葉的哲學代表，且於天文、醫學、算學、戲曲皆有所發；而阮元，更以修纂群書的優異表現，具備總結乾嘉學術的高度；淩廷堪的禮學研究，直接開啟乾嘉十九世紀以來思想多元展開的活力；此三人之學，均踵繼戴震學問，具備相當程度的包

容、通達特徵；故可說，此三子於「禮」的各項析明，既是以經典詮釋建構人間新秩序，更是以「禮」從事經世實踐的最好說明。因為「禮」不僅可溝通形上與形器、理想與現實，是融通古今的最好媒介；亦是修己治人最簡捷可行的道路。

　　以下即針對此三子於「禮」的論述，分別說明三子詮釋異同，指出三子於戴學的繼承轉化及發揚，並進一步說明，三子於「禮理之辨」，雖皆欲強調「以禮代理」主張，但因混淆了「禮、理」界域，亦不免落於學術上的意見之爭；而一味以禮為尊、唯禮是從，強調維護禮之威儀、具體效驗的結果，也很可能使原本客觀的學術稽考，成了個人武斷的申紓。雖三人皆強調，注經解經係為「求是求真」而來，卻仍是走上蔽於「徵實」、困於「崇古」的碎片式理解；既無法在學問論述上穩立，亦無法真正針對封建盛世王朝，提出禮治憲章，實現禮文治政的理想；此誠為三子禮論困憾所在，不得不察。

第二節　戴震對禮、理的看法

一、考禮研經，無苟聖學

　　戴震早歲治學，尚名物、字義、聲音、算數矩矱，他曾表示，畢生治學之最大計畫，厥為《七經小記》，可惜窮其一生《七經小記》終未完成，戴氏最後學問的絕響，是至今饒富盛名的《孟子字義疏證》。根據段玉裁的記錄，戴震原初的規劃是：

　　《七經小記》者，先生朝夕常言之，欲為此以治經也。所

謂《七經》者，先生云：「《詩》、《書》、《易》、
《禮》、《春秋》、《論語》、《孟子》是也。」治經必
分數大端以從事，各究洞原委，始於六書、九數，故有
〈訓詁篇〉，有〈原象篇〉，繼以〈學禮篇〉，繼以〈水
地篇〉，約之於〈原善篇〉，聖人之學，如是而已矣。[1]

戴震原欲針對《七經》內容，從六書文字、九數體制上，考其原
委，言其來歷大端，故逐次寫下〈訓詁〉、〈原象〉諸篇，且約
之以〈原善〉，表明聖學大要。剋就《禮》言，戴震就分別寫了
十三篇體例說明，透過考定制度儀軌，說明禮制定範的規準及用
意。

〈學禮篇〉，先生《七經小記》之一也。其書未成，蓋將
取《六經》禮制糾紛不治，言人人殊者，每事為一章發明
之。今《文集》中開卷〈記冕服〉、〈記爵弁服〉、〈記
朝服〉、〈記玄端〉、〈記深衣〉、〈記中衣裼衣襦褶之
屬〉、〈記冕弁冠〉、〈記冠衰〉、〈記括髮免髽〉、
〈記紟帶〉、〈記繅藉〉、〈記捍決極〉凡十三篇，是其
體例也。嘗言此等須注乃明。[2]

---

[1] 段玉裁撰・楊應芹訂補：〈東原年譜訂補・附著述輯要〉，收入戴震
撰・張岱年主編：《戴震全書》（安徽古籍叢書）第六冊〈附錄一〉，
（合肥：黃山書社，1994.07一版一刷），頁705。

[2] 段玉裁撰・楊應芹訂補：〈東原年譜訂補・附著述輯要〉，《戴震全
書》第六冊〈附錄一〉，頁704。

　　戴震逐一為之經考，析清原本禮制中糾紛不明之處，使禮之施作有源有據，避免禮在不斷實施衍流的過程中，因其傳制未明，言人人殊，導致禮文繁瑣、禮意不彰之病，戴震從制度實作及服飾名物上入手，自是很務實的思考。此外，戴震還校定了《大戴禮記》，使成善本；校補《儀禮》，做〈儀禮提要〉一卷，今《四庫全書總目提要》中所見之〈《儀禮注疏》提要〉、〈《儀禮識誤》提要〉、〈《儀禮識宮》提要〉皆出自戴震，推斷戴震補充《儀禮注疏》的《儀禮集釋》提要，也是戴震手筆。至於戴震完成的〈考工記圖注〉，至今仍受高度推崇，不僅補強說明了上古時代的科技文明史，使千古名物古器形構了然，從考古實證上檢視，戴震當時的灼見，亦有部分推論被不斷證實，故美國學者恆慕義（A.W. Hummel, 1884-1975）主編的《清代名人傳略・戴震傳》稱讚說：「該書使戴震一舉成名」[3]，實非過譽。

　　只不過戴震考訂禮制圖例，說明形器的目的，猶是為了解經，獨因其考定精審、器制說解周致，其真正的用心反而不易凸顯。他說：

> 茲斟酌古今，名實兩得，倘猶云失禮，則據《禮》證之固無失。倘云執《禮》太過，則必至是始於《禮》無識。君子行禮，不求變俗，要歸無所苟而已矣。[4]

3　聞人軍：《考工記導讀圖譯》，（臺北：明文書局，1990 年一版一刷），頁 130。

4　參戴震：〈答朱方伯書〉，《戴震全書六・東原文集卷九》，頁 370。

震鄙病同學者多株守古人，今於幼植反是。凡學未至貫本
末，徹精粗，徒以意衡量，就令載籍極博，猶所謂「思而
不學則殆」也。遠如鄭漁仲，近如毛大可，祇賊經害道而
已矣。[5]

第一條說明考禮的目的，是為了名實皆得，雖言執禮，卻不
必一味求其執古或言變俗，重點在於有所據、無所苟的行禮實
踐。為了說明「有所據」，所以考禮析禮；而為了求「無所
苟」，所以更必須斟酌古今、研禮治經。至於要如何以制度考析
為據，完就「無所苟」的禮文實踐呢？就必須有第二條中所說的
「學貫本末」的工夫。

第二條原是戴震回答任大椿（1738-1789）考辨《禮記》中
關於禘、祫二祭喪服禮制的書函。戴氏一方面勉勵任大椿，治經
當貫通本末精粗，不宜輕易指摘訾議舊說，其次亦批評長期以
來，人們治經偏重株守或玄思之失，指出一味株守古人的治學態
度固不可取，但學未有成，徒以己意衡量揣測，亦失之於「思而
不學」，更是差謬了制禮深意，賊經害道。由此可見，考經研經
的目的是為了更能「無所苟」地歸於「道」的理想，此和戴震主
張「故訓明則古經明，古經明則賢人聖人之理義明，而我心之所
同然者，乃因之而明」[6]的思考，顯然是一致的。

---

[5]　參戴震：〈與任孝廉幼植書〉，《戴震全書六・東原文集卷九》，頁
369。

[6]　語見戴震：〈題惠定宇先生授經圖〉，《戴震全書六・戴氏雜錄》，頁
504-505。

二、分理條理，皆其禮序

戴震在他的多部哲學論著中，於「理」、「禮」皆有所闡釋，他對「理」字，曾有以下定義式的說明：

> 理者，察之而幾微必以區以別之名也，是故謂之分理；在物之質，曰肌理，曰腠理，曰文理；得其分則有條而不紊，謂之條理。……聖智至孔子而極其盛，不過舉條理以言之而已矣。[7]

> 凡物之質，皆有文理。粲然昭著曰文，循而分之、端緒不亂曰理。故理又訓分，而言治亦通曰理。「理」字偏旁從「玉」，玉之文理也。……「理」字之本訓如是。因而推之，舉凡天地、人物、事為，虛以明夫不易之則曰理。所謂則者，匪自我為之，求諸其物而已矣。……凡言與行得理之謂懿德，得理非他，言之而是、行之而當為得理，言之而非、行之而不當為失理。好其得理，惡其失理，於此見理者，「人心之同然」也。[8]

在第一條中，戴震釋「理」為肌理、腠理、文理、條理，強調「理」的區別條分作用，他更指出，聖智如孔子者，亦不過舉條理以言其盛也。第二條中，戴震從字義上入手，同樣詳明理之

7　參戴震：《孟子字義疏證》卷上〈理〉，《戴震全書》第六冊，頁151。

8　參戴震：《緒言》卷上，《戴震全書》第六冊，頁89。

區分：從物理、事理續推，言萬事萬物不易之則為理。所謂「理」，不在個人之自為，而需求諸物，故人之言行、事為，若能得理而行，即謂懿德；反之，若言行不當，則是失理。此間，判斷「理」之當與不當的關鍵是「心」，所謂「心之所同然」者，這代表人心能做出應不應於理的心知判斷，此是非好惡的標準，是人人心中原具的普遍性規準，用戴震的話來說，即是「自然之極則」[9]。

只不過，心知必能主動地悅於理，此和言行實踐合於理，畢竟不可直接劃上等號，此間的罅縫，就有賴禮文化成以為補強。戴震說：

> 禮者，天地之條理也，言條理之極，非知天不足以盡之。即儀文度數，亦聖人見於天地之條理，定之以為天下萬世法。[10]

> 由其生生，有自然之條理，觀於條理之秩然有序，可以知禮矣；……惟條理，是以生生；條理苟失，則生生之道

---

[9] 戴震曾表示：「心知之自然，未有不悅理義者，未能盡得理合義耳。由血氣之自然，而審察之以知其必然，是之謂理義；自然之與必然，非二事也。就其自然，明之盡而無幾微之失焉，是其必然也。如是而後無憾，如是而後安，是乃自然之極則。」參戴震：《孟子字義疏證》卷上〈理〉，《戴震全書》第六冊，頁 171。

[10] 參戴震：《孟子字義疏證》卷下〈仁義禮智〉，《戴震全書》第六冊，頁 206。

絕。[11]

　　禮，是天地的條理，對照前文來看，天地的條理可為人事的
法則規範，聖人制禮定禮，透過禮的儀文度數，做為人們言行的
規準，一方面幫助人們明分條理，體察實踐禮文之秩然；其次亦
使人事條理得序，由禮文世法之盡理知禮，而天地生生亦得以暢
遂。由「理」之條理、文理，而言盡禮是條理之極，知天盡理亦
即盡禮暢生，此盡理、盡禮之實踐，不獨是聖人之所繫，亦是人
人生活的法則典模，戴震將理之條理和禮之秩序串聯，從生活各
項儀節施作上入手，無疑是一種積極面向生活的思考，和宋明以
來多言天理的形上思維，顯有大別。

第三節　焦循、淩廷堪、阮元的禮、理考察

一、焦循：禮重辭讓，理以啟爭

焦循對禮、理的考慮，重視二者的分析辨明，他說：

　　君長之設，所以平天下之爭也。故先王立政之要，惟在於
　　禮。故曰：能以禮讓為國乎？何有天下？知有禮而恥於無
　　禮，故射有禮，軍有禮，訟獄有禮；所以消人心之忿而化
　　萬物之戾。漸之既久，摩之既深。君子以禮自安，小人以
　　禮自勝，欲不治得乎？後世不言禮而言理，九流之原，名

11　參戴震：《孟子字義疏證》卷下〈仁義禮智〉，《戴震全書》第六冊，
　　頁 205-206。

家出於禮官，法家出於理官。齊之以刑，則民無恥；齊之
以禮，則民且格。禮與刑相去遠矣，惟先王恐刑罰之不
中，務於罪辟之中，求其輕重，析及豪[12]芒，無有差謬，
故謂之理。其官即謂之理官，而所以治天下，則以禮不以
理也。禮論辭讓，理辨是非。知有禮者，雖仇隙之地，不
難以揖讓處之。若曰：雖伸於禮，不可屈於禮也。知有理
者，雖父兄之前，不難以口舌爭之。若曰：雖失於禮，而
有以伸於理也。今之訟者，彼告之此訴之，各持一理，譊
譊不已。為之解者，若直論其是非彼此，必皆不服。說以
名分，勸以孫讓。置酒相揖，往往和解。可知理足以啟
爭，而禮足以止爭也。是故克己為仁。克己則不爭，不爭
則禮復矣！[13]

　　焦循指出，「禮」是先王立政行教的重要標準，設禮制禮的
目的在消忿化戾，這種自外至內的柔性化育，具有培成民人，摩
感漸善的作用，所以說能使君子、小人各自以禮自安、自勝。至
於「理」，則是刑罰以外的補強，理官治法重刑，講求剛性的裁
斷，論理必以是非明辨為察，務其輕重毫芒必較，以罪辟校論處
罰。於禮、理二者，焦循析以「禮論辭讓，理辨是非」，可說很
切當地指明了二者的差別。

　　他以父兄有隙為例，指出「禮讓理爭」的事為結果，強調

12　即「毫」，此處僅依原典錄入。

13　參焦循：《論語通釋》（木犀軒叢書本影印）「論禮」第一條，收入嚴
　　靈峰編輯：《無求備齋論語集成》第 22 函，（臺北：藝文印書館，
　　1966 年）。

「禮之用，和為貴」的倫理互動，往往更勝是非曲直的口舌譊譊，不如說以名分，勸以遜讓以代替是非仲裁，使爭執的雙方各讓一步，各自從克己入手，以禮讓和解，息止爭訟，所以他再再強調「能讓，復禮之效也」。[14]若以現今的語言來說，這種採取雙贏立場以息訟止爭的做法，顯然理想而高明，但問題是，事件發展既已進入論刑爭訟階段，如何僅能以「禮讓」止爭？焦循談禮的前提，是基於「知禮而恥於無禮」的情況，因人人知禮而能伸禮行禮，便能基於禮讓而預先避免爭端；反之，一個處處執理論刑的社會，即若以析理明刑論處，亦不免使人心不服。焦循強調禮的長期教養化成，以禮的倫理位序之分，克己守分之節，避免可能產生的論理爭訟，分析禮、理實踐的不同結果，可說是戴震言條理、禮序之外，以禮序禮文治世的理想說明。

焦循另指出：

> 明儒呂坤有《語錄》一書論理云：「天地間惟理與勢最尊，理又尊之尊也。廟堂之上言理，則天子不得以勢相奪。即相奪而理則常伸於天下萬世。」此真邪說也。孔子自言事君盡禮，未聞持理以與君抗者，呂氏此言亂臣賊子之萌也。[15]

此處同樣批評理與勢將導致相奪相爭的結果。依呂坤，勇於

14　參焦循：《論語通釋》「論禮」第一條、第五條，嚴靈峰編輯：《無求備齋論語集成》第 22 函。

15　參焦循：《論語通釋》「論禮」第二條，嚴靈峰編輯：《無求備齋論語集成》第 22 函。

持理抗君，伸理於萬世，是君子之行；但焦循批評說，事君盡禮是盡其臣分，呂坤所論係亂臣賊子之言。此間還需細較的是，焦循此條，表面上是說禮、理之別，實際上，還包括對宋儒主張的批判。盡其言責，諍諫以理，本來也是盡其臣分，倒不必直接等同於抗君，但焦循卻巧妙地以理勢相奪，指出一味「尊理」之病。他指出，避免廟堂未安的化解方法是回到禮，君子重禮讓，君臣便能各以其位勢之禮，以禮治立政行教，臣以禮，則不須抗；君以禮，則免於奪。

焦循以倫常位序論禮，取代廟堂爭尊論理的思考，不僅回應宋明以來，學者過分強調「天理」之失，亦不失事理、物理之明，他從政治現場，談禮、理之辨明，強調倫理生活因遜讓而得以條理安頓的化成之功，顯然有進於戴震，特別是由理之分理、條理、持理，轉向「禮讓理爭」是其特出所在。

二、淩廷堪：禮以復性，理必師心

朱熹主張「制禮為理」，戴震則認為「理」是條理、事理，「非事物之外別有理義」[16]，戴震從哲理、政治上，抵制朱子「以理殺人」，認為理若出於一己之心意，只不過是「意見」而已。[17]但對「理」、「禮」之辨，淩廷堪另有一番新見解，他認為：

---

[16]　參戴震：《孟子字義疏證》卷上〈理〉，《戴震全書》第六冊，頁158。

[17]　關於這部分的進一步闡釋，可參張壽安：《以禮代理——淩廷堪與清中葉儒學思想之轉變》，（石家莊：河北教育出版社，2001.11 一版一刷），頁213。

自宋以來，儒者多剿襲釋氏之言之精者，以說吾聖人之遺
經，其所謂學不求之於經，而但求之於理，不求之於故
訓、典章、制度，而但求之於心。好古之士雖欲矯其非，
然僅取漢人傳注之一名一物而輾轉考證之，則又煩細而不
能至於道。[18]

　　凌氏的批評顯然比戴震來得激烈。他認為理學家不過剿襲釋
氏精粹以「說」聖人遺經，學習不求於經而求於理，不求於故訓
典章，而求於心，便會流於憑空臆測，矜奇炫博。今人不明，雖
欲矯其非，但僅取漢人傳注以名物輾轉考證，不僅治經方法錯
誤，況且這種煩細之學，畢竟「不能至於道」。解決的辦法，便
是回到典章制度，從典章制度中，重新探求理則禮義，以六書、
九數及於典章制度，以可資徵驗的實事為準據，便能不掛空
「理」，以禮秩、禮儀、禮節、禮文之實踐，達到儒學治世的理
想。

　　這段文字不僅指出凌廷堪對宋儒以心性之理解經的恣睿，還
表明他對當代學者研經工夫的評斷。學經、治經的目地，原是為
了明道，道如何能明？即是禮。舍禮無以言道，禮之外，別無所
謂學也。考於故訓，析明典章儀節，目的都是為了學禮，學禮即
是學習聖人之道，簡單來說，學禮即能明道。

　　凌廷堪指出：

──────────
18　參凌廷堪：〈戴東原先生事略狀〉，收入凌廷堪撰‧紀健生校點：《凌
　　　廷堪全集》第三冊《校禮堂文集》卷 35，（合肥：黃山書社，
　　　2009.03），頁 322。

> 聖人之道，至平且易也。《論語》記孔子之言備矣，但恒
> 言禮，未嘗一言及理也。……其所以節心者，禮焉爾，不
> 遠尋夫天地之先也；其所以節性者，亦禮焉爾，不侈談夫
> 理氣之辨也。[19]

凌廷堪不僅直接辨析了「理」、「禮」之異，認為那些空言釋氏
幽深微眇言論者，是異端之學，遠尋一個天地之先的根源，亦不
過侈談而已。聖人之道應本乎禮而言，如此便不會空無所依，因
為「理」是虛的，「禮」才是實的，「說聖人之遺書，必欲舍其
所恒言之禮，而事事附會於其所未言之理，是果聖人之意邪？」
[20]聖人主張即是「禮」字，「理」是聖人所未言者，故凡言
「理」不以「禮」者，當然是空談。

　　他又說：

> 聖人之道，本乎禮而言者也，實有所見也；異端之道，外
> 乎禮而言者也，空無所依也。……顏淵問仁，……孔子告
> 之為仁者，惟禮焉爾。……夫仁根於性，而視聽言動則生
> 於情者也。聖人不求諸理，而求諸禮，蓋求諸理必至於師
> 心，求諸禮始可以復性也。[21]

---

[19]　參凌廷堪：〈復禮下〉，《凌廷堪全集》第一冊《禮經釋例·卷首》，
　　　頁 17-18。

[20]　參凌廷堪：〈復禮下〉，《凌廷堪全集》第一冊《禮經釋例·卷首》，
　　　頁 19。

[21]　參凌廷堪：〈復禮下〉，《凌廷堪全集》第一冊《禮經釋例·卷首》，
　　　頁 18-19。

此處對比聖人之道和異端之道：聖人言禮，異端言理；孔子講行
仁之方，從四勿工夫上說，「克己復禮為仁」之所以可能，依朱
熹，是因為克制己身之私欲，從而使禮作為天理之節文，得以表
達[22]。清代學者自戴震始，無不對此大作文章，直指朱子謬誤。
姑不論學者個人的論述如何，大抵來說，共同反對理學空疏之
病，正視人情欲望，是其共同指向。此處凌廷堪論聖人之道本乎
禮，更直接把為仁、行禮畫上等號，聖人求禮故可「復性」，禮
重分寸節度，可以節性、節心，視聽言動既生於情，以禮調節根
於心性之情，便無需於理氣之辨。凌廷堪將夫子談仁，與考經求
禮連在一起看，聖人之道、古之遺經皆無非是禮，強調以禮節
心、復性的主張，亦明顯進於戴震。

三、阮元：威儀勤禮，節性敬德

阮元對禮的表述，其最直截鮮明者，莫過於他對《論語》
「克己復禮」章的詮釋。阮元在「論仁」開篇時，已將孔門之
「仁」定調。他說：

> 以此一人與彼一人相人偶而盡其敬禮忠恕等事之謂
> 也。……必於身所行者驗之而始見，亦必有二人而仁乃
> 見，若一人閉戶齊居，瞑目靜坐，雖有德理在心，終不得
> 指為聖門所謂之仁矣。[23]

---

[22] 說詳朱熹：《四書章句集注·論語集注》，〈顏淵〉，（臺北：大安出
版社，1999.12 一版三刷），頁 182。

[23] 阮元：〈論語論仁論〉，阮元撰·鄧經元點校：《揅經室集·揅經室一
集》卷 8，（北京：北京中華書局，2006.06 重印一版二刷），頁 176。

這段文字有幾個重點：其一，阮元採取許慎「相仁偶」見解，從語言文字上分析，「仁」必於二人以上方可得見，若一人閉戶齊居，則無所謂仁；復次，「仁」之踐履，必由實事徵驗始見，無法瞑目靜坐尋得；第三，「仁」的內容，包含「敬禮忠恕」等事，且惟在行事上，「盡」其德目，方可謂之仁，若僅「德理在心」，則不可稱為孔門之仁。

在「克己復禮」章中，阮元更表示：

> 顏子「克己」，「己」字即「自己」之「己」，與下「為仁由己」相同，言能克己復禮，即可並人為仁。……仁雖由人而成，其實當自己始，若但知有己，不知有人，即不仁矣。……由己不由人反詰辭氣與上文不相屬矣。顏子請問其目，孔子答以四勿。勿即克之謂也。視、聽、言、動，專就己身而言。若克己而能非禮勿視、勿聽、勿言、勿動，斷無不愛人，斷無與人不相人偶者，人必與己並為仁矣。……一部《論語》，孔子絕未嘗於不視、不聽、不言、不動處言仁也。顏子三月不違仁，而孔子向內指之曰：「其心不違」。可見心與仁究不能使之渾而為一曰：「即仁即心也。」此儒與釋之分也。[24]

阮元釋「克己」之「己」為「自己」，「克」即「勿」之意，和朱注言「克己」為「克除私欲」二字連訓不同。他一方面

---

[24] 阮元：〈論語論仁論〉，《揅經室集・揅經室一集》卷 8，頁 181-182。

批評朱注辭氣不相屬，一方面將「克己」和「為仁」並觀，說明個人視、聽、言、動之行，必然與人相涉，從而主張「復禮」即是「行仁」。禮的內容既包含「視、聽、言、動」四者，行仁亦必由此得見，故無所謂虛玄的「即仁即心」之論。從「視、聽、言、動」四者的實踐實行，往內指向夫子「其心不違」，孟子之「仁內」，然而若再細究「內之至」的核心，亦不過「視、聽、言、動」四者而已。

「復禮」既然必須由「視、聽、言、動」上實踐，那麼要如何實踐？阮元說要「勤威儀」。「聖人作禮樂以節之，修道以教之，因其動作以禮義為威儀。……能者勤於禮樂威儀，以就彌性之福祿。不能者惰於禮樂威儀，以取弃命之禍亂」[25]，以禮樂節度，勤身修道，從體貌容止、聲氣動作上要求，謹慎言行，柔嘉容色之人，使人人敦禮自守，威儀勤禮，修學力行，而成其德教。

至於「理」，阮元釋《周易・說卦傳》「窮理盡性，以至於命」及「將以順性命之理」時，指出：

> 「理」即《禮記・樂記》「天理滅矣」之理。性命即孟子「性也有命焉，命也有性焉」之性命。聖人作《易》通天道，故窮理盡性以至於命也。[26]

阮元主張，聖人作《易》，是為了使人們「窮理盡性以至於命」，

25　阮元：〈性命古訓〉，《揅經室集・揅經室一集》卷 10，頁 217。
26　阮元：〈性命古訓〉，《揅經室集・揅經室一集》卷 10，頁 213。

有一條可依循的道路，故他把〈說卦傳〉中所說之「理」，等同於「性命之理」。至於「性、命」如何定義？

阮元說：

> 惟其味、色、聲、臭、安佚為性，所以性必須節……惟其仁、義、禮、知、聖為命，故命必須敬德，德即仁、義、禮、知、聖也。……《詩》曰：「古訓是式，威儀是力。」此之謂也。[27]

阮元指出，「性」是一種感官活動，必須節制，故他主張「節性說」；「命」的內容，有道德綱目，故命須敬德；「敬德」該當如何？即是前文所說的「勤威儀」、力行威儀。

此處很明顯看到，阮元已不著意於「理」的分析辨明，甚至直接把諸德和禮文威儀畫上等號，從具體實事上考察，要求人人從自己做起，行禮修德，在視、聽、言、動上要求威儀，以禮之分寸節度，官人安民，所以說「視、聽、言、動不涉家國天下一字，而齊、治、平之道具在」。[28]

若對比焦循、淩廷堪、阮元三人於「禮」、「理」論題的看法，可以發現，通過禮文不斷被落實踐履，運用考經研禮的方式，說明禮的道德規範，將典章制度、儀節規準之為法式的背後意義，進一步強化凸顯出來，除了有意批評宋儒論「理」的主張外，於戴震談「理」之物理、條理之真實具體，焦、淩、阮亦分

---

[27] 阮元：〈性命古訓〉，《揅經室集・揅經室一集》卷10，頁212。

[28] 阮元：〈論語論仁論〉，《揅經室集・揅經室一集》卷8，頁181。

別有其改造或忽略，此由「理」到「禮」的轉折，可說隱含著由理禮辨析，轉化為禮制實踐之思，而以移風易俗、文化改造為「用」的契合融通，其目的，係為強化其倫理結構，使充盡群體之善。

第四節　「禮、理」論題的繼承與轉化

通過前文說明，可以發現，焦循、凌廷堪、阮元三子討論理、禮內涵，對比於宋明學者關注形上之理、戴震論形著實物之理，揚州三子—焦循、凌廷堪、阮元，更強調人類生活善美的可能，可從檢證古經、具體生活上尋得一條人類文明啟蒙的轉進之路。換言之，以禮代理的考慮，不僅是在考據思潮蓬勃發展的時代氣氛下，以禮制發展尋得可為當時生活遵循的矩矱；更是人們面向社會生活，透過禮文實踐的過程與成果，論其行為舉止為何如此、該當如何、可以如何的問題。

一、復禮復性，首重血緣親情

戴震曾說：「聖人之道在六經。漢儒得其制數，失其義理；宋儒得其義理，失其制數」[29]，指出漢宋治經之偏；但他又說：「理義不存乎典章制度，勢必流入異學曲說而不自知，其亦遠乎先生之教矣。」[30]強調唯究典章之考，方不墮於曲說的學術立場。顯然，對戴震來說，周遍於六經的詳考，不僅能全面得知聖

---

[29] 參戴震：〈與方希原書〉，《戴震全書六‧東原文集卷九》，頁375。

[30] 語見戴震：〈題惠定宇先生授經圖〉，《戴震全書六‧戴氏雜錄》，頁505。

人之道，而兼善制數、義理的研究，才是學者治經，研究理義的
正確態度。

　　焦、淩、阮三人的治經主張，基本上雖同於戴震，但戴震併
言《六經》理義的討論，到了焦、淩、阮則轉以「禮」為核心。
此中，淩廷堪所論，最為精詳，他說：

> 父子當親也，君臣當義也，夫婦當別也，長幼當序也，朋
> 友當信也，五者根於性者也，所謂人倫也。而其所以親
> 之、義之、別之、序之、信之，則必由乎情以達焉者也。
> 非禮以節之，則過者或溢於情，而不及者則漠焉遇
> 之。……故曰：「非禮何以復其性焉」。是故知父子之當
> 親也，則當為禮醮祝字之文以達焉。其禮非士冠可賅也，
> 而於士冠焉始之。[31]

這段文字很明白地指出，人倫譜系的安立，使五倫各當其位、各
達其情的生活，便是禮的核心內容。「禮」是一種分寸節度，禮
的性能，重點在別同異[32]，同則相親，異則相敬。別異，從功用
上說，是區別人倫份位，為人行事依禮、習禮、行禮，便能使每
個人在宗法倫理的親親位階上，各安其份，尊賢敬長，由此導正
風俗、行人倫之教，是人倫精神的踐履；同時，還能進一步因知
禮行禮而由禮復性。特別值得說明的是，淩氏在五倫次序的安排

31　參淩廷堪：〈復禮上〉，《淩廷堪全集》第一冊《禮經釋例・卷首》，
　　頁 13-14。
32　王先謙：《荀子集解・樂論》：「樂合同，禮別異，禮樂之統，管乎人
　　心矣。」，（臺北：華正書局，1993.09 初版），頁 255。

上，係以「父子倫」為首出，而不以「君臣」，可見他所欲恢復的禮學傳統，是以「自然血緣」為首出的儒學傳統；而不是宰制式的，以「位階高下」為中心的「封建帝制」傳統；淩氏所欲恢復的禮學，並不是純為政治、帝王而服務的，順服式的倫理型態，而是以親情血緣為中心，由家庭人倫之樂推擴及於宗族鄉黨；由倫理條序談禮用如何發揮親之、義之、別之、序之、信之的效驗，以達社會的總體和諧。換言之，至微至隱之性，通過倫常生活的行為實踐，以恰如禮分的方式表現出來，此便是人性之至中。淩氏不強調人性的本質內涵，而由性分被表現處，談復性之所以可能的方式，以禮復性，自是強調人性落實為形器表現後，如何順當合禮、合於規制的問題。

除了藉由禮的規範節制，使人情通達，明分達禮外，以父子來說，父子之親又該如何被表現出來呢？淩氏指出，必須通過禮醮祝字等禮文典制來表達。因為五倫的位序關係不同，義分亦各有別，若不詳考其實，也就不免因錯亂了禮制禮容，而委曲了禮文禮意。

醮，是古代婚禮、冠禮中的一種儀節；祝，言祭祀禱詞；父子親情之禮，必須用父子相處時應有的禮儀典制來表達，所以說「非士冠可賅」。但又何以說「於士冠焉始」？這是因為古代男子廿歲加冠以示成年，而冠禮，自始至終都由將冠者的父親籌辦。加冠的過程儀節繁複，禮成冠畢，冠者已成人，以後就用成人的禮與人應酬。嚴明「士冠禮」禮分位序的表現，表示一名父親培育並尊重其子已經成人，向宗祧祖廟宣告引導進入社會的禮。故士冠禮看似繁瑣的儀節，詳細的步驟規制，正顯示出為人父者的愛重期許之深，勉行勵志之切。所以說「君子學士冠之

禮，自三加以至於受醴，而父子之親油然矣。」[33]父子親情，雖不僅是由「士冠禮」可以涵括，但通過父親為其子籌辦加冠的過程，卻可得見父子親情血緣的流布；凌氏舉「士冠禮」為例，將禮容、禮意予以高度的融合，言父子倫理生活的體現，即是禮俗儀節的踐履落實，可說親切而有徵。

二、融《易》於《禮》的「時用」目的

　　焦循也和凌氏一樣，於禮學考證時有關注。他的《禮記補疏》三卷，一名《禮記鄭氏注補疏》，即是在其早年《禮記索引》五卷的基礎上，重新刪定完成的。其書雖和《禮經釋例》一般，欲以名物訓詁闡發經義，但全書 115 條考證，都是針對孔穎達《禮記正義》疏漏及糾正鄭玄注《禮記》之誤而發。其他另有：手批《三禮注疏》、《三禮便蒙》、《群經宮室圖》及散見於《禹貢鄭注釋》、《論語通釋》、《孟子正義》與《雕菰集》中的資料等。不過，焦循治《禮》，不論從內容及數量上說都遠不及於《易》，於《禮》的關注，亦多集中在制度、名物、度數的校勘糾誤考辨，於義理的闡發甚乏，也沒有足以貫串禮學的核心說明。博觀通核是焦氏治經專長所在，運用通覽考釋之法以釋《禮》，使廓清訂錯、詳析論證亦可推見，其實，焦循更盼望能藉由考察群經，指出群經和《易》的關係，故他表示：「十數年來，專力於《易》，未之計也……於大道未之能及，衰病氣羸，

---

[33]　見凌廷堪：〈復禮上〉，《凌廷堪全集》第一冊《禮經釋例・卷首》，頁 14。

亦不復能闡其精微而增益之」[34]，正可說明了他從事群經補疏的初衷。

　　剋就《禮》而言，其必須補益以揚其精微之處為何？焦循有以下的說明：

> 孔子雅言《詩》、《書》，執《禮》。聽、視、言、動皆立於禮，所以言執。執禮，猶據德也。若《詩》、《書》則不執矣。[35]

> 《記》之言曰：「禮以時為大。」此一言也，以蔽千萬世制禮之法可矣！……且夫所謂時者，豈一代為一時哉！開國之君，審其時之所宜，而損之益之，以成一代之典章度數，而所以維持此典章度數者，猶必時時變化之，以挽民之偏，而息民之詐。……伏羲、神農之時，道在折民之愚，故通其神明，使知夫婦、父子、君臣之倫，開其謀慮，使知樹藝、貿易之事。生羲、農之後者，知識既啟，詐偽百出，其黠者往往窺上之好惡以行其姦，假軍國之禁令以濟其賊，惟聰明睿智有以鼓舞而消息之，故黃帝、堯、舜氏作，通其變使民不倦，神而化之，使民宜之。通其變而又神而化，所為民可使由之，不可使知之，殺之而不怨，利之而不庸，民日遷善而不知所以為之者，治之極

34　參焦循撰‧楊家駱主編：《雕菰集》卷 16〈禮記鄭氏注〉，（臺北：鼎文書局，1977.09 初版），頁 275。

35　參焦循：《論語通釋》「論據」第二條，嚴靈峰編輯：《無求備齋論語集成》第 22 函。

也。禮之經也，明明德矣，又必新民、知止而歸其要於絜
矩，因天命之性以為教矣，又必不動而敬，不言而信，而
歸其要於無聲無臭，篤恭而天下平，於大有為而見其恭，
己無為於必得其名而見其民無能名，吾於〈禮器〉、〈禮
運〉、〈大學〉、〈中庸〉等篇得其微焉。[36]

　　第一條指出，人們的所有行為都和禮有關，所以說，聽、
視、言、動皆立於禮。執禮，猶據德，道德實踐必須時時執守，
此孔子言執《禮》之深意所在。第二條指出，《禮》的核心精
神，即時用。既重「時」，故非為一代一時；既言「用」，故需
審時、隨時而執守，因為執禮就是據德；制禮之要，必須因格損
益，審時為用。禮法度數之作，上古重在啟蒙開愚，中古重在止
姦轉偽，其最終的理想在使民人遷善，日新其德。最重要的是，
此禮文德教，還具備有可落實的通變神化作用，無聲無息而天下
太平，既大有為於天下，卻篤恭無為而無能名，所謂「百姓日用
而不知」是也。焦循最後更明白指出，此治世極則，可於〈禮
器〉、〈禮運〉、〈大學〉、〈中庸〉諸篇，得其精微。

　　焦循〈禮記鄭氏注〉及他手批的《十三經注疏》稿本，包括
《禮記補疏》，初做於焦氏十九歲時，晚年的焦循已無暇再大幅
增修，不過這段對《禮記》的討論，顯然和焦循後來長期注力於

---

[36] 參焦循撰・陳居淵主編・郭曉東校點：《雕菰經學九種（上）・禮記補
疏》〈禮記補疏序〉，（南京：鳳凰出版社，2015.10 一版一刷），頁
289-290。併見焦循撰・楊家駱主編：《雕菰集》卷 16〈禮記鄭氏
注〉，頁 274-275。此二書文字自「禮之經也……得其微焉」略有出
入，此處引文依《雕菰經學九種（上）》新校本為定。

易學研究的思考相同。《易·文言·乾》：「隨時之義大矣哉」，《繫辭》將其歸納為「變通者，趨時也」，前揭焦循對《禮》諸篇的分析，除了汲取於他的易學思考外，更暗示了他對社會變革的理想願望，或者可以說，以「時用」的易學觀點考釋禮經，使典章度數的運作及維持，使民不倦且宜之，使民殺之不怨，利之而不庸，在倫理之內，條理安頓夫婦、父子、君臣之倫，講親親減殺，併同前文已談過「禮讓理爭」的考慮，便能達到明德新民的治世理想。

焦循特別強調，禮的遷善作用，在新民知止、明分篤恭的大有為之功，但歸結來說，又是無聲無息、得名而無名的通變神化；換言之，平天下是一個逐漸啟蒙變化的歷程，上位者恭己無為而大有為，民人受其裁化而不知，正是易道通變隨時的運化之功。將禮文之教與易之裁化實踐勾連在一起，併同指向清明太平的可能，是焦循自言於〈禮器〉、〈禮運〉、〈大學〉、〈中庸〉諸篇的精微所在，其實亦正是他對清明盛世的文化與政治期許。

三、稽考剖析，禮即治政善法

對於焦循將釋禮闡微和易道的時變裁化思考相連，阮元則有其他的關注。阮元為段玉裁《漢讀攷周禮》作〈序〉時，曾說：

> 稽古之學，必確得古人之義例，執其正，窮其變，而後說之也不誣。政事之學，必審知利弊之所從生，與後日所終極，而立之法，使其弊不勝利，可持久不變。蓋未有不精於稽古而能精於政事者也。……於語言文字剖析如是，則

於經傳之大義，必能互勘而得其不易之理可知。其為政亦
必能剖析利弊源流，善為之法又可知。[37]

此條雖是討論考禮的方法，但阮元卻將稽考之學和政事執行
相勾連，並指出，精於稽古而能精於政事之所以可能，是因為二
者的方法進路相同，都必須透過執正窮變、審知利弊，才能做出
正確的裁斷，得出持久不變的不易之理，換言之，透過對語言文
字、經傳大義的考證互勘，剖析義例的治禮活動，可轉化成治政
之善法。阮元論禮再再論及「勤威儀」，禮治七情十義，威儀則
是人之體貌的最近之地，所謂「禮儀三百，威儀三千」者，由言
行之所自出，談個人道德上的謹慎言行、威儀是力，到倫理位序
上，君臣、上下、父子、兄弟、內外、大小必相教訓以威儀，故
能君子勤禮，小人盡力，由敬慎禮樂威儀，而止於至善。

阮元對禮高度推崇，不僅將考禮與政法相連，甚至將諸經要
義也收攝在禮的範圍內，他說：

> 禮者何？朝覲聘射，冠昏喪祭，凡子臣弟友之庸行，帝王
> 治法，性與天道，皆在其中。《詩》、《書》即文也，禮
> 也。《易象》、《春秋》亦文也，禮也。〈大學〉、〈中
> 庸〉所由載入禮經者以此。其事皆歸實踐，非高言頓悟可
> 以掩襲而得者也。[38]

---

[37] 阮元：〈漢讀攷周禮六卷序〉，《揅經室集・揅經室一集》卷 11，頁
241-242。

[38] 阮元：〈石刻孝經論語記〉，《揅經室集・揅經室一集》卷 11，頁
238。

　　此處所論，既深和阮元將夫子學問析為實事實行的主張，再次回應「克己復禮」之「禮」、忠恕一貫之道，皆為實事，同時，阮元更把威儀行禮的修身實踐，和倫常生活及帝王治法相連，舉凡《詩》、《書》、《易》、《春秋》所論，無一不是禮之治法所施，所以說諸經之文無非《禮》也，統攝群經歸禮的設意鮮明。

　　阮元由《六經》皆周、魯遺典，孔子述《六經》，集古代帝王聖賢學問之大成處考察，說孔子之學、《六經》之道不涉於虛，且能推極帝王治法而用乎中，故言《六經》皆禮。從經典發展延續的歷史脈絡，談《六經》與夫子之學、《論語》、《孝經》和禮的關係，從而對比夫子「忠恕一貫」之道，是實政實行，《六經》亦皆禮的實踐。[39]如此勾連比附為說，自然漏洞百出，而逕言《六經》皆禮，亦明顯語多差謬，然推究阮元所主張的，既非經學知識的明察判斷，也不是邏輯系統的推理分析，他之所以如此論述的目的，無非是要抬高《論語》、《孝經》地位，強調這兩部經典之所以能終身受用，都是因為可以「實行實事」。然而，實事實行的內涵是甚麼呢？從小民個人來說，是修身；從士、君子來說，是勤威儀；從君卿來說，便是治政之法。舉凡個人之修學力行，敦禮自守；到家國天下之治，使有威而可畏，有儀而可象，誠篤畏愛，故能上下相固，而昌明平治。此不僅是阮元欲以禮文治世的理想，同時也得益於他長期學政兼達的雙重身分之啟，其企盼深思，可見一斑。

39　此可併參阮元：〈孝經解〉、〈論語解〉、〈論語一貫說〉，《揅經室集・揅經室一集》卷2，頁47-54。

　　阮元的其他作品，如：〈惠半農先生禮說序〉、〈任子田侍御弁服釋例序〉、〈張皋文儀禮圖序〉、〈王實齋大戴禮記解詁序〉、〈焦里堂循羣經宮室圖序〉等諸篇，雖為應酬文字，但亦可管窺阮元傳達他由治經要求，轉向現實生活與治法善政的思考，或者也可以說，與其論阮元強調經典考據進路，必守實證訓釋的主張，毋寧更可說是他用這套方法，來對應「虛靜之理」、「靜觀寂守」，在闢道佛、排理學之餘，進一步提出他的生活應用及治政文化之思。

　　這是因為，阮元認為治經由研禮始，雖可收事半功倍之效[40]，然而「余以為儒者之于經，但求是而已矣，是之所在，從注可，違注亦可，不必定如孔、賈義疏之例也。」[41]阮元自言他所作的〈考工記車制圖解〉便有多處異於鄭氏所說，彼時甚至與凌廷堪移書爭見，但阮元依舊堅持個人創發之新見，直至有里堂同調，方知所見不孤。他更進一步評議焦、凌二人研禮知見時說：「里堂所抒者心得也，次仲所持者舊說也。」[42]強調治經研學，既不能一味株守、也不能憑臆空談，必以心知其意而後能言。證諸前文阮元對禮用威儀的關注及闡明，即可知是他的「心得」之論，亦是他談「所見似創而適得夫經之意也，所解似新而適符乎

----

[40]　阮元說：「予嘗以為讀禮者當先為頌，昔叔孫通為綿蕝以習儀，他日亦欲使家塾子弟畫地以肄禮，庶于治經之道，事半而功倍也。」參阮元：〈張皋文儀禮圖序〉，《揅經室集・揅經室一集》卷11，頁245。

[41]　參阮元：〈焦里堂循羣經宮室圖序〉，《揅經室集・揅經室一集》卷11，頁250。

[42]　參阮元：〈焦里堂循羣經宮室圖序〉，《揅經室集・揅經室一集》卷11，頁250。

古之制」[43]的落實，換言之，如何在經典詮釋的過程中，雖發其新見，卻能符於古制合於經意，便是阮元注經用心所在，而此思考，是通過衡定古今的新創之得，更是他所欲寄託的治世理想。

　　淩廷堪、焦循、阮元三人，不再著意於「理」之本質根源，而以禮文實踐取代形上意義的探索，談禮文之發用落實如何可能，透過禮之時用效驗，可為治世善法，而且可以順暢民人百姓的日常，禮不僅是倫理生活、是道德的，也是價值文明的、是治道之極。

第五節　結　語

　　透過以上的分析，可以發現，焦循、淩廷堪、阮元三人均具備「以禮代理」傾向，強調禮為世用的務實關懷，或以為文化改造之思，或提出治政南箴，基本上都是為了回應世局，期許總體社會能在文化、文明上繼續向上提升。雖然，就經典詮釋進路上說，三人皆踵繼戴震而來，採取以訓詁明義理的方式，但此三人討論經義的內涵及目的，畢竟仍有不同偏重。

---

[43] 阮元針對當時學者治經株守傳注的缺點，曾指出：「夫不從傳注憑臆空談之弊，近人類能言之，而株守傳注曲為附會之弊，非心知其意者未必能言之也。」故他以此語，稱讚焦循治經所見所解頗有新創之功。參阮元：〈焦里堂循羣經宮室圖序〉，《揅經室集・揅經室一集》卷 11，頁 250。觀阮元〈明堂〉、〈車制〉諸論及他談六經皆禮的看法，亦可視為是他的「新」、「創」、「心得」所見。

一、「以禮代理」的論題轉換與改造

　　三人中，焦循最能在繼承發揮戴氏的義理思考。戴震強調析明理義，談事理、物理、條理，反對形上天理、抽象虛理之漫溯；焦循對「理」的內涵闡述，不僅等同於戴震，更在他的巔峰之作《孟子正義》中，大量直引戴氏《孟子字義疏證》。他在辨析《孟子‧告子上》「理義之悅我心」處，不僅無一處更動戴震看法，將「理義」析為「心之所同然者」；也主張「理者，分也」、「理分於道」[44]。可以說，對比於探究「理」的形上根源，焦循同於戴震，更多是從具體的「分理」、人心情欲之順遂上，並言「理義」之宜。

　　焦循言「禮」，則從制度名物上，敘明器物典儀沿流，博采群籍，匯輯比觀，討論禮制因革損益之共時性及歷史性發展。此中，不論是《三禮便蒙》引史學之「綱目體」以治經，或《三禮注疏》以手批讀書點評方式，分為校勘與釋義兩端，焦循在選擇、組織、融貫考證資料時，亦僅是隨機訂錯乙正，故雖不可斷言焦氏無意於《禮》，但釐清釋證，考察經、注屬文義法的善校精讀之功，其博觀約取的治學涵養，則更勝於零散的釋禮之見。

　　於併言禮、理二者時，焦循則明白指出「禮讓理爭」，認為徒論虛理不講實理者，僅是一種「意見」上的「據守」，研治經學必須「證實運虛」[45]，從「理之分，義之宜」[46]上觀察推求，

---

[44]　參焦循：《孟子正義下》卷 22，「心之所同然」條。（北京：北京中華書局，2004.02 重印一版五刷），頁 765-774。

[45]　焦循曾說：「證之以實而運之於虛，庶幾學經之道也。」參氏著《雕菰集》卷 13，〈與劉端臨教諭書〉，頁 215。

最後才能各正性命、保合大和。他提出以禮讓止息論理之爭，強調禮之位序分寸，禮用的行為表現，禮容的文飾節度，重視謙讓和諧，理則不講情誼，務以意見正誤為先。持平來說，若論「理」則無所謂宜不宜，而是應不應的問題，焦循適度弱化了「適宜」與「應當」的界域，如此，「理義」便適度地被「禮義」取代了。同時，用易卦旁通陰陽之轉，談禮之大本析分陰陽，則明顯是「攝禮歸易」的考慮[47]，既無關於釋《禮》、釋《易》，亦已拋開經典詮釋採取考據的方法，離開經學樣貌，而純係焦氏個人獨特的建構，通過論題轉換，析經明《易》的目的，旨在藉易道變化，建構焦循個人的「一貫」哲學譜系。

　　焦氏善演繹，凌氏則強於歸納；凌廷堪則從回返古經古義上歸納義例，提出「以禮復性」、「為仁惟禮」的看法。他採取博考詳辨之法，運用眾說引證，發微定訛，務期使《儀禮釋例》一書，無隱滯之義，無虛造之文，使禮文完具，步武朗然。凌廷堪指出：

> 竊謂五常實以禮為之綱紀，何則？《記》曰：「仁者，人也，親親為大。義者，宜也，尊賢為大。親親之殺，尊賢之等。禮所生也。」是有仁而後有義，因仁義而後生禮。

---

46 參焦循：《易話》上〈道德理義釋〉。收入焦循：《焦氏叢（遺）書》，（臺北：新文豐出版公司編：《叢書集成三編》第九冊，1996年）。

47 參焦循：《易話》下〈說太極〉：「《記》用易以明禮，而所以發明易者，了然可見。」收入焦循：《焦氏叢（遺）書》，（臺北：新文豐出版公司編：《叢書集成三編》第九冊）。

故仁義者，禮之質幹；禮者，仁義之節文也。夫仁義非物
也，必以禮焉為物；仁義無形也，必以禮焉為形。所謂道
也，即君臣、父子、夫婦、昆弟、朋友，五者天下之達道
也。《記》曰：「致知在格物。」物者，禮之器數儀節
也。若泛指天下之物，有終身不能盡識者矣。[48]

前文已經提過，淩氏認為夫子恆言禮，但未言理；此條則可見，
他將仁義轉以改言仁禮，並指出仁義之施，必以禮之器數、儀節
的形著為原則。將原本談「仁、義、禮、智、信」的五常之道，
轉以言親親尊賢之等，禮因仁義而生，故後人只要習禮便能識
仁，以格物為考禮，尋自故訓，便能更好地致知，求諸禮以復
性。此宋儒重義理，故言「理」，談格物為窮理；次仲重考據，
故言「禮」，談格物即是格禮；戴震深斥宋儒以言理者，淩廷堪
乃易之以言禮之謂也。[49]顯然，對淩氏來說，格定禮之器數、名
物，從儀節制度上以習禮習仁，「以禮代理」，便可避免「求諸
理必致於師心」之弊，圓成「求諸禮始可以復性」[50]的理想。

雖然，淩氏以復古為上，唯禮是從的思考，亦使淩氏在義理
辨析上，進退失據，屢見差謬，而其據古保守、僵固獨斷式的討
論亦不乏引發滋疑，然其特重禮序、器數儀節施作之詳辨踐履，

---

[48] 淩廷堪：〈復錢曉徵先生書癸亥冬〉，《淩廷堪全集》第三冊《校禮堂
文集・卷24》，頁215。

[49] 參錢穆：《中國近三百年學術史・下》第十章，（臺北：臺灣商務印書
館，1996.07臺二版二刷），頁546-547。

[50] 淩廷堪：〈復禮下〉，《淩廷堪全集》第一冊《禮經釋例・卷首》，頁
18。

帶動嘉道以後考禮研禮的大量研究，亦具引領開啟之功。

　　阮元是三子中，專以纂輯群書稱著者，他也和戴震一樣，強調守古訓以發明義理，且務期推溯至最古的義訓，即為最高真理。不僅逐一歸納古訓，加以條貫，且寧繁勿漏，繼乃為之統整，務期「推明古經，實事求是」。他曾表示，往昔頗「有志於撰《周禮義疏》，以補賈所未及」，可惜「宦轍鮮暇，惜難卒業」[51]，足見他對治禮的興趣。阮元從實事實行的角度，談《六經》之文，無非禮也，專就「禮」而言，他主張三禮都應考諸漢、唐，因為漢唐去古未遠，其義較真。

　　然而非常特別的是，雖然宋儒的解經方式頗為阮元所棄，但他對朱熹《儀禮通解》卻未嚴加批判，甚至還說：「朱子作《通解》，於《疏》之文義未安者多為潤飾，在朱子自成一家之書未為不可，而明之刻《注疏》者，一切惟《通解》是從，遂盡失賈氏之舊。……於《儀禮注疏》舊有校本……定其是非……參以《釋文》、《識誤》諸書，於以正明刻之譌。雖未克盡得鄭、賈面目，亦庶還唐、宋舊觀。……寧詳勿略，用鄭氏家法也。」[52]此間，不僅說朱子《通解》可為一家之言，肯定他條順文義的貢獻，還歷數《儀禮》注疏源流，指出鄭注、賈疏，乃至宋明以來治《儀禮》之偏，顯然，考鏡源流，稽古校勘是治《儀禮》較可行方法。

　　推阮元之所以未批評朱子《通解》，實是基於朱子晚年對禮

51　參阮元：〈惠半農先生禮說〉，《揅經室集·揅經室一集》卷 11，頁 239。

52　參阮元：〈十三經注疏校勘記序十三篇〉，〈周禮、儀禮、禮記〉，《揅經室集·揅經室一集》卷 11，頁 256-258。

的看法，暗合於阮元之思。阮元說：

> 朱子中年講理，固已精實，晚年講禮，尤耐繁難，誠有見
> 乎理必出於禮也。古今所以治天下者禮也，五倫皆禮，故
> 宜忠宜孝即理也。然三代文質損益甚多……若以非禮折
> 之，則人不能爭，以非理折之，則不能無爭矣。故理必附
> 禮以行，空言理，則可彼可此之邪說起矣。[53]

此處阮元不僅直接推崇朱熹對禮、理之精研，且進一步對比禮、
理的不同向度，談「理以啟爭」、「折禮無爭」，反對空言一
理，這種看法，大抵與焦循相近。不過，阮元於禮的討論，並不
像淩廷堪、焦循，將禮、理二者予以斷裂地對比，強調二者差
異；而是主張「理必出於禮」、「理必附禮」，談禮、理的融通
與依附關係。「理」既必須伴隨「禮」而言，治禮從五倫的日常
實踐上觀察，便是忠孝之理的辨明，推而言之，禮是在五倫中，
盡其忠孝之行，盡其倫常禮分，從禮文實踐，談禮儀背後的實
理、道理。合諸阮元的「威儀勤禮」觀察，空言理而不談禮，固
會流於虛邪；但治經研禮，欲明其損益，卻必須回到禮制經疏上
考察，如此不僅可避免意見爭擾，亦可因明達通禮而得治於天
下。

　　要言之，依阮元，所謂「禮、理」論題之辨析，並不是如焦
循言「禮讓理爭」，淩廷堪主張「以禮復性」，談「以禮代

---

[53]　阮元：〈書東莞陳氏學蔀通辨後〉，《揅經室集下‧揅經室續三集》卷
　　3，頁 1062。

理」,「理」、「禮」二者的去取變易,焦、凌二人「以禮『代』理」之「代」,指的是「取代」、「去除」之意。阮元意義下的「禮、理」關係,是在前揭《六經》皆禮的思考及規範下,談「理」、「禮」的相合、兼融關係,言「理附於禮」、「理不離於禮」,將可徵的實理,併入禮文教養中。阮元「以禮『代』理」之「代」,是一種「過渡」、「替換」關係,「理、禮」雖相附,但要由「理」過渡到「禮」。此間,揚州三子皆同樣反對「虛理」,強調「實理」;三子所言之「禮」,均指禮文教養,由考禮研經、習成教養可得,特別強調人倫禮制。

二、「以禮代理」的侷限

綜觀以上焦、凌、阮三人談「以禮代理」的考慮,可以發現,三人皆側重成事之理的觀察,焦、凌從人倫存在關係,談理、禮之對比,「禮」既是文化生活的主要構成方式,便不能只是安於個體私人,而需滿足人與人的共同需要,由此來說,一味強調「理」,便容易流於個人主觀的爭端糾擾,因為「理」涉及價值判斷,由意志規定出來,此亦即戴震言「以理殺人」蔽陷所在。若從客觀、實在的事理上考察,從制度考文處入手,推進尋索事理的根源依據,由理向外、向下推求,不求上達而下同於民情,進一步以遂人之欲,落實於治道生活,由理義而言禮義之轉移,更能顯豁其價值。

吳根友指出,後戴震時代的乾嘉學者,具備三項人文實證方法之得:實事求是,無徵不信的科學精神;追求知識,崇尚學術的求知精神;具有人文主義的理想;⋯⋯但對訓詁活動於經義闡

釋方面的局限性，缺乏必要的理論反思。[54]池田秀山更表明，並非是有了訓詁之後再進行整體的解釋，而是先具有整體的直觀性把握之後，才產生訓詁，單純的字義訓詁並不能保證對經義給出所謂客觀、恰當的訓釋。[55]張麗珠也說，由講求典章制度考據，闡發經典義例，走向微言大義的融合，談政事發用、經術經世、援經議政的可能，正是由乾嘉而嘉道的經典價值之爭[56]。從三子討論「理、禮」論題的成果來看，朝向經典經義價值異見之釐清辨正，真正落實於闡發古代經典內容價值的研究，便是經典價值的「發用」。

當然，強調實證求是的訓詁考據，直謂義理即在古人所傳的經傳文字訓詁當中，義理不在天、不在心，以至於不在外部社會、自然事物中，而唯存在於客觀存在的書卷文字、訓詁記載中，且唯治此者為學，顯然存在著很多問題。因為即使通過訓詁以明義理，此作為判斷的準據，看似運用了客觀法則，如析文考義、詳明制度等，最終仍必須涉及立場及價值判斷。「禮」既有

---

[54] 吳根友所言與之「後戴震時代的乾嘉學者」包括：戴震的親炙弟子及焦循、阮元、汪中、凌廷堪等。……他們都在經學研究的過程中，豐富並發展了人文實證主義的方法，鑄造了人文學研究中的「新工具」。參吳根友：〈乾嘉學術的人文實證主義方法及其得失分析〉，（臺北：哲學與文化月刊編輯部《哲學與文化》第 43 卷第 6 期），2016.06，頁 3-19。

[55] 參池田秀三著・石立善譯：〈訓詁的虛與實〉，收入彭林主編：《中國經學》第五輯，（桂林：廣西師範大學出版社，2009.10 一版一刷），頁 19。

[56] 參張麗珠：〈乾嘉道從論學到議政的今文學發揚〉，（新竹：清大中文系《清華中文學報》第六期），2012.12，頁 255-325。

因革損益，會隨著時空背景推移，制度或語言之變，必定未能全幅詳考，即若已盡其詳考，如阮元主張以愈古愈得義理之正的結果，自然不得不勉強比附、牽纏古訓而依違於新說。

　　前人多評乾嘉學問是「書本子」的學問，從書本子、語言文字出發，推究其目的，其實是在教人讀書，勿望文生義，僅從一字之今義為古義，而當實求實知古人文字所欲表示的意義，以知古人之心思，而即以擴大我人之心思，則其旨亦不可謂非。[57]換言之，從語言文字以推明古人心思中的義理，使我之心思多具義理，而後為一番文字訓詁之業，則此訓詁考據，仍不啻是一妥適的為學手段及方法，此如焦循學主「通核」，不以一般擷拾、據守、校讎、叢綴為學，反對治經之意見執一、據理[58]，故其為《論語通釋》、《易通釋》，皆由訓詁及於儒家義理之發明，此本於訓詁以求通核是也。至於言「禮」，以其明德新民、時變神化，亦有補於宋人偏言「仁」之弊，然其攝禮歸易，所論則見未安。

　　阮元論禮諸說，雖亦不乏「心得」之論，但為《經籍纂詁》、〈性命古訓〉則雖具明古訓之成，但若謂經義僅於漢以前之經典古籍、文字訓詁之中，但凡漢代以後，則無新訓詁，更無新義理，則萬不可說。至於凌廷堪，必以考禮為務為專，強調倫常日用，唯古禮式憑的唯禮思考，則不能免於形式主義的器械人

57　參唐君毅：《中國哲學原論‧原教篇》下，（臺北：臺灣學生書局，2004.10 全集校定版二刷），頁 702-704。

58　焦循說：「說經不能自出性靈，而守執一之說，以自蔽如人，不能自立。」見焦廷琥：《里堂家訓》卷下，收入新文豐出版公司：《叢書集成續編》第 60 冊，（臺北：新文豐出版公司，1989 年臺一版），頁 670。

生。如：阮元將「克己」釋為「約身」[59]；其《論語論仁》新作甫成以示凌廷堪，凌氏不僅以「扶翼遺經，覺悟來世」覆信盛讚，與阮元所論同氣相應、「深以為然」，更進一步將阮元的「約身」說，申言成「修身」二字[60]。凌廷堪如此拉牽解釋的結果，不僅未能析清「克己」一詞，亦不啻更動了仁禮位序，使義理盡失，將天地之義理盡收於文字訓詁之中，雖期「以禮代理」，卻也使原本欲以「求真求是」態度，欲以經典價值真正落實於日用，以為經世輔資的目的，因拘守鉤沉析義，導致理、禮之顛倒妄用。事實上，誠如阮元談「理、禮」關係一般，「理、禮」並非必然互斥，而有可為溝通之處。可惜阮元雖亦主張「講學是非宜實事，讀書愚智在虛心」[61]，但仍不免和凌廷堪一起走上拘執、掛空於「因襲」之途。

誠然，揚州三子所言，不論從哲學論述或考經析義上，都不免有諸多疏漏，特別是眛於泥古守舊的論述，多係為了維護個人的經解說明，頗見論述扞格的差謬；特別是，三子所提出的禮論內容，雖皆欲以踐禮執禮的實行之功，取代虛理天理的形上思辨，闡發聖王理想，但畢竟未能進一步析說禮序位階的分寸之要，而僅以在下位者之守禮以讓、服威行儀、順服上位為主；實

---

[59] 阮元：〈論語論仁論〉，《揅經室集‧揅經室一集》卷8，頁181-184。

[60] 說詳凌廷堪：〈與阮中丞論克己書戊辰〉，《凌廷堪全集》第三冊《校禮堂文集》卷25，頁229-231。

[61] 參阮元：〈劉樸石彬華何湘文南鈺謝里甫蘭生胡香海森張棠村業南李繡子韡平諸書院院長暨學海堂學博生徒皆有圖詠送別題答一律〉，《揅經室集‧續集》卷7，頁1118。又併見王章濤：《阮元年譜》，（合肥：黃山書社，2003.02，一版一刷），頁154。

際上說，未有不合天理之禮，也沒有行禮無道之理。欲以「禮論」取代「理論」，終亦不免走上另一種「自以為是」的缺憾，獨其時代學風之變必有所思所據，此乾嘉學者之得，亦其所失所在，尤須細研。

第六章　經典詮釋的繼承、轉化與發明

第一節　問題的提出
——戴震及揚州三子經典詮釋之釐定

　　本書前幅已就乾嘉揚州三子的經典詮釋方法、進路及核心內涵分別析說，指出三子皆各有踵繼戴震經典詮釋之處，針對解經方法來說，戴震雖再再強調「訓詁明而義理明」，須由字詞通道的詮釋方法，但他也同時提出經典詮釋必賴「心知」的理解體會，換言之，藉由訓詁以探討古書義理，才是他經典詮釋的重心所在，此由他的《孟子字義疏證》一書，可以得到最好的說明。戴震反對程朱理學空言義理、輕憑臆解，而主張「求之古經」、「徵之故訓」，強調要懂得儒家經籍，就要「識字」，弄清「故訓」，揚州三子在求古經、明故訓的基礎上，對經典從事比較分析工作，在資料蒐整、鑑別古籍真偽，詮釋典章制度，考辨地理沿革，進行假設證明的過程中，對資料文獻的具體問題，可說提供了排除前代史料迷霧的貢獻。如：焦循《補疏》諸作、淩廷堪於《儀禮釋例》、《燕樂考原》，甚至阮元所主持的各項圖書編修纂訂，都在考釋核正上，貢獻卓著，此已不待言。

　　然而，三子基於訓詁而不限於訓詁的表現，方是本文更重要的關懷。經由考究古代典章制度，對古籍資料進行整理，其目的仍係為了解經釋義，詳發並闡明經典的意義內容。是以透過嚴謹縝密的語言文字考察，歸納分析具體實證、說明意義，在形式表現上是徵實、科學化的客觀手段，但究其實質來說，說明經典的「真正經義」，才是他們關注的重點。只不過，三子通過如此的解經方法，所欲闡明的經籍大義，是否真正做到了「回歸經典本意」？回歸「聖人之道」、或「延續」了經典傳統？[1]抑或是，對比於宋明來說，只是藉著另一種解經模式，各自提出「焦循《孟子》學」、「凌氏《儀禮》說」或「阮元的『性命』」思考呢？嚴格來說，三子都有透過釐清經典名物「是什麼」（is），

1　林慶彰先生指出，從明末到清初，在經學史上有一很明顯的「回歸原典」運動。他認為，所謂的「回歸」含有兩層意義：其一，以原典為尊崇和效法的對象，這是因為原典含有聖人之道在內，「回歸原典」便是「回歸聖人之道」；其二，以原典作為檢討的對象，詳細考辨原典是否與聖人有關，如果無關，其原始的面貌為何？「回歸原典」便是「回歸經典的本來面貌」。若以明末清初的經典辨偽來說，其實是學者為了解決程朱、陸王的義理紛爭，提倡回歸孔孟原典，藉著辨偽、考證工作，釐清何者才是儒家經典的原貌，以辨偽為手段，以達到「回歸原典」目的的學術運動，可視為一種儒學內部的自清運動。參氏著：〈中國經學史上的回歸原典運動〉，本文原是林先生於 2006.05.08 在日本長崎「九州中國學會大會」的主題演講，後另以專文形式發表。其後楊晉龍發表〈中國經學史上的回歸原典運動簡評〉、劉柏宏發表〈林慶彰先生〈中國經學史上的回歸原典運動〉一文述評〉；林先生亦有相關的文評回應，楊文、劉文及林先生的回應文〈對楊、劉兩先生文評的回應〉，均收入（臺北：中央研究院《中國文哲研究通訊》第 16 卷第 3 期，2006.09），頁 145-157。

分析說明「為什麼」，而指出意義內容「該當如何」的目的傾向，而對這個「應該如何」（ought to be）的關注，便是三子經典詮釋最重要的核心。

從這個角度來觀察，焦循、阮元詳明「性與命」、三子辨析「理與禮」，顯然已在解經之外，各自立說，通過對經典核心論題的闡釋，或繼承、或轉化、或闡揚發明經義，俾便從事新的價值創造。如此的詮釋，一方面是對宋、明經解的回應，更重要的是，提出一種面對當時世局的生活態度，以新的詮釋思考，提供教化的可能。經典內容所揭示者，不再僅是聖人的言說傳統，而是可以落實於生活的文化資本；經典大義，既偉岸又可親，因為通過經典所揭櫫的內容價值，隨時可以實踐於日常，討論「性、命」問題，是為了暢遂民情、保合太和；而詳究「理、禮」，亦是為了避免無端的「意見」爭擾，使人人各安分位，守禮和諧。

只不過，如此的詮釋目的，長期以來被強大的考據包裝隱形，對清代乾嘉時期的義理思考有限，通過本文之分析釐清，或可為此揚州三子之定位，得有重新表明的機會。

第二節　揚州三子的經典詮釋貢獻及轉進

通過前面數章的分析，可以發現，三子之所以並稱，不僅是緣於個人學術發展的地理寓籍，更是基於他們於經典詮釋的共同特徵；有別於時人治經，偏重漢學考據一端，三子都採取更包容、融通的方法及觀點解經、析經，且各自在經典內容意義的闡發上，資取於戴震而轉化、甚至別出於戴震，以下再分述三子的經典詮釋貢獻所在。

一、由注經進路而言經典之發用

本書第二、三章已指出，揚州三子在解經進路上，皆強調從古經出發，重視訓詁考據、徵實覈證，做為解經的基礎，然而，通過六書九數、典章制度、古代文本和名物分析等研究工具，所獲得的經學養分，目的只是為了提供一種正當理由：鬆解考據學理論導向的侷限，並超越當世的學術論爭。猶有進者，他們更試圖透過經典校勘及考證成果，提供人們愉快生活的指南，此由本文第四、五章中，對「性、命」及「理、禮」的論題分析可見。

焦循曾有對「燕樂二十八調」的討論，他說：

> 十二律以五音旋之，則有八十四，隋唐以來，燕樂僅有二十八調，元明用六宮十一調而已。或疑八十四、六十之數非其實，然不必疑也。如以喉舌牙脣各依等韻，則必有若干音，然其中有重複者，有蹇澀不可以音風者，有風土各地之不同者，以理排之有此數，以口調之則不足矣。……說文九千便於用，而人人共識者，又不及其半……古音不盡悅耳，後世既求其悅耳，又取其便於肆習，故日減日少……然則八十四調，止用二十八，又止用十七，可類推矣。夫聖人之制禮也，經禮三百，曲禮三千，其制刑也，五刑之屬三千，亦備其條理而已矣。執於理不能權其用，不且求黃鍾之徵於林鍾，而貽落韻之譏哉。[2]

2　參焦循撰・楊家駱主編：《雕菰集》卷 8〈二十八調辨〉，（臺北：鼎文書局，1977.09 初版），頁 114-115。

　　在這段文字中，焦循先是採取溯源的方法，就五音十二律的演變過程，歷數其發展，燕樂二十八調，舉凡隋唐以來皆可見，獨於元、明以後迭有變貌。焦循分就音樂使用上的口調、韻叶、發音部位等詳予分析，指出音樂的流衍，必和各地風土及民人傳習有關，其中悅耳中聽、韻叶便習者，就容易流布肆習。此間的討論，似是樂律考證上的辨析，其實焦循文中所說的「類推法」，只是一種常識性的說明。他特別指出，《說文》九千字中，便於用而人人所共識者，不及其半，這就說明了經典流傳的價值意義，便在於「有所用」。

　　此處，焦循所說的「用」，自是一種工具效驗上的務實考量，經典之所以流傳，既是因為「有所用」、「便於用」，為了達到致用的目的，詳考經典說明內容，自是為了幫助理解認識，達到「有用」、「好用」的目的，這也就是聖人制禮，取經禮三百，曲禮三千的原因所在。同時，為了促進更好的致用經典，解經必須明制條理，還要守經通權，才不會落於無法致用，又貽於謬古未徵之譏。

　　歸納這段文字的重點，包含二項：其一，經典詮釋的方法進路，仍是基於考據的，解經需備其條理；其次，經典詮釋的目的是為了致用，若「執於理」，不能「權其用」，看似用了徵實的考據方法，也僅是徒然貽落。焦循指出，由經典詮釋的方法進路，指向經典發用、落實於生活的致用效驗，能有所用、便於用，使廣為流傳，日常可行，便是他強調的經典價值。

　　淩廷堪於音樂聲調，亦有深入的研究，在他系列的《燕樂考原》作品中，不斷表明，他從事燕樂考證的目的，是因為「至於

近世著書度曲，以臆妄增者，皆不可為典要」[3]；「後之言樂者，不知二十八調為何物，不知古今律呂不同為何，故多置之不論。即論之，亦芒如捕風，故或於琴徽應聲求之，或直以為貿亂，皆不得其解而妄說也。蓋燕樂自宋以後，汩於儒生之陋者，數百年矣。……今為考之陳編，案之器數，積之以歲月心力，始得其條理。惜孤學獨是獨非，未敢自信，願與世之同志者共質焉。」[4]釐清並說明燕樂曲調的由來是非，端正學術視聽，是他治燕樂的動機及目的之一。

　　凌氏指出，從樂器度數上考察，得其條理次第，是他用來治經的方法。他認為，著書解經最忌臆妄貿亂、捕風捉影。以燕樂為例，宋代以後，汩於陋儒妄為說解，遂使百年以來，不明樂調所以，是以詳考燕樂源流，稽之於陳編，指明支脈發展，不僅可達成對燕樂的真正理解，還能助成燕樂的廣布流傳。根據凌氏考察，《隋書‧音樂志》載有燕樂來自龜茲琵琶的說明，演奏時，以琵琶為主，眾音從之，明魏良輔製水磨腔，高於宋之燕樂，故雖有六宮十一調之名，其實燕樂之太蔟一均而已。[5]從凌氏的分析說明，可以發現，燕樂的藝術特徵、民間性很強，音樂的作用在調暢性情，同鳴共感，和諧生活，透過稽考勾串流衍，不僅可以彰顯價值，也可以幫助人們在使用這些音樂時，能「知其所以

---

[3]　參凌廷堪著‧王文錦點校：《校禮堂文集》卷 18〈燕樂二十八調說下〉，（北京：北京中華書局，2006.03 一版重印二刷），頁 160。

[4]　參凌廷堪著‧王文錦點校：《校禮堂文集》卷 18〈燕樂二十八調說上〉，頁 157。

[5]　參凌廷堪著‧王文錦點校：《校禮堂文集》卷 18〈燕樂二十八調說上〉，頁 156-157。

然」。

　　凌廷堪還表示：

> 古人之精義多為陳言瞽說所晦，學者未遑深思力索，故不
> 能通之於俗樂也。……至蕭山毛氏以四字為宮，……亦武
> 斷不必辨矣。蕭山說經，廓除宋儒蒙晦，於聖門頗為有
> 功，然間有矯枉過正、近於武斷者，不獨論樂也。學者辨
> 之。6

這段文字亦是在說明他考察燕樂的動機目的。猶有進者，凌氏還
指出，除了宋儒解經有蒙昧捉影的缺點外，襲於陳言瞽說，亦其
另一弊也；解經析經，除了從制度上詳察證據外，還必須「深思
力索」，方能避免矯枉過正的「武斷」。

　　凌氏此處所強調的「深思力索」，和焦循所說，治經當「好
學深思」、重視「性靈」是合轍的；避免「武斷」，則和焦氏強
調治經避免「執一」、「意見」之失相同。二人同樣就燕樂考證
上立說，在經典詮釋的方法進路上，植基於考據而不限於考據，
都強調以度數實證、典章辨析為基礎，兼以深思力索後的理解詮
釋，避免解經時的武斷差謬，其所以要詳辨考察，目的是為了智
識上的「廓除蒙晦」，使能發蒙啟蒙，而得古人精義。此間，不
論焦循或凌廷堪，就經典詮釋的態度或立場上說，都強調要客觀
徵實，避免虛造臆解、陳言武斷之弊，此可視為是對宋儒解經的

6　參凌廷堪著・王文錦點校：《校禮堂文集》卷 18〈字譜即五聲二變說
　　上〉，頁 161-162。

回應；由經典的理解詮釋，解經注經之徵實考察，走向致用民常的日用生活。以條理樂律、案之器數，證之於聖學、聖門，使比物合情，悅樂生活，均是強調經典詮釋之發用。由此亦可得見，經典詮釋的重點，在指向人們和現實生活的聯繫，特別是個人在公共生活中，可以更愉快地享受生活，故舉凡曲藝俗樂也都可以是考察的重點，此不僅讓經學思想、經典詮釋得以更開闊鬆綁，亦見其通博、廣大的學問特徵。

二、編修考釋以重構經學話語

透過校勘考據等實證依據，析明經典內涵，除了是對治宋明以來，經說為禪學所襲，盼能捍禦異端，有功於聖學，不使侵於《六經》之外，作為一種學術研究的立場表態，透過溯流窮源的治經路徑，同時還具備了深化申明經典核心論題的作用。凌廷堪就曾批評顧炎武、毛奇齡說：「崑山攻姚江，不出羅整庵之〈剳言〉，蕭山之攻新安，但舉賀凌臺之〈緒語〉，皆入主出奴餘習，未嘗洞見學術隱微也。」[7]言崑山顧氏、蕭山毛氏雖博極群書，為世所稱，卻未能細察學術之變，深求於經傳，只知從訓詁章句上著手，不過入主出奴。「理事」、「體用」本非聖人之言，唯有平心細辨，不沾沾落於漢學、宋學之分，才能不舍聖人之言，而別求他學。

焦循於唐宋以來斥佛、老為異端，轉至乾嘉時期治經唯言許、鄭，全以漢學為斷的弊病，也提過類似的看法。他認為，那

7　參凌廷堪著・王文錦點校：《校禮堂文集》卷 16〈好惡說下〉，頁143。

些治經力據一家，執一、據守之人，以學害道，就是每一個時代中的「異端」，「執一則人之所知所行與己不合者，皆屏而斥之，入主出奴，不恕不仁，道小而害大」[8]，「據一端以為入主出奴之資，此豈足以語聖人之經，而通聲音訓詁之旨乎？」[9]，欲避免落入這種治經的差謬，解決之道便是回到學問的本源來考察，真正以聖人之言、聖人經典為核心，以貫通經旨，否則就會像儒夫奴於強有力之家，假其力以據守而已。淩廷堪、焦循對盲從於漢學考據的批評，可說十分痛切直截。

　　回到《六經》以考察經典，固然是為了揭明經義要旨，以闡明聖學，析明聖人之言，但聖人的關懷究竟是什麼？若經典的內容，並非如淩廷堪所批評的「理事」、「體用」，那麼審聖人之言、習聖學經典的目的及作用，又該如何從事呢？於此，淩廷堪說：

　　　《大學》曰：「致知在格物。」又曰：「物有本末，事有終始，知所先後，則近道矣。」……格物非指禮而言耶？今考古人所謂慎獨者，蓋言禮之內心精微，皆若有威儀臨乎其側，雖不見禮，如或見之，非人所不知，己所獨知也。……又考古人所謂格物者，蓋言禮之器數儀節，皆各

---

[8]　參焦循：《論語通釋》（木犀軒叢書本影印）「釋異端」第一條。收入嚴靈峰編輯：《無求備齋論語集成》第 22 函，（臺北：藝文印書館，1966 年）。

[9]　語見焦循：〈焦循致王引之書（一）〉，收入賴貴三：《昭代經師手簡箋釋—清儒高郵二王論學書》，（臺北：里仁書局，1999.08 初版），頁 201。

> 有精義存乎其間，既習於禮，則當知之，非天下之物莫不
> 有理也。……嘗謂《學》、《庸》之慎獨及《大學》之格
> 物其說皆在〈禮器〉中，本極簡易。自後儒以釋氏汩之，
> 而聖學遂至於不行、不明，蓋聖學為異端所亂久矣。……
> 由此觀之，聖人之所謂學即指禮而言明矣。學者尚何疑
> 乎？[10]

　　凌廷堪以《大學》中的「格物致知」為例，指出「格物」是
禮之「器數儀節」，此由〈禮器〉中可見。既然禮之器數儀節各
有精義，故透過格禮、治禮、習禮，便可在學習這些器數儀節的
過程中，因明其要義，而體會了禮制、禮文的內在精微。所謂慎
獨，亦如禮之威儀臨側，不論是否詳備其禮的形式，但因得其禮
意精微，也能時時提醒自己，遵其精義，因尊禮義而慎獨。換言
之，聖人之學可以透過習禮而成，而欲得聖人之言，便是更好的
學習禮之器數儀節。所謂聖人之道，既不假遠求，也不必靜坐冥
想；聖人之道，不是觀空獨坐而來，也不在高言性理之中；聖人
之道繫於聖人之學，聖學即禮，習禮便學知聖人之言，此和本書
第五章中，阮元談「威儀勤禮」，所論亦可說同調。
　　總括來看，這段話揭櫫了二個重點。其一，凌廷堪認為，
《學》、《庸》談「慎獨」及《大學》的「格物說」，無非一個
「禮」字，由〈禮器〉一文，習得器數儀節中的禮義，便可習得
聖人之學；其二，另從學術發展過程中考察，可以發現，聖學、

10　參凌廷堪著‧王文錦點校：《校禮堂文集》卷 16〈慎獨格物說〉，頁
　　144-146。

聖道長期為異端所亂，故欲闡明經典內涵，便需回到經典根源，從聖人之言中，探究禮之精微顯隱，以習禮知禮，繼承聖學聖道。

阮元說：

> 《禮記》〈大學〉篇曰：「致知在格物，物格而後知至。」此二句雖從身心意知而來，實為天下國家之事。天下國家以立政行事為主，〈大學〉從身心說到意知，已極心思之用矣，恐學者終求之于心學而不驗之行事也，故終顯之曰「致知在格物」。物者，事也。格者，至也。事者，家國天下之事，即止于五倫之至善、明德、新民皆事也。格有至義，即有止意，履而至，止於其地，聖賢實踐之道也。……《儀禮·鄉射禮》曰：「物長如笴。」……《禮記·仲尼燕居》鄭〈注〉：「事之謂立，置於位也。」……《釋名·釋言語》……《說文》……《周禮·鄉大夫》：「五物詢眾庶。」……《大戴禮·虞戴德》曰……《大射儀》……格物與止於至善、知止止于仁敬等事皆是一義，非有二解也。……聖賢之道，無非實踐……先儒論格物者多矣，乃多以虛義參之，似非聖人立言之本意。元之論格物，非敢異也，亦實事求是而已。[11]

此處阮元同樣以〈大學〉中的「格物致知」為核心，討論

---

[11]　參阮元著·鄧經元點校：《揅經室集上》一集卷二〈大學格物說〉，（北京：北京中華書局，2006.06 重印一版二刷），頁 54-55。

「格物」要義。他同樣採取回到《禮經》本身詳考，從各別字義上分析：物者，事也。格者，至也。由各別之事物，推擴及於家國天下，乃至五倫的至善、明德、新民之事。阮元分析說，〈大學〉「格物」二句，初始雖由個人的身心意知而來，然究其指，其實是天下國家之事，特別是就立政行事上說，更必須論及至善、明德、新民的五倫實踐，且此倫理上的具體踐履，不僅是致知之至、致知之止；且是可證驗的實事。他更進一步舉出《三禮》中的其他表述，及《說文》、《爾雅》以為對比說明，指出格物與止於至善、知止和止於仁敬等，皆是一義，非有二解，換言之，格物、踐行仁敬於倫理生活，使能止於至善的目標，便是格物的全部內容。這裡不僅說明了阮元治經、解釋經典的方法進路，同時也在析明經典內涵中，揭示他對經義的看法。

　　此處與淩氏所言相同的是，阮元同樣回應了前人治經流於空虛之病。他認為，聖人之言的本意，並不像先儒所說的求之於心學，且其所論，皆可驗之於行事；從古禮中考察，便可得知，聖賢之道，無非實踐，是以闡明經典內涵，所採取的路徑是實事求是，而從實事求是上踐履，便可得聖人之道。

　　淩廷堪釋「格物」以言習禮；阮元更將淩氏談禮之習成復性，限縮在五倫、特別是立政行事的天下國家上說，而不論淩氏、阮元或焦循，針對治經空虛之病，都強調必須回到經典本源以為思考，然其所提及的經典根源、聖人之言、聖人之道，都是關注於現實生活，落實於實踐的倫理日常。由此可以發現，此處所談的經義內涵，三人所欲闡明的聖學傳統，都有明顯的致用目地，如何致用？便是追溯經典根源，踵繼聖人之道，在禮之用、人倫的實踐過程中，因實事求是的知識探索、禮文踐履的格物自

省，由個人之明德，而國家天下之新民而止於至善。

　　「禮」，是人類文化生活的全部，是一種道德上的自我約制，也是行事處人上的分寸節度；它一方面關涉到常民的每日生活，足以體現個人在群體生活中的真實存在，同時也具有不同倫理位階的總體覺察，彰顯所謂「文明以止」、各得其分的禮義化成，透過禮文實踐，進一步規格及典型化，形成個人及總體生活的教養，此不僅是個人的、社會群體的，更是天下國家的理想。

　　禮本於天經、地義、民行而發明之，既本於三才而設[12]，是以淩廷堪指出：「先王制禮以節之，懼民之失其性也」[13]，以禮要求個人修身慎獨，以器數儀節的格物進路學習禮義，便能因復禮而復性。阮元長期致力於修纂，晚年開設書院，培養經學人才，亦無非是一種實事踐履。通過以上的討論可以發現，三子談經典詮釋，從事經學研究，談所謂聖人之言、聖學聖道，重點顯已不在精神世界的超拔，而在具體的人倫生活，談「格物」，雖有關注聖學經典的知識性闡明，但還有更多來自「生活世界」（lifeworld）[14]的落實觀照，其所以特別強調禮的發用實踐，亦

---

[12] 淩廷堪曾引左傳昭公廿五年子太叔對趙簡子曰：「吉也聞諸先大夫子產曰：『夫禮，天之經也，地之義也，民之行也。』」，此言禮本於天地人三才而制也。參淩廷堪著・王文錦點校：《校禮堂文集》卷 16〈好惡說上〉，頁 141。

[13] 參淩廷堪著・王文錦點校：《校禮堂文集》卷 16〈好惡說上〉，頁 140。

[14] 「生活世界」（lifeworld）是現代哲學中的重要概念，胡賽爾指出，「世界」是客觀存在被認知的唯一對象，可稱之為「既有世界」（the Pre-given world），但每一個存有都有可能在不同的視域（Horizon）下，去感知「既有世界」，而成為「生活世界」，亦即一個存有在有限

係植基於此，三子顯然欲以一種落實於新時代的文化、文明教
養，一方面回應前朝、逆溯舊典，目的是為了釐清勘定經說，藉
「因」言「創」[15]，提出新的時代思考，此間，經由注經、詮釋
經典，改易移動經說核心，提出正其經義的解釋，是其共同特
徵，故不論焦循易學談「通變」、「一貫」，凌廷堪《儀禮釋
例》、阮元言性命，目的都是為了能暢遂生活，使個人能更愉快
地「致知」，而以「禮」為明則，安立個人情性，達於天下國
家。

經驗與系統中，所建構的世界。用中國哲學的話來說，即是強調要人走
出主客二分、本體與現象對立、不脫離經驗生活而去追尋所謂的本體世
界、超然世界。有關胡賽爾「生活世界」的說明，可參【丹】丹·扎哈
維（Danzahavi, 1967-）著、李忠傳譯：《胡賽爾現象學》，（上海：
上海譯文出版社，2007.08），頁 81-152；洪漢鼎先生：《重新回到現
象學的原點──現象學十四講》第十四講，（臺北：世新大學出版中
心，2008.07 初版），頁 231-240。此處係借【德】埃德蒙·胡塞爾
（Edmund Husserl, 1859-1938）對「生活世界」的描述，以言經典詮釋
與把握，可提供對人的生活、人的主體活動及人的根源存在的分析，說
詳下節所論。需再補充說明的是，此三子所論及的「生活世界」概念，
皆不包括科學。依焦循，天體陰陽之氣是循環往覆、既恆定也通變的，
且其變化必是朝向「利貞」的方向；而依胡賽爾，生活世界和科學世界
都處在不斷的變化中。獨揚州三子與胡賽爾對「科學」和「生活世界」
的看法，雖有其異同，但仍可互為對比，以為說解。

[15] 錢穆曾指出，里堂於開教創義之理未能深闡，故其重因不重創，蓋以
當時漢學家讀書博古之風方盛，浸染者深之故。參氏著：《中國近三百
年學術史》下，（臺北：臺灣商務印書館，1996.07 臺二版二刷），頁
506。筆者此處借其說，指出揚州三子雖皆有「尊聖信古」之因襲與繼
承，剋就經典詮釋的內容意義掘發來說，都有借由考明《六經》，以提
出新說、新思考的傾向，舉凡三子之借言格物實踐、威儀行禮、復禮復
性、治經勿據守，亦皆其一也。

三、由經典詮釋走向生活世界

　　梁啟超指出：「乾嘉諸老中有兩三位——如戴東原、焦里堂、章實齋等，都有他們自己的哲學，超乎考證學之上，但在當時，不甚為學界所重視。」[16]梁啟超顯然並不認為乾嘉諸老沒有哲學，只是不被重視罷了。透過揚州三子之治經路徑及經典詮釋內容分析，可以發現他們將經典落實於具體生活，談倫理日常的種種意圖，極為鮮明。

　　對揚州三子來說，所謂聖道、聖學，即是具體而真實的禮文教養。經典所揭示的聖人之道，不是宏偉不可及的根源企慕，也不是抽象傲岸的精神嚮往，而是如如尋常、奠基於生活的「實事實踐」。實踐什麼呢？便是在每天過日子的當下，好好扮演個人的角色，使「君臣、父子、夫婦、兄弟、朋友」五倫之常，得以相安、相樂，各得其份位，如此就是實踐了聖人之言，參與體現了聖道；否則，則為無道之人；推而言之，更會導致民不安而家亂國危的結果。經典所揭示的道理，是聖人之言、聖人的理想，但同時也是生活世界的全部，談理禮之辨，是為了安立並鞏固禮序倫常，關注性與命的安頓，則是為了穩實個人更愉快的存在，而此於愉快生活之所以可能，則繫於經典教養的實踐，是以三子修纂經籍，博徵詳考，或以釋例正義、或設書院培才，目的都在透過對經典內容的考察，指出「通經以致用」的道路，通經以明道。

　　經學致用的價值，雖有清初顧炎武利用輿論，約束天下人行

16　參梁啟超：《中國近三百年學術史》，（上海：上海三聯書店，2006.04
　　一版一刷），頁 20-21。

為，倡議天下人管天下事，使「君子有懷刑之懼，小人存恥格之風」[17]，使人人心存顧忌而不敢為惡；然顧氏之後，經學逐漸轉為考據傾向，乾嘉時期的閻若璩、錢大昕、惠棟、王念孫父子等皆其翹楚。揚州三子重新喚起經典所強調的修己治人之道，可以說是將顧炎武以來，以「經世」為核心的經學宗旨，進一步向前推進。然而，三子所討論之「通經致用」，並不是如顧炎武所高呼的「經學即理學」，也不僅是為了反對宋明理學末流，「無事袖手談心性，臨危一死報君王」，治經流於鑿空之失而已。三子將學術研究和人倫日用結合起來，讓學人治經不僅具備知識興味、能開一代治經殊見；更重要的是，這套來自經典所闡揚的價值真理，足堪在具體的文化生活中應用展開。特別是，透過三子的經典詮釋，將有宋以來偏向《四書》的經學研究，重新回返到《六經》系統，將《四書》之為正典、教典，重新賦予「正其經義」的理解與詮釋，擴大落實經典以為文化治道之具，重視公序良俗、生活世界的教養習成，方是他們有別於乾嘉考據學者的貢獻所在。

---

[17] 語見顧炎武：《顧炎武全集》第 18 冊《日知錄（一）卷 13・清議》，（上海：上海古籍出版社，2011.12 一版一刷），頁 531。顧炎武主張，除勸學、獎廉及輿論制裁外，他也同時指出，慎擇執政大臣亦是致天下於衽席之良術。《日知錄》卷 6〈未有上好仁而下不好義者也〉有云：「以好仁之君，用不蓄聚斂之臣，則財足而化行。人人親其親，長其長，而天下平矣」，頁 292。《日知錄》卷 12〈重厚〉云：「有國者登崇重厚之臣，抑退輕浮之士，此移風易俗之大要也」，頁 540。凡此，都是他以經學力陳教化的思考。並，顧炎武學思生平，可另參考清史稿校註編纂小組編纂：《清史稿校註》卷 488，〈列傳 268・儒林二〉，（新北市：國史館，1986 年），頁 11019-11021。

　　焦循、凌廷堪、阮元的經典詮釋，雖啟自戴震「由字以通其詞，由詞以通其道」的思考，皆盼由「訓詁明而義理明」，但他們所推崇者，卻是戴氏的明道之作。針對乾嘉知識圈中的多數學人，把訓詁考據當成經學的唯一課題，窮究於餖飣補苴的經解研究，焦循就曾表示：

> 　　東原生平所著書，惟《孟子字義疏證》三卷、《原善》三卷最為精善，知其講求於是者，必深有所得，故臨歿時往來於心。則其所謂義理之學，可以養心者，即東原自得之義理，非講學家《西銘》、《太極》之義理也。……浮慕於學古之名而託於經，非不研究六書，爭制度文物之是非，往往不待臨歿而已忘矣。夫東原，世所共仰之通人也，而其所自得者，惟《孟子字義疏證》、《原善》，所知覺不昧於昏瞀之中者，徒恃此炎炎也，噫嘻危矣。[18]

焦循析明，戴氏治學不同於宋明儒之空言義理，係通過六書、典章以求其經義之是；其次，亦進一步批評了當世學人，治經落於古學考證，竊名託古之失。他認為，經典詮釋必「求於是」還要「深有得」，於研究者個人來說，是「養心自得」的活動，使知覺不昧於昏瞀；推擴於廣大的生活世界來說，還能使「仁義中和，聖學道廣」[19]。

---

[18]　參焦循撰‧楊家駱主編：《雕菰集》卷7〈申戴〉，頁95-96。

[19]　焦循曾盛贊戴震《孟子字義疏證》云：「性道之譚，如風如影。先生明之，如昏得朗。先生疏之，如示諸掌。人性相近，其善不爽。惟物則殊，知識囷囷。仁義中和，此來彼往。各持一理，道乃不廣。以理殺

　　於此，凌廷堪亦頗有同調之論。他說：

> 先生之學，無所不通，而其所由以至道者則有三，曰小
> 學，曰測算，曰典章制度。……至於《原善》三篇，《孟
> 子字義疏證》三卷，皆標舉古義，以刊正宋儒，所謂由故
> 訓而明理義者，蓋先生至道之書也。[20]

凌廷堪分析戴氏治經通往至道的路徑有三：曰小學、測算、典章
制度，考之於凌廷堪本人的經學成就來看，其於典章制度的工
夫，亦不待言。而就戴震學問之推重，凌氏亦鎖定在《原善》、
《疏證》二書，稱讚其為「至道之書」，從可核實的學問證據上
出發，以求聖人至道，便是詮釋經典可為的效驗之用。

　　不過，焦循等人雖心慕戴氏，卻也指出戴震之不足，焦循就
曾說過：

> 循嘗善東原戴氏作《孟子字義考證》，於理道天命性情之
> 名，揭而明之如天日，而惜其於孔子一貫仁恕之說，未及
> 暢發。[21]

　　凌廷堪也說：

人，與聖學兩。」參焦循撰・楊家駱主編：《雕菰集》卷 6〈讀書三十
二贊〉，頁 85。

[20] 語見凌廷堪著・王文錦點校：《校禮堂文集》卷 35〈戴東原事略
狀〉，頁 313-316。

[21] 參焦循撰・楊家駱主編：《雕菰集》卷 16〈論語通釋自序〉，頁 267。

> 吾郡戴氏，著書專斥洛閩，而開卷先辨「理」字，又借
> 「體」、「用」二字以論小學，猶若明若昧，陷於阱獲而
> 不能出也。……「理事」、「體用」闌入聖言，俱洛閩所
> 倡，豈亦金谿、陽明為之耶？不塞其源，徒遏其流，是亦
> 後學之過也。開門揖盜，反藉揖者而驅除之，深可慨也
> 夫。[22]

顯然，焦、凌二人對戴震在義理思想的闡發，多感未足。焦循為補戴學之缺，做《羣經補疏》，並以其特殊的《易》學慧見，暢發孔子仁恕之旨，其所提出的「一貫」要義，指出諸經核心惟「一貫」可通，更以《易》為「聖人教人改過之書」[23]，將解經注經的知識探索，引向道德及文化生活的建構，強調經典詮釋和人道、人德一貫，便是他提出由經典面向生活世界展開的目的及取徑。凌廷堪更認為，戴震批判宋人援釋入儒不徹底，戴氏《疏證》開篇言「理」，完全是中了圈套，至於以「體用」論小學，落得治經明昧不辨而不能出，導致思想僵化，完全是不知學術將「思起而變之」[24]，此亦係前文凌氏批評顧炎武、毛奇齡未能洞見學術隱微變化之失的延續，戴氏著眼於洛、閩一端，猶難免於遏流揖盜，此其深慨也。凌廷堪以為，若欲真正有志於聖學，就

---

[22] 參淩廷堪著‧王文錦點校：《校禮堂文集》卷 16〈好惡說下〉，頁 313-316。

[23] 參焦循：《易圖略》，收入楊家駱主編：《焦循之易學》（焦氏遺書本），（臺北：鼎文書局，1975.04 初版），頁 359。

[24] 參淩廷堪著‧王文錦點校：《校禮堂文集》卷 23〈與胡敬仲書〉，頁 204。

必須回到《六經》的傳統，故他提出「以禮代理」、「以禮復性」，自然是為了補戴氏之不足。

阮元治經推崇戴震，沒有直接批評戴震的言論，但他對時人治經卻有過評議，他說：「學人求道太高，卑視章句……或者但求名物，不論聖道……是故正衣尊視，惡難從易，但立宗旨，即居大名，此一蔽也。精校博考，經義確然，雖不逾閑，德便出入，此又一蔽也。」[25]為使經義確然，標其宗旨，精校博考是其必要工夫，而從章句入手，便能升堂入室，真正闡明聖道真義。此中，由訓故以明道，是他強調的解經方式，而阮元所謂的「道」，對照前文所說，便是「可驗之行事」的「聖賢實踐之道」[26]。阮元特別將此行事實踐，鎖定在政事上頭，必得「精於稽古，然後能精於政事」[27]，朝官百姓威儀勤禮，便能守分盡分，勗勉奉公；設館講習經典，從事文化教育，便能培成政事人才，繼紹聖道。

凡此之思，皆係有意將經典詮釋引向對社會現實的關注，關於聖人之言，聖人之道的闡述，不再著眼於修身齊家，談個人的內聖修己工夫；而從倫常日用、教化民人的具體方向上，談「通經致用」如何可能，三子關注於經典詮釋之效驗應用，不僅是賦與經典詮釋新的價值傾向，意圖活化詮釋的競爭力，談學術求真

---

25 參阮元著・鄧經元點校：《揅經室集・揅經室三集》卷 4〈顧亭林先生肇域志跋〉，頁 674。

26 參阮元著・鄧經元點校：《揅經室集・揅經室一集》卷 2〈大學格物說〉，頁 55。

27 參阮元著・鄧經元點校：《揅經室集・揅經室一集》卷 2〈漢讀考周禮六卷序〉，頁 241。

和生活致用的合一；就致用如何具體落實的表述上，重視實踐、
習成、文化與學術傳播，從每日的倫常生活中，導引世風，教民
化俗、轉化士風，使天下自治，也成了高言學人氣節、士子節操
之外，更務實可成的理想。

　　三子轉化了儒學長期以來，高言理想價值的論述，走一條
「正其誼也謀其利，明其道亦計其功」的務實道路，經典詮釋不
僅是開啟生活世界的通孔、鎖鑰，更包含了所有的生活內容，由
經典走向生活世界，人們不僅可以因之暢遂完善個人，也可以在
文化習染的場域中愉快生活。透過「正其經義」的訓釋闡明，便
能由個人、社群，推擴及於家國天下，導之以道，章之以論，使
民化道如神，真正實現文化治世的理想。

第四節　參與全球化的經典詮釋

　　通過以上的說明，可以發現，此三子所強調的通經致用、經
典中的聖人理想，顯已不是宋明以來所偏重的個人心性修養，也
不是形上根源價值的追索企慕；而是與生活世界相關，在生活日
用、倫常位分關係中，如何各安其位，各暢其命，在學術上，如
何相互汲取，相互協成於教化的可能。透過經典詮釋之致用於民
倫，暢遂民生，教民化民，代聖人行教，便是參與聖人大道，實
現了聖人理想。

一、由「注經學」走向「經典詮釋」的發展

　　從經典詮釋的角度來說，自先秦時期以孔孟為核心的詮釋意
識啟蒙，到兩漢之經學昌明，隋唐之延續繼承，到宋明的變古改

經，乃至有清，以戴震及揚州三子兼重訓詁及義理的詮釋集成期，不論歷代所採取的解經進路如何，於經典內容大義之揭明，長期以來，此經典詮釋發展的重點：均係以「經學」發展為主線，以「道統」賡續為核心，為一強調「修己治人」的文化實踐、智慧實踐學的傾向。[28]

　　歷代經典詮釋的核心，亦皆不脫親親之倫，談五倫之安立，人己、群我之和諧互往，仁愛淑世的價值體現，是以修己治人的現實關懷，也是繼述聖哲的濟世延續。用今日的學術話語來說，經典詮釋雖有時代性特徵，欲解決當下的社會問題，完備當世的各項發展，但一方面，更需講求逆溯根源，上究天人；亦須下達人事，指明方向；亦即在解經析經的過程中，不斷思考並彰顯「道」的價值！

　　從文字學上說，道者，路也；是人要走的大道。儒家所講的「道」，則包涵了仁政、王道、價值理想等等，自孔、孟以經典啟蒙民人，鬆開知識權、受教權，使人人得以被教化後，經典詮釋便已成為傳統社會文明發展的重要路徑之一；此一特徵，包含了開啟民智、生活教化兩端，而此兩端又是一致且交融共見的；此「兩端而一致」的經學教養與啟育裁化，是互構並健、「學與道」合一、「詮釋與實踐」合一的，這也讓經典詮釋，得以始終生生不息。換言之，「經典詮釋」雖不必直接等同於「道」，但至少是一種步步邁向「道」、或真理、理想的重要方法。

　　非常特別的是，歷代經學的延續發展，或以召開學術會議，

28　參筆者：〈儒家經典詮釋的作用與價值〉，收入傅永軍・陳治國主編：《中國詮釋學》第 17 輯，（濟南：山東大學出版社，2018.12 一版一刷），頁 169-185。

議論辯說；或以編修經典，傳述教化方式；基本上，多由官方邀集知識菁英主導，故經學始終具備濃厚的官學色彩。但儘管如此，儒家經典詮釋之特出，就在其奠基於「學官」，而不限於「官學」的表現，是以每一代的經說經詮，都各自有其秀異表現，在倡言析明經典意義的同時，不斷為人類生活、文化傳承、文明發展做出貢獻。此亦係本文首章指出，揚州三子在整體社會文化氛圍下，雖難以迴避或脫離「權力的毛細管」作用，但亦在各自的努力下，以經典詮釋代聖人行教，指向生活，一方面批評宋明末流所言空疏，當時學界泥古積習的「門戶意見」之爭；另方面，則以回歸《六經》，採取漢學考據的注經入路，透過核實可徵的證據力發聲，指出理解詮釋經典的方法和詮釋原則。此兼重「語文學」與「詮釋學」的解經方式，兼言考據義理，「重訓詁、明義理」兩端而一致的經解闡發，同時包含了對語言文字及經義內涵的闡釋分析，實可視之為儒家經典詮釋之集成。

三子所採取者，不是如朱熹等，強調治經需得其意義，感其意蘊，玩索體會，存養省察，以收自得自成的修己之效[29]；而是奠基於訓詁進路，強調梳理語言文字章句，歸納整理後的分析闡述。對戴震來說，討論「理、道、天命、性情」等哲學範疇，目的是為了「正人心」；對焦循來說，透過「通釋」、「圖略」、

---

[29] 朱熹曾說：「善讀者玩索而有得焉，則終身用之，有不能盡者矣。」參氏著：《四書章句集注・中庸章句》，（臺北：大安出版社，1999.12一版三刷），頁 22。又說：「漢儒可謂善說經者，不過只說訓詁，使人以此訓詁玩索經文，訓詁、經文不相離異，只做一道看了，直是意味深長也。」參氏著：《朱子大全・朱文公文集》第四冊，第 31 卷〈答張敬夫十二月〉，（臺北：臺灣中華書局，1970.09 臺二版），頁 15。

「補疏」、「正義」等治經方法，目的是為了析明《易》乃「聖人教人改過之書」、欲明夫子「一貫仁恕」之說[30]，指出孟子惟「道性善」、「稱堯舜」兩言可盡之[31]，從而建構個人的「一貫」哲學。至於淩廷堪，以「釋例」解經，倡言《六經》皆禮；阮元以「編修取代注詮，以纂輯取代釋作」，亦無不是在原本「注經」的途轍上，由注經走向經典詮釋，並試圖以其詮釋，另外開啟《六經》的新價值。若轉用現代的語言來說，此看似回歸《六經》的詮釋模式，其實是重新賦予《六經》以新前景、新創力，甚至一份新的擴張、驅動，是有別於漢、宋以來的「三子新詮」，是倡言「經典新價值」的可能；而於《六經》之外的修纂核考，溢出經學範圍的研精產出，如焦、淩之史地、算學諸作，戲曲、詩文及阮元對疇人的關注，則是試圖擴大經學範圍，論其「新經典」的傾向；而此價值之為價值，是在新的社會及文化條件下，以其意義拓展與詮釋，開顯經典所內含的普遍性價值，既兼備了實踐效驗的工具性指標，也有參與述道習成的價值性意義，通過研經、治經因革損益的過程，使個人和群體、社群和社群，都能因「習先聖之道，行先王之道」[32]，好古敏求，博學而詳說之，成就人文理想。

　　從三子之經典詮釋，分析「經典新價值」之建構，可以很明顯得見，三子將經典學以致用、修己治人的內涵，特別鎖定在人倫日用的教化範圍中，而此教化之落實，係來自日常的倫理生

30　參焦循：《雕菰集》卷16，〈論語通釋自序〉，頁 269。
31　參焦循撰·沈文倬點校：《孟子正義》卷 10，「孟子道性善」章。（北京：北京中華書局，2004.02 重印一版 5 刷），頁 318-319。
32　參焦循：《孟子正義》卷 14，「離婁」章句上，頁 474。

活，來自學人對先王之道的繼承及對《六經》的理解詮釋[33]。因此，對古代經典從事稽考解析，通過經典注疏詮證新意，對經說義理內涵進行創造性的解讀與再解讀，雖是不斷推進經學發展的重要形式，然而，三子強調以學問性的參與繼承，經由培育、習成方式，以學統參與道統以行教，無疑已有相當程度的貢獻。

焦循說：

> 庖羲以前，無三綱六紀，人與禽獸同。既設卦觀象，定人道，辨上下，於是有君臣父子之倫。[34]

> 孔子之道，乃述伏羲、神農、黃帝、堯、舜、文王、周公之道。立天之道曰陰與陽，立人之道曰仁與義，仁義即一陰一陽也。趙氏謂孔子之後，聖王之道不興，即此帝王相傳之道載在《六經》者，莫有述而明之者也。孟子明於《六經》，能述孔子之道，即能知伏羲以來聖人所傳述之道。[35]

焦氏一方面勾勒析明了道統譜系，是「伏羲、神農、黃帝、堯、舜、文王、周公、孔子、孟子」的脈絡延續；另方面指出，聖王、孔子之道載於《六經》，故凡能詳明《六經》者，便能傳述

---

[33] 焦循說：「先王之道，載在《六經》，非好古敏求，何以因？……故非習則莫知所因，非因則莫知所述」。參焦循：《孟子正義》卷 14，「離婁」章句上，頁 474。

[34] 參焦循：《孟子正義》卷 13，「聖王不作」條，頁 456。

[35] 參焦循：《孟子正義》卷 13，「公明儀曰庖有肥肉」條，頁 457。

聖人之道。

很顯然的，他對經典所採取的意識，並不是做為一種膜拜的對象，極言聖道、聖人境界，而是自伏羲畫卦以來，以三綱六紀為人道世界的安立，建立人間秩序，而改變了人類生活，因為人不同於禽獸，能具備辨明上下、定立分位的倫理階序，是以傳述經典，便是以《六經》為行教之具，既是闡明《六經》，代聖王、夫子行教，能知聖王之道，也是參與延續道統的行列，此人文教養、立天立人之道，可透過培養學習經典而來，所以需求諸《六經》，講習《六經》，由《六經》以知其道。[36]換言之，以經典詮釋進入生活，經典便不再是一個歷史性的存在，而是透過後世解經者的詮釋，真正進入當下，從而讓真的東西，能從潛能變成現實的歷史流傳物。從這個角度來說，雖其三子的經典詮釋，其表現形式是回歸於《六經》，但卻不是一種簡單意義上的回歸經典「文本」的章句訓詁，或強調回歸作者「原意」的經解，也不是透過解析《六經》，以「回歸本意」去勾勒聖人的世界圖像，他們將經典的原意，放在新的詮釋視域中去解讀，試圖將經典詮釋引向生活世界以落實實踐，以面向生活、談文化教養、禮教習成。

三子皆採取忠於經典原意的「一元論」預設出發，但卻向著對經典「原意」的「不同的理解」發散，這便由語文學的概念，轉變為詮釋學概念的拓寬與發展。意義的詮釋，成為文本分析的核心，並且，必得相應於經典文本，才有意義詮釋事件的產生；

---

[36] 焦循指出：「非講習於《六經》，無以知其道。」參氏著：《孟子正義》卷13，「吾為此懼」條，頁457。

以揚州為中心，所聚合起來具有共同旨趣的思想型態，亦必須因經典詮釋而存在，而每一次的詮釋，都是詮釋學經驗下的詮釋活動，既重視回歸經典，關懷「道」的實踐（學統與道統），又強調「因故鼎新」、創造開展。文本的經典性，意味著它必須具有意義的開放性，能不斷的將歷史性的經典文本，應用於當下的詮釋學處境，與任何時代的我們「同在」，從而實現了經典詮釋雖同歸於「道統」譜系，而能「一統而多元」地，轉出不同的解經型態，有「不同的理解」，因為在理解、詮釋的當下，亦同步同時進行了應用[37]，如此，解經是應用（Applikation），詮釋是應用，而文化道統的延續是詮釋應用，以學統賡續參與道統行列，訓釋經典，培成人才，化育民人，也都是一種廣義的詮釋應用與文化實踐。

二、儒家的經學教化與「聖典」致用

中國經學的發展史，基本上說，即是儒家經典的詮釋學史。詮釋學告訴我們，任何經典都應該是當代的經典，經典只有不斷與現代視域融合，它才能開出新的意義和真理。這個詮釋學的真理設定，甚有啟於我們今天談戴震及揚州三子的經典詮釋。通過經典詮釋，不僅可以賦予傳統經學研究以新貌新姿，對中國哲學的研究來說，亦不啻是發展哲學研究的重要道路之一。在詮釋學中，當下不是評價過去的決定性和最終立足點，歷史也不是伸向我們背後的瓦礫碎片，歷史是活的，透過詮釋學做為反思定向，面對來自過去的文本，我們持續與經典作品交談對話，經典持續

在我們的理解詮釋中，活躍運作著，經典作品便在這種不斷交談
中，獲取新生而能生生不息。

　　特別要補充說明的是，華人文化中所謂的經典，或者中國傳
統的經典詮釋、經學傳統，不論其所採取的詮釋傾向如何，解經
進路如何，舉凡「經典」，都隱含著「恒久之至道，不刊之鴻
教」意味，所謂「經典」，亦必然和聖人有關，同時，因經學長
期和官學密切相關，中國經學傳統下的「經典」，同時也是「聖
典」、「正典」、「教典」，具備「經典與聖典」同一、「經典
與教典」的同一概念[38]，必須先為釐清。而在西方，所謂「聖

---

[38] 漢語中，與「經典」對應的英語單詞，有 classic 及 canon 二者。
classics，起源於古典學研究，原指古希臘、羅馬時代的古典文學作
品。它首先必須是古典作品，絕不能是現代的，且必須表現出普遍人性
與文學經典的唯美性和永恒性，才能稱之。classics 後來從傳統的古典
文學領域，演變成為優秀的、禁得起各階層、長時期考驗，能持久行
遠、具備深邃思想、卓越藝術性的作品。canon，係從古希臘語 kanna
而來，原初與《聖經》新、舊約及教會規章制度有關，具有濃厚的宗教
淵源，其最重要的用法，是指經由教會所認可的聖經正典。後來則衍
為，經由特定權威人士所組成的特定機構遴選出來，具備特定利益集團
和社會群體訴求的規範功能文本，故其權力的結構、意識形態的運作過
程，在相當程度中，折射了經典遴選者的階級、種族、性別和性取向，
可代表經典政治化、宗教化、權威化的積極表述。簡單來說，classic 在
數量上，具有更大的包容性和柔韌力，故在數目上不確定；canon 則是
一個集合概念，是排他的，是指整個系統，在現代文明中，扮演基礎性
的角色，彰顯經典唯一性和權威性。參李玉平：《多元文化時代的文學
經典理論》，（天津：南開大學出版社，2010.01 一版一刷），頁 1-
28。由此可以發現，傳統經學中的「六經」，是傾向 canon 類型的經
典，因為它具有正統意味，且具有神聖性；「四書」則是傾向 classics
類型的經典，是在經部之學不斷發展過程中，因其文化及知識領域等向

典」（kanon）僅能指「聖經」，其意義必須是不可變異的，是獨斷型的詮釋學，這是西方的「解經學」（Exegesis）；聖經是卓越的神聖文本，找尋其固定意義，並把它們做為教導性的真理和指示，應用於當前的具體情況。西方所謂的「經典」（Klassik/classic）、經典詮釋，雖其初始和《聖經》詮釋有關，但卻另外發展為探究型的詮釋，此即今日所說的「詮釋學」（Hermeneutik）[39]。伽達默爾另指出，一種被冠之以「經典的」文本，必然是傑出、優異值得人們尊崇和效法的文本。他更強調「經典性」的概念，認為經典的品性，決不能被簡單解釋為一種歷史研究風格，僅是一個指稱特定時期的描述，而必須要求恢復「經典性概念」所蘊藏的規範要素。對應於傳統經典的詮釋視域來說，歷代經典之所以不斷被詮釋，其解經工作之所以有意義，便是由於經典具備「經典性」特徵，能超越時間，「無時間性」、「同時性」地，保存了自身的歷史性存在，又能將自身帶

度，被公認為傑出一流的、具有典型性的作品。傳統經學中的經典作者（廣義的作者群），都屬聖人行列，稱為「聖典」自無疑義；歷代的經典注疏者，無不是為了能在經典注疏及解經的過程中，達成解釋經典的目的。此一目的，有時受官方邀請認可，讓原先的「正典」成為「政典」，如：受敕編修的《五經正義》、《十三經注疏》；有時則是經由解釋者獨抒己意的詮釋後，加入成為後代學者認可的「正典」，如：《四書》，由「經典」至「政典」、「正典」的過程，不僅標舉了華人特殊的經典意識及經學觀，此 classics 與 canon 關係之難解，及「經典」到「正典」的發展，亦和西方所謂「經典」及「經典詮釋」的演變過程，有異曲同工之妙。

[39] 有關聖典、經典及「獨斷型詮釋」、「探究型詮釋」的詳細說明，另可參洪漢鼎：《詮釋學—它的歷史和當代發展》，（北京：北京人民出版社，2005.10 重印二刷），頁 1-8、15-21。

入當下,而讓真的東西(真理)進入存在。[40]換句話說,當經典
被不同時代的詮釋者,帶入當代的詮釋語境後,經典便不只是歷
史現象或過去事實的陳述,而是可以不斷向人們(特別是經典詮
釋者)訴說的真理。對傳統經學來說,這便是解經者必然涵藏的
經學意識:道統脈絡、聖人關懷、價值(道)真理、修己治人,
此雖不同於哲學詮釋學脈絡下,為闡明自身存在而發,但就「經
典性」概念而來的詮釋思考及方法路徑,卻具備相當程度的座標

---

[40] 伽達默爾在《真理與方法》的「經典性(Klassisch/classical)的例證」
這一小節中,對經典性概念的歷史性特徵進行了簡短的歷史考察。他從
歷史性角度觀察,經典性概念與「經典的古代」(Klassischen
Altertum)亦即被稱之為古希臘羅馬的古典時期相關。此一事實造成兩
方面的結果。其一,「經典的古代」代表著古代某個特定時期(古希臘
羅馬的古典時期)的經典性,這種經典性有著典範的意義,因其作品的
傑出性而成為後代學習的榜樣,衍申為衡量後世作品是否具有可流傳的
超越價值的規範性標準,也是進行意義評價和作品批評價值的準則。其
二,由於「經典的古代」的超越卓絕(西方人認為希臘時代是一個完滿
的時代,希臘人是天性完善的人,故希臘藝術是不可企及的典範),因
此,經典性成為古代那個特定時期的特定的描述規範詞彙,經典性變成
了一種歷史性風格的概念,它只指稱著一個特殊的歷史時期。這個歷史
時期曾被美化,到 19 世紀以後,在反對把歷史視為理念的單純表象,
及科學歷史主義的衝擊下,經典性不過指稱一個特定的歷史時期,不再
表示任何超歷史無時間限制的價值,也不再具備規範性標準所賦予的優
越性價值。正是基於這種「經典性」概念的轉變,故伽達默爾主張,在
哲學詮釋學視域中,經典的歷史因素,所內涵的價值及意義,具有超時
間性和超歷史性特徵,它所具有的典範意義的規範性內涵,保證了它不
會被博物館化。因為經典只有在詮釋活動中,在過去與現在的仲介中,
才能通過詮釋將自身的真理呈現出來。參漢斯‧格奧爾格‧伽達默爾
著‧洪漢鼎譯:《真理與方法》I,(北京:北京商務印書館,2007.04
一版一刷),頁 388-395。

意義。

　　中國歷代的經典詮釋者，不論採取漢學或宋學進路，於「為往聖繼絕學，為萬世開太平」的經典詮釋意識，都是相同的，或逕自注經解義，「以述代作」或「以修纂取代述作」，經、傳、注、疏的遞進性型態，容或可有一定程度的彈性更動，但基本上，運用經學施以教化，談經典的致用之道，使經典能夠不斷「活生生」地，重新在當代世界展現出來，是歷代解經者最重要的詮釋動機與目的。故其經典詮釋的重點，不獨是方法論視域，同時也可隱含著「心解」、「心悟」的存有論視域。換言之，此「心解」、「心悟」，便是解經者的「前理解結構」，由此去談和經典文本、解經者、作者的「視域融合」（Horizontverschmelzung），經典意義的揭露，便是在前理解結構中，得以觀照、澄清、開顯。對比於戴震、焦循來說，戴、焦二人雖也談經典詮釋需關注詮釋者的「心知」、「性靈」，焦循甚至還說「證實運虛，庶幾學經之道」也，然推其詮釋，仍係採取虛實互濟、訓詁義理併見的立場，此和伽達默爾「哲學詮釋學」，採取存有論的立場，顯然不同。換言之，不論戴震或揚州三子，雖然已擺脫傳統以「經典注疏」為主，做為「注經學」的詮釋格局，而朝向「經典詮釋」，做為面向生活世界的理解詮釋，從而呈現出古典文本的複雜與多向取徑，但總體來說，亦並不是像「哲學詮釋學」，是為了在根本深層的度向上，僅是使自身存有的世界得以充實完滿的目的。

　　話雖如此，卻並不妨於我們借助「哲學詮釋學」及西方詮釋學，以比觀對照揚州三子經典詮釋的作用。首先，按照伽達默爾的觀點，詮釋學應是一種哲學，而不只是方法，這樣的觀點雖和

戴震、焦循欲通過解經以建構個人哲學，有些雷同，然而，傳承物的本質以語言性作為其標誌，詮釋學的任務，是在此文字傳承物所傳介的意義域之內活動，只有當事先存有（作為正確前提的）辨譯的情況下，方能對文字傳承物進行理解，並從而獲得一種移動和擴展事物的可能性[41]，此植基於詮釋者的「前理解結構」，亦必受制於其所處的詮釋學境遇。於此，我們可以得以進一步追問，戴震、焦循通過經典詮釋以建構個人哲學，其所從事的解經活動，究竟是為了個人絕對的精神嚮往或意志自由？還是有其他的考慮？很顯然的，即使是朱熹注解《四書》，目的都不脫經典的「致用」關懷，必須以經學經世，以經典修己治人。

其次，戴震、焦循雖然通過解經方式，建構了個人的哲學系統，但於淩廷堪、阮元來說，其經典詮釋之展開，則更鮮明其「實踐」意識。細究淩、阮二人於經典文本的訓解，很容易便可發現他們「自說自話」的「特殊性」解釋。詁經考析、經典詮釋「凡古必真」、「信古為見」的結果，不僅使經典文本，連字面的辨譯和理解，都失其歸趨，也使經典的疏訓詮釋，有意義悖謬的傾向，比如阮元「訓仁」為「實行」，訓「一貫」為「行事」，顯然已別出訓詁之外；而淩廷堪一切「唯禮」為上，強調儒學中心唯禮是從的思考，道德仁義以禮為依歸，聖人言禮不言理的詮釋，亦是困限了儒家思考。雖其於禮例、名物制度上多所辨析，於儒家制禮思想多所闡發，終難免於偏頗之見。但若從「致用」的目的來看，淩、阮二人，強調生活世界的禮文教養，

---

[41] 參漢斯・格奧爾格・伽達默爾著・洪漢鼎譯：《真理與方法》I，（北京：北京商務印書館，2007.04一版一刷），頁526-527。

以經典教化民人百姓，穩立人倫禮序，面向生活實踐的關懷，則與戴震、焦循並無不同。

來自經學的經世之思，通過經典詮釋以實踐，使儒家經典不斷煥發新貌，經典既存在於歷史的洪流中，同時也活生生地活在當下的境遇，儒家經典的豐富性、殊異性，不僅讓它成為歷代思想的資糧，來自經典的習成培養，同時也教化慰育了華人的文化心靈，而不論此「經世致用」的內容如何，此「致用」的核心思考，雖然不同於「哲學詮釋學」特別側重於個人內外的和諧自由，卻無妨於建構中國的經典詮釋學傳統。

當然，筆者也同意，部分的經典詮釋者，通過個人生活的體驗，試圖發掘經典價值與自身存有世界的合一，以取得與聖人感通和自身理解的詮釋，並非僅是由個人主觀建構自家哲思的過程，尤有進者，很可能也隱藏著「詮釋的轉向」，由方法論轉為存有論的可能[42]，然而對戴震及揚州三子來說，此預取於個人存有價值的把握體會或彰顯，並不在他們的考慮範圍內，此由戴震及三子寡言形上世界，而關注於具體行事、生活場域的實踐可以得見。三子強調實事求是，實學實行的詮釋核心，顯然不同於談經典之體會、感悟、心得歷程，雖其理解詮釋亦非來自個人主觀，不過預先假定經典必以教化，且利用種種語文學的方法及手

---

[42] 洪漢鼎先生指出：「要發展中國的經典詮釋，就要強調從方法論到本體論的這個轉向，強調理解的本質不是我主觀的行為，而是我被事情本身所吸引而參與到裡面了。」參氏著：《詮釋學與中國經典注釋》，（北京：北京燕山出版社，2015.05 一版一刷），頁 120。近年來，成中英提倡的「本體詮釋學」，林安梧先生提倡「道論的詮釋學」，即是洪先生所謂的「詮釋學轉向」的研究之一。

段，使教化意義重新凸顯於當代世界的思考[43]，卻是很鮮明的。

綜上所述，關於由「注經學」走向「經典詮釋」的詮釋學處境發展，可以歸納出以下幾點。首先，經典詮釋學並不僅是一種方法論的探究，雖然，經典詮釋學並不排斥語文學或歷史性的考察，然此章句訓詁之鑰，仍僅是詮釋者得以彰明經解思考的仲介；其次，經典詮釋並不以彰顯個人存有的價值為最終目的，亦即它雖不排斥心知、體悟的直接理解，但不需必然如此；詮釋學的真正位置，在經典對解釋者的陌生與熟悉的中間地帶。詮釋者的任務，是將經典文本帶入自己的詮釋視域，透過理解、詮釋的行動（Einrücken），以其詮釋的實踐，凸顯其應用價值。基於此一詮釋、理解、應用的合一性，可據以建構詮釋者的思想譜系，走向存有論的發展，但並不以建構哲學系統為終極，而關注在經典詮釋的實踐應用。其三，植基於前述的「經典性」概念，以經典詮釋學作為普通詮釋學的一環，透過詮釋者與經典主體間性的關係建立，以視域融合、我與您的問答結構，詮釋者得以在意義無限開放的詮釋學處境中，向經典提問回答，經典亦得以向詮釋者訴說自己的真理；並且通過這種持續性的詮釋實踐及應用，向每一代的詮釋者，不斷地證明著自己的經典性。

透過經典意義的重新發現或再釐清，敞開經典的意義視域，

---

[43] 阿佩爾（Karl-Otto Apel, 1921-2006）指出：「詮釋學哲學總是預先假定宗教、哲學和文學傳統中的偉大文本都具有不可替代的活生生的意義。」參阿佩爾著‧孫周興譯：《哲學的改造》，（上海：上海譯文出版社，1994 一版），頁 3。若採取阿佩爾的角度來觀察，戴震及揚州三子的經典詮釋，雖其經典詮釋亦隱藏有部分的哲思火光，但並不同於伽達默爾的「哲學詮釋學」。

使彰顯經典真理，不僅是解經者個人發現真理的方法過程，也是參與聖人道統、代聖人行教的方法，此教化之所以可能，不在於談經典文本之價值超越，而在落實於日常人倫物用，一方面是傳統經學「修己治人」的回歸，也是三子「致用生活」、「以學明道」的理解詮釋與應用，以其新的經詮意識形態，穩立當下，走向未來。

正因儒家經典得以不斷地被重新經驗、理解、詮釋，這種採取主體間性的對話活動，沒有終極有效的回答，其不斷形成的詮釋學經驗的有限性，適足以開啟經典理解中意義的無限性可能。[44]是以探究傳統經典的如上價值及特徵，由「注經學」、「經典注疏學」走向「經典詮釋學」的路徑發展，於焉可能。

---

[44] 參傅永軍：〈東亞儒學的經典意識及其詮釋學效應〉，收入《孔子研究》（2017 年第 2 期），（濟南：中國孔子基金會，2017.12 一版），頁 34-43。

第七章　結　論

　　揚州學術素以「通、博、精、大」著稱,由揚州三子在經典詮釋上的產出貢獻,實可進一步確立證成。焦循遍注群經,阮元纂修群書,已不待言;凌廷堪於經學,雖僅針對《禮》學發揮;然而三子在史地、術算、詩賦、戲曲,甚至子學亦有所及。本書為恐所言未能聚焦,僅能針對經學核心作論,未能全幅通觀揚州三子博學廣大之面向,此誠不免有憾,卻也是筆者撰作初始的刻意作為所在。通過三子解經時的經注引證,此「通、博、精、大」特徵,已可獲得部分之呈現;因為三子採取「通、博、精、大」的全幅考慮以訓釋經典,其所揭櫫的經典詮釋特徵、作用、意義與價值,方為本文關注重心所在。

　　筆者通過戴震及揚州三子解經方法的分析,於本書第二章及第三章中,指出三子於戴震學問的繼承及轉出,及其經典詮釋的貢獻及價值,特別是以注經的方法進路,強調徵實考辨、研古實證的詮釋方法,而言經典之發用,必落實於日用倫常的實事實踐,可以說在「理解詮釋」及「實踐應用」上,是一致而貫通的。三子雖基於對宋明解經及當代經說之不滿,盼望就解經方法及經義內涵的重新釐定,提出「真正的經義」,以回應流於虛玄掛空、或淪於餖飣瑣碎的經典訓釋;然而實際來說,三子係透過經典詮釋,提出一套現實社會中,「真正可行」的教化南箴和指

向。本文第四、五章指出，三子從《六經》及各種典籍中，找到可為論據的核心論述，如「性、命」、「理、禮」等，以重新確認及考證釐定，提出新時代、新社會的價值論述，透過追溯傳統經典的原意回歸、澄清辨析，卻也展示了解經者在與經典互動的過程中，試圖以其「實學」、心知的詮釋，參與並繼承道統的取向。

此間，不論是歸納析釋禮例或修纂編寫經籍，皆是為了幫助民人百姓、知識菁英，在面對乾嘉昌明之世，個人性命可以如何保定、安遂、知命而造命的歷程；由個人主體的確立，轉向個人在社會中習禮勉德，在倫理位序上的合禮安立。對知識圈來說，培養學術人才，施以經典講習、從事經注經解，育成菁英，是可施作的路徑，故阮元開設書院，通過編修考釋經典，以重構經學話語；而對一般老百姓而言，則須培養生活教養，在家庭及宗族鄉黨中，習成禮容威儀、典章制度，以具體的生活實踐，辭讓敬德。另就學習典範而言，值得稱述學習的對象，更從原本的聖人聖王、經生師儒，延伸及於疇人、專門領域，談在專門技術上有貢獻的人，可以說，於「實事實行」的生活關注上，更加擴大延伸其範圍。

本書第五章中，詳細說明了三子凸出「禮」的道德意義，強調「以禮代理」，以恢復古代禮學，否定宋明理學的合法性。文中指出，三子試圖透過重新確認孔、孟及《六經》中的行事規準，建立一套新論述，以協調當時社會更見複雜的人際關係，直接在民人的各項生活儀節與典章制度中落實，以啟蒙教化、落實民常。這不僅代表，當時的社會倫理規準已經失效，「理」所帶來的弊病大於現實目的，也表示時運趨會之下，當時學者對前賢

曾提供的學術形象與感悟，正逼迫他們必須提出異同交織的獨特追求與價值。

至於隱身在禮以經世，致用民人背後所含藏的思考，既是個人的情性暢遂，更是社會群體，乃至家國天下的安定和諧。而以文化治政，談民人的生活教養、重視知識習成，便是幫助傳統以來，儒學重視「仁政王道」的實踐之方。換句話說，所謂實現仁政、王道理想，不必期待聖君明相，那種由上而下的聖心發動、仁心朗現，因為聖王個人的道德性完滿，雖然美善卻不可把握其必然，可期而不可恃；所謂仁政王道的落實，應是幫助當下的每一名百姓愉快生活，在日常物用的儀節禮分上要求實踐，以經典致用民常，勤威儀、勉民德，敷以教化，此便是施行禮文，實現仁政的具體效驗；談經典的發用落實，是經典詮釋走向生活世界，並以其經典詮釋，迎向倫理生活的擴深及展開。

本書第六章中，則基於前幅闡述，進一步對比於西方詮釋學觀察，戴震及三子之解經路徑及其經義闡釋，具備由繼承傳統的「經典注疏學」走向「經典詮釋學」的發展傾向。此係傳統經學教化，在「聖典、經典、教典」合一的前提下，以經典詮釋致用民人的文化實踐，故是以學統參與道統，以學明道、學以體道的過程。一方面在通經致用中的真實世界中，探究並追索真理價值；也在生活實踐上，體貼並朗現真理；此即儒學所謂「我欲仁，斯仁至矣」的積極實踐，「道」不須遠求，也無須遠求，「道」就在倫理日常的實踐當中。換言之，面對經典，揚州三子因其時代差異、地域文化甚至政治因素，基於個人構成的前見，各自帶入他們的詮釋學處境，此在形式表現上是「回歸經典」，實際上卻是將經典的「原意」，放在當下的意義視域中去解讀，

其所構成的意義視域，雖係強調從「原意」出發，強調徵實、考據、章句訓詁的解釋方法，但終是向著「原意」而展開了「不同的理解」。此一特徵，使傳統經學研究，談解經學、注經學，由「經、傳、注、疏」進路，得以朝向「經典詮釋」發展，以今日學術研究的發展來看，以經學、中國的經典詮釋，參與全球化的詮釋學討論、對話，無疑具備了參考座標的價值及意義。

詮釋學告訴我們，任何經典都應該是當代的經典，任何真理都應當是當代的真理，經典只有不斷與現代視域融合，它才能開出新的意義和真理。文本作為一種經典，不論是歷史的，還是現代的，不論是文學的，還是歷史的，它都必須與現代語境相聯繫，必須不斷詮釋和理解。從這裡來看中國經典注疏及詮釋傳統，並停下來重新審視我們當下的視域，可以預見的成果是，當我們討論古代經典，便可在奠基於傳統的養分下，從文化及地域性特徵向上提高一層，以人類普遍性的存有方式，討論人類的普遍性問題。如果說，那些儒家經典訴說著的東西，仍然無懼於技術理性、資本經濟洪流，猶然保持著它的典範性的話，透過經典詮釋搭建橋樑，他們的言說，便能與人們在不斷的交談對話中獲取新生。換言之，對於作為自身傳統的古代經典，不僅可以運用現代思維，予以批判反思；也可以基於當今的現代思維，審視作為「他者」的西方古代，或西方現代予以省察，並將之都納為自己的有效思想資源。如此一來，文化的地域性差異及狹隘的區域性視野，就可以被打破了，文化帶有普遍性質的特徵，人類生活的共同性思考，就可以成為理解詮釋經典時的主導因素。是以乾嘉時期，來自帝王威勢的自我壓抑與審查心理，便不再只是有清王朝的政治現實描述；考慮「性、命」，「理、禮」論題，也將

不再限於是中國的古代對現代、或西方的古代和現代、中國思想和現代思想，是中國對西方、或西方對中國思想是否有效的問題，相反的，這些已經事先將古今、中西拆解開來的對立考量，都成了虛假的命題。

另就傳統經學及中國哲學研究來說，此一斷代式、區域型態的「經典詮釋」現象，之所以別具意義，值得考察，顯然亦是啟自揚州獨特的文化地理特徵而來。如果不是揚州豐沛的經濟資源，揚州藏書家、阮元學圈與皖學、徽學的養分奠基，三子的經典詮釋面貌，亦不會如此兼綜匯合、多元而多彩。哲學研究著意於哲學論述的間架建構，重視是否圓成其系統，故多批評清人、特別是乾嘉學者，沒有思想可言，通過本文分析，適足以回答哲學或思想的不同面貌。特別是針對揚州三子來說，三子均不願被歸為漢學、宋學家，而主張學問當兼容；也不再作意於顧氏所言「經學即理學」、戴震所說「道在六經」，而直接以「經學性靈」、「經不詁不明」，主張動態的生活培養、「時用」的研經目的。從這裡來說，經學談「修己治人」之道，通過宋明強調「修己」，到三子轉以重視「治人」，注經解經既非以完善自身為第一義，那麼其所提出對經典的詮釋理解，自然也就以「治人」為主要訴說。經典中所保存的真理──道，對他們來說，就不能只是在故紙堆中尋找，而是以舊有的古代經典為紀錄載體，以其「開放的問答結構」，向詮釋者提供一份多樣化的、新的東西。經典的規範性意義在此，經典作為一種能揭示詮釋學真理的泉源，其意義亦在此。如此，站在哲學研究的角度上看來，這種揭櫫經典中對性命、天道詮釋方式及意義的轉向，就不會被「哲學性」的遮蔽，而可以被不斷掘發闡揚。此亦筆者欲藉三子之經

典詮釋，另開傳統經學及中國哲學研究路徑之用心及作意所在。

　　當然，通過本文對戴震及揚州三子之解析探研，亦同時發現以下可以接續的工作：

　　其一，對傳統的經注、經詮來說，解經者的經學意識及注經型態，其偏重或有漢學、宋學之不同，但基本上，經學都承載有文化及文明的「啟蒙教養」任務，甚至是「政治工具」的意義。戴震及揚州三子，固是乾嘉學者中極其特出而秀異者，筆者將其歸於「重考據」、「明義理」，「兩端而一致」的詮釋集成，是面向生活世界的「致用」型態。然而，舉凡類型學的分判，便有受限於概括而不準確的問題，乾嘉時期長達百年，其他未能收入本文的學者，其經解特徵、經典詮釋型態，除了前賢採地域歸納，析為吳學、皖學、徽學外，是否能以現代性的學術話語，說明其詮釋異同、承繼及對比，甚至與晚清完全大破大立的「新經解」併同觀察，較為全面而周詳地分析，中國經典詮釋於清代以後的轉型，或許是後續可進行的方向之一。

　　其次，析明揚州三子由「經典注疏學」走向「經典詮釋學」的發展，是本文的核心要務，然而三子的學問，畢竟不限於經學而已。不論焦、凌、阮之個人，或併同三子在「游於藝」表現，亦稱精采；三子學問以博通精大著稱，焦循更被阮元直接譽美為「通儒」，針對乾嘉時期的民間爭訟個案，三子亦分別論及；然而這些表現，委實旁溢本文太多，筆者亦難於本文作論，僅能盼於來日。

　　其三，三子採取經典教化以轉移民風，改造民心，盼望「學以明道」，阮元甚至「因官顯學」，足見經學的教育、教養之功。近現代學科分化以後，傳統經學的內涵，被分科教育所汲

取，經學的內容及作用，反而隱晦不明。除了本文前幅所論之經學哲學、經典詮釋學外，其跨領域的研究，如：經學教育學、經學社會學（文化、法律、信仰），乃至經學科學（天文、術算），或許亦是可以考慮研究的範圍，亦能裨益於當今談跨領域學習，強調知識遷移的素養培成。

最後，本文試圖經由現代性的學術語言，以「經典詮釋」指出一條未來經學及中國哲學研究的可能性路徑，是以闡明戴震及揚州三子的解經進路、方法過程，指出三子談回歸本意的詮釋模式，其實係從事一種「三子新詮」，是倡言「經典新價值」的可能；而三子溢出經學範圍的產出，則隱含有樹立「新經典價值」的傾向。三子特別強調，儒家思想中關於倫理教養、五倫中「君臣、父子、夫婦、兄弟、朋友」的往來互動，特別是人我、群己的習成共善，對當今資本主義猖獗，人類陷入機械化宰制與物質文明的壓抑扭曲，無疑具有提示性作用。此落實於當代的倫理關懷，談「倫常日用」開啟當代的「新人倫意識」，亦是本研究可續為展開的論題。

古代讀書人談經世致用、經典講習，從來都不是為了建構「知識系統」，而是為了提供自身更多賴以生存、生活的思考養分。時空改變，在科技進步、工具理性高張的現代化社會，我們當然不必企求「經學治世」，或者自詡張揚地要「代聖人行教」，因為那很容易淪為一種廿一世紀的空思謬想，流於另一種「意見」的妄尊自大；經學或經典所給予我們的，始終都是面對當下的現實生活，可以如何、該當如何的照亮或提醒。

是以與其說，戴震及揚州三子的「經典詮釋」，在學術研究上，真正開啟了什麼？毋寧說，筆者的研究，係提供經學及中國

哲學研究，一股舒通經學筋血，精大哲學骨力的泉源脈動；而在學術研究之外，具體而真實的生活中，傳統華人的倫理日常，亦可因三子的經典詮釋，得以有重新安頓條理，以倫理文化滲透人心、涵化生命的導引；由親情血緣推愛及於世人，使社會愉快，家國幸福，在全球化倫理的思維模式下，啟於世界和平。如此，三子「經典詮釋」所帶來的愉快性命、福利人生，強調知識、學習的思考，便有一豐潤生命、再綻輝光的可能。

附　錄

儒家經典詮釋的作用與價值[*]

提　要

　　本文試圖説明儒家經典詮釋的三項作用：經綸世務，致用民人；通經求理，架構新説；涵詠感悟，修身自得；指出儒家的經典詮釋，既有闡揚並發揮經學論述核心──修己治人之道的一面，亦強調經典内容意義的闡明，關注「詮釋的發揮與展開」，為朗現真理而服務。

　　關注歷代的經典注疏，可以發現，由偏重經學訓詁的詮釋，漸次走向經學哲理化、儒學形上化，乃至兼重實證與思想的詮釋，正指明一個可能的發展：亦即中國的「經典詮釋」雖不脱傳統經學之致用色彩，以考據訓詁為詮釋基礎，更以心知感悟的優位性補強其詮釋。這種「重章句、明哲理」兩端而一致式的詮釋模型，似亦更是傳統「經典注疏」走向「經典詮釋」的路徑。此由傳統「經典注疏學」轉向當代中國「經典詮釋學」的建構，正可提供東西哲學及經典詮釋對話的可能方向。

關鍵詞：儒家　經典詮釋　經世致用　教化

---

[*]　本文原刊登於傅永軍・陳治國主編：《中國詮釋學》第 17 輯，（山東：山東大學出版社，2018.12 一版一刷），頁 169-185。

一、前言──詮釋的事實與真實

「經學」、「經典」等概念，雖是漢代以後的說法，但我們今日討論中國的經典詮釋，卻必需和經學發展關聯來說；這是因為，從經學發展的歷史演變來看，經學和官學、政治密不可分，而不論經典地位之形成、內容訓釋、詮釋進路或經義釐清，歷代經典之所以不斷被更新詮釋，其核心要素，除了知識興味外，更重要的是，透過大量解經者的參與投入，歷朝詮釋向度的各自表述，均在加強確立、或推移經典地位；解經析經的目的，總也含括著具體的現實意義：或為官方政統服務，或代聖人集團宣教行道；而政教、學術兩端，在傳統社會中，無論如何都是緊密相合的。

雖然，經學不必直接等同於官學，甚至在某些時刻，經典內容意義的詮釋更新，相當程度也挑戰了傳統；但即便如此，不可否認的，經典詮釋必和解經者所處的時間斷限、社會文化背景相關。原典所記錄的語言文字，透過解經者的梳理分析，所呈現的，雖不一定符合客觀意義上文本事件（人物）的「真實」，但卻表達了解經者所欲「形塑」的真實；或者可以說，經學的發展史，是中國經典詮釋的歷程史，而此經典詮釋的核心，並不以證成客觀問題為準據，而是以圓成真理為核心。正因時空環境改變，經典得以經由解經者的理解詮釋，將文本內容轉譯成文化觀念，潛移默化地在學術社群中傳播流動，或講學、或論辯，縱橫激盪，溝通對話；而隨著詮釋方法及態度不同，在解經析義時所造成差異，因而形成各自的論述系統，亦不斷推促著詮釋活動的蓬勃活絡。

　　若借用伽達默爾（Hans-Georg Gadamer, 1900-2002）的話來說，正是由於這種「時間距離（Zeitenabstand）」[1]，推促詮釋活動不斷發展，時空變異所帶來觀念移易，可能緩急不定，但人類對現象世界的回應，卻不可能停止，而詮釋活動所提供的穿透力、擴散力和感染力，正在此上回應了生活。

　　是以，對解經者個人來說，經典詮釋具備自我涵養及經世濟民之兩面；是參與道統、繼述道統的過程，亦是步步上溯天道、下達人事的實踐；另從經學演變的歷史上觀察，對經典意義、哲學論題的不斷闡明辯證，或推擴發揚、或變古開今，使經典得以不斷闡新更化，是以藉由「詮釋學經驗」[2]來觀察中國傳統的經

---

[1]　伽達默爾指出：「詮釋學必須把那種在以往的詮釋學中，完全處於邊緣地帶的東西，置於突出的地位上，這種東西界是時間距離（Zeitenabstand）。」、「時間距離是理解的一種積極創造的可能性。時間距離不是一個張著大口的鴻溝，而是由習俗和傳統的連續性所填滿，正是由於這種連續性，一切傳承物才向我們呈現了出來。」、「只有從某種歷史距離出發，才可能達到客觀的認識。」參漢斯‧格奧爾格‧伽達默爾著，洪漢鼎譯：《真理與方法》I（*Truth and Method* 修訂譯本），（北京：北京商務印書館，2007.04 一版一刷），頁 402、404-405。需補充說明的是，伽達默爾雖然認為「時間距離」促進詮釋學的思考，使存在於事情裡的真正意義充分地顯露出來，但此過程本身並沒有一種封閉的界限，而是一種不斷運動和擴展的過程。筆者藉此言歷代經典之所以不斷被更新詮釋，便是基於這種時空距離的過濾，引起人們反思，而得以更新詮釋。

[2]　筆者此處所謂的「詮釋學經驗」，係強調詮釋的「有限性、否定性、辯證及歷史性」特徵。正因詮釋者保持開放的態度，重視作者、文本（經典）、我（解經者）三者的「視域融合」（Horizontverschmelzung / Fusion of horizons），故能使傳承物（經典文本）真正意義的汲萃（Ausschöpfung / exhaustion）得以永無止境。參漢斯‧格奧爾格‧伽達

典詮釋，或許更可避免陷入「事實／價值」、「託古／鑒今」、「政教法典／自我修為」的兩橛當中。

二、經學發展與治世行道

漢武帝立五經博士，五經遂為學術正統，自漢至唐，關於《五經》要義的注疏型態，或有差異，但均在《詩》、《書》、《禮》、《易》、《春秋》五部經典的範圍內。到了宋代，經典詮釋的視角，開始由《五經》轉向《四書》，但環扣著《五經》的經典注疏仍為大宗。

朱子將先秦儒家思想，向上推升了一個高度，特別是對《五經》以來的經典訓釋傳統，試圖注入更多新思考，除了經典內容意義的縱橫延伸及擴大外，於經學研究及詮釋範圍，也從偏重《五經》的詮釋，順利轉化為偏向《四書》的詮釋[3]，綜括來說，朱子採取融通義理，明經改作，紹道統、立人極，上究聖人，下啟後世的詮釋特徵，稱其為經學泰斗，「間世之鉅儒」[4]、「新儒學哲學之完成」[5]、「東亞儒學公分母」[6]，洵非過

默爾（Hans-Georg Gadamer, 1900-2002）著，洪漢鼎譯：《真理與方法》I（*Truth and Method* 修訂譯本），頁 406、470-491。

[3] 朱熹論學重點由《五經》轉至《四書》，影響所及，元明皆承之。有關此處的討論，可另參錢穆：《朱子新學案》（新校本）第四冊，（北京：九州出版社，2011.01 一版一刷），頁 189-242。朱熹雖不廢《五經》修纂，但更重視《四書》，以《朱子語類》而言，釋《四書》處便亦多於《五經》，故可說，朱子雖兼攝經學理學兩端，但理學家朱熹，更為首出，此由他晚年猶孜孜於《集注》的增刪，亦可見於一斑。

[4] 黃宗羲著‧全祖望補修，陳金生、梁運華點校：《宋元學案》卷 48〈晦翁學案上〉，（臺北：華世出版社，1987.09 臺一版），頁 1505。

譽。特別是朱熹以後，《四書》成為制舉用書[7]，胡廣（1370-1418）等人於永樂年間奉敕纂的《四書大全》，更可說是直接加強了讀書人對儒學傳統和經典權威地位的穩固，但在科舉應制和思想解放上，反而起著雙重作用。可以說，隨著商品經濟、社會繁榮，帝王政治掌控力逐漸鬆動，活躍的學術空氣，正不斷助成新思潮湧現，傳統經典詮釋亦在多方能量匯聚下，更積極的向哲學思辨靠攏。

　　時至清朝，由官方主導的《十三經注疏》，完聚了經解保存之功，卻也在一定程度下，影響經學發展的走向。清代經學以考據著稱，和皇權高壓統治的政治現實，不可切割，不論採取埋首故紙、為學術而學術；或是迴環迂曲地論禮治、談情欲，試圖淡

5　陳榮捷：《朱學論集》，（臺北：臺灣學生書局，1982.04 初版），頁2。

6　黃俊傑‧林維杰編：《東亞朱子學的同調與異趣‧導言》，（臺北：臺灣大學出版中心，2006.12 一版一刷），頁 vi。

7　如：明代的科舉考試，第一場試四書義三道、經義四道，即從《大學》、《中庸》、《論語》、《孟子》中出題三道，這是所有考生的必作題，又從《易經》、《詩經》、《尚書》、《春秋》、《禮記》中各出題四道，考生只須作平日所專攻並於考前報選經書的題目；第二場試論一道，判語五條，詔、誥、表內科一道；第三場試經史時務策五道。可見四書考題，是所有科考士子必備且精熟的知識。顧炎武就指出：「明初三場之制雖有先後而無輕重，乃士子之精力多專於一經，略於考古。主司閱卷，復護所中之卷，而不深求其二三場。」見顧炎武：《（原抄本）顧亭林日知錄》卷 19〈三場〉，（臺北：文史哲出版社，1979），頁 475。並，有關科考用書的一般情況，可另參沈俊平：〈明中晚期坊刻制舉用書的出版及朝野人士的反應〉，收入《漢學研究》第 27 卷第 1 期，（臺北：國家圖書館，2009.03），頁 141-176。

化政治對個人的影響；都是解經者透過經典詮釋，或拯濟於當世，或利用於厚生，所呈現出來的文化樣貌。對經學家個人來說，學術知識的價值，不僅是形上理想而已，當然也包括具體的現實致用；福國利民的治世方策，必須有可實踐性、可操作性，才能長長久久，而透過古代經典，找到可對應眼前生活的謀劃之方，當然是詮釋經典的重要工作之一。

只不過，傳統以來，學術文化獨立地位有限，遭逢政治清明、聖君賢相的年代，學人盡其言責、發為諍言；至於士人因其表達而受過者，則不遑多讓；透過注疏詮釋經典，提供治世之方，自然也暗藏著行道實踐的風險。可貴的是，在歷代官學的主導下，未立為學官的經學思索，仍然蓬勃發展，鄭玄、朱熹等大儒，終身均未擔任朝廷要職，但他們所提出的經學詮釋，卻影響久遠。即於皇權最為膨脹的乾嘉時期，戴震、焦循、阮元，也在一定範圍內，藉由注疏詮釋經典發揮個人理念。

顧炎武曾經指出：「（聖人之道）其施之天下在政令、教化、刑法；其所著之書，皆以為撥亂反正，移風異俗，以馴致乎治平之用，而無益者不談。」[8]正點明了經學和政教相關的學術特徵。換言之，經學家的經世濟民之思，既掛搭在政令教化、刑法統治上頭，故提出教化主張以撥亂反正，馴化民人，改良風俗，使達治平理想，便是傳統知識分子共通的著作心理。經學家們或側身為師儒，或啟講於朝堂，故有君王與大臣共治，或士與君主共治的情況，至於那些無法直接與君王論政的經生，就採取

---

[8] 顧炎武：〈答友人論學書〉，收入《顧炎武全集 21‧亭林詩文集‧亭林文集卷之六》，（上海：上海古籍出版社，2011.12 一版一刷），頁199。

像顧炎武所說的，以應時性的注疏，提供一份側助政教的規箴，務期作用於當世，要言之，與政統治世密切相關，是談歷代經典詮釋時，不可忽略的一環。

三、經典詮釋的作用

筆者曾提出，儒家經典詮釋的係以「道統」為主脈，戴震兼重訓詁及義理兩端的詮釋，足堪稱為「經典詮釋的集成者」[9]。以下再針對經學的核心作用，詳為析說。

（一）經綸世務，致用民人

東漢末年，黨錮禍起，鄭玄身陷黨禁，卻也因之推促他學術上的輝煌，黨禁解除後，鄭玄雖屢受徵辟，但他卻無意仕宦，專力於儒家經典的詮釋注疏。前賢肯定鄭玄的經注貢獻，多鎖定他在語言學、名物訓詁及天文術數、史學上的貢獻，其實，鄭氏以「禮」遍注群經，才是他在名物訓詁、典章制度的經注考釋下，所欲闡釋說明的重點。

鄭玄打破今古文壁壘，匯合前人所得，並在一定的基礎上，糅和各家經說觀點，找尋今古文學中的共通話語；重兼聽、比較的研究，打破家法學派藩籬，博綜眾說，不僅在內容上，兼收今古經學的優點，在形式上，更採用簡明扼要的文體，採經注並陳，對注疏形式及經學發展產生不可抹滅的影響。特別是他總攬《三禮》，以《禮》溝通詮釋諸經，為天下學者指明治經的道路方法，直到清代，禮學仍是經學研究的大宗。可以說，鄭注的出

9　參王慧茹：〈儒家經典詮釋的集成──以戴震為核心〉，（臺北：臺北大學中文系《臺北大學中文學報》第 17 期，2015.03），頁 69-87。

現，建立訓解經典的模型，通過整合經學家的知識結構，採取語言文字、名物詁訓的考證方法注經，不僅從總體上，指明今古文融合的歸宿，更標誌著兩漢今古文經學的結晶；便是這種開闊的思維，有意識地注經模式，使東漢以後的經學，走向調和古今的綜合之路。

推究鄭玄所建構的新體系，是以禮學為經學核心的詮釋，他試圖為禮教敗壞的社會，尋求一條力矯時弊、針砭現實，穩立封建王朝於不墜的方法。鄭玄一方面主張加強中央集權，反對割據勢力，強調維護天子地位，屬下要順從君主；另方面也提出天子需自修其德，完善自身，才能獲得天命永福。

如鄭玄注《易》之〈震〉卦，言震雷之生，就像國君發布政令，震動全國百姓，國君居位要像打雷那樣有聲威，震懾警戒百姓，故其權位不能動搖[10]；注〈萃〉卦，則認為臣下要以順道承事其君，於各路諸侯，要求他們服從中央領導。[11]此外，他在《尚書・禹貢》注則指出，諸侯要同心協力，尊事天子，朝見天子；於〈損〉卦注亦指出，諸侯應自損國內財物，貢獻給天子[12]；凡此，皆可見鄭玄十分強調在下位者對統治君主順從服事之要。另外，他在《小雅・桑扈》注中則指出，天子雖有至尊之位，但若不以亡國為戒，不效法先王，上天也就不會賜予他福祿。[13]由此可見，鄭玄所說的君臣關係，並不全然是要求下對

10　參鄭玄撰・王應麟輯・丁杰等校訂：《周易鄭注》，收入《叢書集成初編 383-385》，（北京：北京中華書局，1985 北京新一版），頁 68。

11　參鄭玄撰・王應麟輯・丁杰等校訂：《周易鄭注》，頁 59-61。

12　參鄭玄撰・王應麟輯・丁杰等校訂：《周易鄭注》，頁 54-55。

13　參鄭元（玄）箋・孔穎達正義：《毛詩正義》，收入阮元校勘：《十三

上、單一的服從而已，而是一種相順相通的關係；當然在大一統的政治格局中，對威權統治者的要求，猶不免是一種主觀期待及道德呼籲，只能做為規箴建議，然而由設立禮制、禮儀禮容典型，談禮法規範，並以之為道德實踐的基礎，亦不啻是提供一種經綸治世之方，鄭玄的時代之思，當由此來看。

　　基於對聖王明君的嚮往，鄭玄也渴盼賢人政治的實現。面對黨錮之禍，現實社會的慘況，他不滿的大聲疾呼。在《小雅・小宛》箋中，鄭玄指出，賢人雖遭無罪，但在衰亂之世常懷恐懼；[14]〈南山有臺〉箋則指出，太平政治實現，來自任賢使能，國得賢臣，就像南山一樣有堅實的基礎。[15]《論語・八佾》中針對夫子之論舜樂，提及〈韶〉樂盡善盡美，武王之樂則盡美而未盡善。鄭玄對此表示，舜為政得致太平，其關鍵因素在於任用賢人，故他的音樂盡善；而武王執政，尚未達到天下太平就去世了，故其樂未能盡善[16]；姑不論如此詮釋的正誤如何，但鄭玄以君王治政上的績效成果，做為評價音樂的標準，其別出論據論證的分析，的確顯見他對賢人政治及太平盛世的渴望。

　　此外，他還主張為政需剛柔相濟，不可輕易赦宥，極力提倡孝道，認為行孝是一切行為的根本，人能「孝」然後才能「忠」，「忠」然後能「順」，「順」然後才能重建政治位階上的統治秩

　　經注疏 2・詩經》，（臺北：藝文印書館，2011.12 初版十四刷），頁481-482。

14　參鄭元（玄）箋・孔穎達正義：《毛詩正義》，頁 419-420。

15　參鄭元（玄）箋・孔穎達正義：《毛詩正義》，頁 347。

16　參劉寶楠撰：《論語正義・四》（四部備要本），（臺北：臺灣中華書局，1971 臺二版），頁 13。

序：這些思考，都可說是替執政者勾劃具體的治國方策。

鄭玄所提供的禮制建設和政治方略，最終雖未能獲得實踐，但以經學關注政治現實和國計民生的作用，卻因之在歷代的經典詮釋中樹立了典範。禮學是經學的核心，確定鄭玄三禮學的地位，也就等於確立了他的經學地位，正因鄭玄匯合三禮，強調以禮經世、致用民人的文化治道思考，鄭學的傳承才維護了經學的更變流衍，也才有往後宋儒、清儒在經學發展的持續展開，此由鄭玄開啟的經典詮釋作用，亦一直散發著輝光。

（二）通經求理，架構新說

宋代學者對經義的探研，主要是基於漢唐以來，經學研究漸失周孔之心，造成大道不明的流弊而來，此間雖陸續有倡議經術、古文者，但始終難返周、孔。特別是唐太宗論定《五經正義》，欲以漢代石渠、白虎議之定式為法度，使經說歸於一尊，經學思想受到禁錮的結果，學者力圖求新求變之思，亦其必然發展。宋代儒者撇開傳注，直探聖人本心，強調以經義闡明聖人之道，成為注疏古經、詮釋經典的核心要務。陸象山甚至一撇重視章句故訓的注疏傳統，表示：「學苟知道，六經皆我註腳」、「六經皆我註腳，六經註我，我註六經。」[17]亟言以詮釋者個人對聖道之明察，做為經典注疏的唯一根據。

羅從彥說：

---

[17] 參脫脫著：《宋史卷 434・列傳第 193・儒林四・陸九淵傳》：「或勸九淵著書，曰：『六經註我，我註六經』。又曰：『學苟知道，六經皆我註腳。』」收入《二十五史 36・宋史七》，（臺北：藝文印書館，1972 年，清乾隆武英殿刊本影印），頁 5278。

> 周、孔之心，使人明道，學者果能明道，則周、孔之心深
> 自得之。三代人才，得周、孔之心而明道者多，故視死生
> 去就，如寒暑日夜之移，而忠義行之者易；至漢、唐，以
> 經術古文相尚，而失周、孔之心，故經術自董生、公孫弘
> 倡之，古文自韓愈、柳宗元啟之，於是明道者寡，故視死
> 生去就，如萬鈞九鼎之重，而忠義行之者難。嗚呼，學者
> 所見，自漢唐喪矣。[18]

蓋「周、孔之心，使人明道」，是以羅從彥感慨，漢、唐以後，
學人漸失周、孔之心，學者若不能明道，則難為忠義之行。此
間，保存周、孔之心的載體，可以是經術、古文，但若僅是從事
經術古文的研究，畢竟仍是不究極的；必需在經術古文之上，因
明道自得而踐行其忠義理想，如此才算能得周、孔之心。換言
之，得聖人之心以明道，明道是究極；且惟「明道」才是理解詮
釋經典的真正作用，因為明道者，易為忠義之行，忠義履道的行
為實踐，便是明道理想落實於社會的證明。羅氏將經典詮釋的功
效和明道理想的實踐，直接連在一起，頗能代表宋明儒者詮釋注
疏經典的共同關注。

　　朱子盼望聖人之道復明於世，以簡易直截之筆，另出新裁。
最典型的例子，便是他訓釋孔孟「仁義」的說解。朱熹解釋「仁
義」為「仁者，心之德，愛之理。義者，心之制，事之宜也。」
[19]既不同於孔、孟，也不同於前賢。朱子「仁說」理論，約成熟

---

[18]　參脫脫著：《宋史卷 428・列傳第 187・道學二・羅從彥傳》，頁
　　　 5211。
[19]　語見朱熹：《四書章句集注・孟子集注》卷 1〈梁惠王上〉「孟子見梁

於 42 歲（1171）左右，撰寫《集注》、《或問》（1177）皆已是學問成熟之作，[20]可以說，他透過解經析義，建構並安立個人創見，是他特意提出的新詮改動。

事實上，朱子對「仁」的解釋，正是朱子學的洞見所在。有關「仁」的討論，在《集注》中凡十餘見，朱熹透過經注及重整《四書》，賦予儒家經典以新創建構，其所提出的理學主張，不僅成為宋明以來中國哲學的論述核心，而不廢《五經》重《四書》的考慮，更讓華人的文化生活，至今深受影響。其實，早在漢代，趙岐便已表示：「《論語》者，《五經》之錧鎋，六藝之喉衿也」[21]；朱熹於遍注群書後，也深有體會地說：「《語》、《孟》工夫少，得效多；《六經》工夫多，得效少。」[22]，以經典詮釋建構理學思想，倡議儒學道統，其別出的架構立場，將《五經》、《四書》脈絡化、系統化、賦予形上思維，是朱子解經的重要目的，亦其經典詮釋的作用所在。

誠然，運用經典詮釋以建構己意，並非經典注疏之正途，不過哲學家透過經典鑄成新說，凸出己意，卻也是常態，用楊儒賓的話來說，這是一種「詮釋背負理論」，而且「越主觀的詮釋，

惠王」章，「亦有仁義而已矣」段。（臺北：大安出版社，1996.11 一版二刷），頁 279。

20　參陳榮捷：《朱學論集・論朱子之仁說》，（臺北：臺灣學生書局，1982.04 初版），頁 41-42。

21　參阮元校勘：《十三經注疏》第八冊《孟子注疏題辭解》，（臺北：藝文印書館，2001.12 初版十四刷），頁 7。

22　參黎靖德編・王星賢點校：《朱子語類》第二冊〈語孟綱領〉，第 19 卷，（北京：北京中華書局，1999.06 重印版四刷），頁 428。

往往越有創造性，也越能豐富儒學的內涵」[23]；牟宗三先生判朱熹為「別子」，套用自身理路以釋經，當然是建構個人學說的展現。

我們要問的是，朱熹提出心性情三分、理氣二分的義理格局，僅是如前文所說，係為理學開創新局而已？朱子的經典詮釋，究竟在儒學及經學發展過程中，具有怎樣的地位？有何作用及價值？

林維杰將朱熹的經典詮釋態度及策略，析分為「以心比心」、「經文互解」二者，指出「經文互解」和他主張「理一分殊」，恰具有詮釋學上的關聯性。「理一」是「義理的一」；「分殊」則是義理散在文理中之「文理的多」，但此「多」往往不相連貫，就需要創造地、體證地把義理的「一」，強力落實到文理的分殊之中，並將種種分殊，予以有關節地相互串聯、彼此嫁接。[24]正是運用這種特殊的嫁接方式，朱子完成他「通經以求理」的思想體系。

朱熹說：

> 經之有解，所以通經。經既通，自無事於解，借經以通乎理耳。理得，則無俟乎經。[25]

---

[23] 參楊儒賓：〈「詮釋背負信託」與「詮釋背負理論」：《四書研究芻議》〉，收入黃俊傑編：《東亞儒者的四書詮釋》，（臺北：臺灣大學出版中心，2005 初版），頁 290。

[24] 參林維杰：《朱熹與經典詮釋》，（臺北：臺灣大學出版中心，2008.10 初版），頁 133-157。

[25] 參黎靖德‧王星賢點校：《朱子語類》第一冊，第 11 卷，頁 192。

朱熹明白指出，治經的目的在「通經以求理」，當理得之時，通經之方僅是手段過程而已。可見，對朱熹來說，得理才是研治經學、經典詮釋的最終目的。前文指出，羅從彥表示要「得周孔之心以明道」，此處朱熹則強調借經通理，二人均表示，在經典詮釋之上猶有一個更高遠的目標，姑不論此目標是明道或得理，解經的進路方法如何，經典注疏總是為了完就詮釋的任務及作用，朗現經典價值而來。

　　由此可見，朱熹雖然也強調「不可以臆斷」，「治經者，必因先儒已成之說而推之」，「皆以注疏為主」，甚至還批評妄作主張者，「名為治經，實為經學之賊；號為作文，而實為文字之妖」；[26]但是為了達到求理得理的詮釋作用，所謂「先儒成說」、「注疏依據」等訓釋工夫，都在他欲得天理的最高指導原則下被削弱減退；而訓詁需為義理服務，經解需為得理而服務的目的，顯然是為了構建己說。故朱子增補《大學》傳文，以 134 字的〈格物補傳〉，作為他談格物致知的綱領；對《偽古文尚書》進行考辨，闡發〈大禹謨〉十六字心訣，提出分辨人心、道心，以求聖人相傳之心的說法等，顯然都是他有意識地運用經典詮釋，開創個人理論的表現。朱子把理論建構擺在治經解經之前，是以辨偽改經、訓詁明義也就變成是第二義的，為時代造新

26　參郭齊、尹波點校：《朱熹集》第六冊，卷 69〈學校貢舉私議〉原作：「治經者，必因先儒已成之說而推之。借曰未必盡是，亦當究其所以得失之故，而後可以反求諸心而正其謬。……慢侮聖言，日以益甚。名為治經，實為經學之賊；號為作文，而實為文字之妖……今欲正之……而皆以注疏為主。……則治經者，不敢妄肆己意而必有據依矣。」，（成都：四川教育出版社，1996.10 一版一刷，頁 3638-3639。

聲，為思想開新局，才是朱子經典詮釋的第一要務。

　　對朱熹來說，經歷時空變化留下的聖賢經典，有些內容已不全然適用於今世，故釐清經義中，哪些需做變通？哪些需要承襲？便成為他的注經要務。重視「時」的歷時性，隨時變通損益；重視「因」的邏輯性，講因循繼承；便是他為新時代標舉價值規準的用心所在。朱熹說：

> 這一段，諸先生說得「損益」字，不知更有箇「因」字不曾說。「因」字最重。程先生也只滾說將去。三代之禮，大概都相因了。所損也只損得這些箇，所益也只益得這些箇，此所以「百世可知」也。……然而所因之禮，如三綱、五常，竟滅不得。[27]

> 觀孔子欲從先進，又曰：「行夏之時，乘殷之輅。」便是有意於損周之文，從古之朴矣。今所集《禮書》，也只是略存古之制度，使後人自去減殺，求其可行者而已。若必欲一一盡如古人衣服冠屨之纖悉畢備，其勢也行不得。[28]

　　朱熹由禮之因革所益，談治《禮》必當扣連今用，由行禮需隨時順時之變，談禮制的裁損變通之宜；復由三代遺典之法，循其所重之因，求其可行之因，論承繼不變之道；換言之，經典必須在批判中繼承，在損益中開新，亦即「變器不變道」之謂也。

---

[27]　參黎靖德編・王星賢點校：《朱子語類》第二冊，第 24 卷，頁 598。

[28]　參黎靖德編・王星賢點校：《朱子語類》第六冊〈論修禮書〉，第 84 卷，頁 2185。

他舉孔子用禮之例，談《周禮》之傳，必當求其今之可行，只要「略存古之制度」可也，不必一一纖備，其所因所承者，是減殺不得的三綱五常；所變所殺者，則是不適合於今世的繁縟瑣細之儀[29]；以三綱五常的倫理核心，減殺不合今宜的規制，是朱熹治禮的重要關懷。

當然，從經學角度來說，不論從治經方法、經注形式及經義闡釋上觀察，朱熹都有可被檢討、甚至可議之處，但也因為他的創變新發，使傳統經學及儒學研究推向一個新高度。朱熹提出通經以求理的指導規範，不僅開啟了新的詮釋空間，重整詮釋秩序，就其詮釋企圖及作用來說，以其鮮明突出的詮釋特色，提出完整的理學思想，推擴經典詮釋至哲學的高度，將傳統儒學通過注經方式予以理論化、概念化、系統化，無疑對儒學及經學的發展，產生重大影響。特別是，提升《四書》研究以經學哲學的高度，以注經方式綜合傳統六經訓詁，更為儒家思想的哲理化做出貢獻。

可以說，朱熹的經典詮釋，不僅推促儒學思想以形上的建構，經學哲學化的作用，亦獲得理論上的完成，建構個人思想，架構新說，亦成為經學致用的一種面向。

（三）涵詠感悟，修身自得

另外，自孟子提出「以意逆志」的心理解釋方法[30]以來，其

---

[29] 朱熹指出：「聖人有作，古禮未必盡用。須別有箇措置，視許多瑣細制度，皆若具文，且是要理會大本大原。」參黎靖德編·王星賢點校：《朱子語類》第六冊〈論考禮綱領〉，第 84 卷，頁 2179。

[30] 參周光慶：《中國古典解釋學導論》，（北京：北京中華書局，2002.09

植基於「人情不遠」的人性論基礎[31]，詮釋者以自己的「意」與作者的「志」相融合，已是一種普遍的解釋方法論。到了朱熹，他更強調語言和心理的有機結合、互為發明，要「以心比心」。周光慶將之歸納為「喚醒、體驗、浹洽、興起」四種特徵[32]，此四階段層層遞進，直入精微。其中第四階段的「興起」精神，是指解釋者志意感發，心胸明澈，將經典文本的意義，澆灌胸腹，注入個人的精神體驗，進一步轉化為行動指南，感憤踐履，期達修己治人，乃至治平天下的理想。不過，朱熹所談的治經體會，和漢人如鄭玄等以經解致用的方式，又有一些不同，對比來說，朱熹更偏向解釋者個人的玩味融會，這個人的興會，便是心理上的相親相感作用。他說：

> 解說聖賢之言，要義理相接去，如水相接去，則水流不礙。[33]

> 看文字，不可恁地看過了便道了。須是時復玩味，庶幾忽然感悟。到得義理與踐履處融會，方是自得。這箇意思，

一版一刷），頁 364。

31　參趙岐注，孫奭疏：《孟子注疏》卷 9 上「人情不遠，以己之意，逆詩人之志，是為得其實矣。」收入阮元校勘：《重刊宋本十三經注疏附校勘記》第八冊，頁 164。

32　參周光慶：《中國古典解釋學導論》，（北京：北京中華書局，2002.09一版一刷），頁 367-370。

33　參黎靖德編・王星賢點校：《朱子語類》第二冊〈語孟綱領〉，第 19卷，頁 437。

與尋常思索而得，意思不同。[34]

朱熹主張「心能包含萬理」、「萬理具於一心」，又指出「聖人之言，即聖人之心。聖人之心，即天下之理」，讀書既是為了理解聖人之言、體會聖人之心，故在解經時，亦必當與聖人的心志相契相合，由文字反覆玩味，以義理相接，由感悟義理及於體察實踐，便見自得工夫，這個「自得」之所以可能，雖有語言文字為基礎，但又不同於尋常的思索，而是經由反覆積蘊參玩後，而生發「忽然感悟」的讀書感受，「若不從文字上做工夫，又茫然不知下手處；若是字字而求，句句而論，不於身心上著切體認，則又無所益。」[35]換言之，閱讀、注疏是一種以自家之心，感悟會契聖人之心的修養過程，「以義理相接去」、「如水流不礙」，便是已能「心與理會」，達到詮釋者、經典文本和經典作者三者表述之理的同化，朱熹以此身心上的切實體會，談玩味文字、融會天理，結合主客兩面、語言文字與心理傾向的詮釋，無疑是一種切己體驗的內聖工夫。

朱熹說：

聖賢之言，則反求諸心而加涵詠之功；日用之間，則精察其理而審毫釐之辨，積日累月，存驗擴充，庶乎其真有省

---

34 參黎靖德編‧王星賢點校：《朱子語類》第七冊〈孟子要指〉，第 150 卷，頁 2631。

35 參黎靖德編‧王星賢點校：《朱子語類》第二冊〈語孟綱領〉，第 19 卷，頁 435。

而孔孟之心殆可識矣。[36]

此條提及理解經典的推求工夫，最可得見朱熹肯認並體察聖賢心志的感受。首先，他指出讀書撰作是一種日用工夫，必需累積時日而能有得，對萬事萬物精察其理、審毫釐之辨，更要反求於心、存驗擴充；然而此番省察工夫，並不保證可以直接識得孔孟之懷，猶須如前文所說，要反復玩味，到得義理與踐履處融會，庶幾忽然感悟，方是自得。以閱讀書撰的涵詠省察，作為一種工夫修養，談喚醒體驗、深契自得之樂，將聖賢經典的精神價值，引入個人所處時代，優游玩味；於個人，可以意味浹洽、循序致精；於總體，則可格物致知、明理經世，朱子在多處談讀書法中，都透顯出這種經典詮釋的作用。

　　當然，宋明學者每個人都重視心體實踐，也都重視讀書工夫，只是朱子更強調，對聖賢經典的理解詮釋，必須從自家身己修養、從語言文字入手，「萬理皆具吾心，須就自家身己做工夫，方始得應萬理萬事」[37]。對比來說，象山於經典詮釋，動輒強調識血脈、先立其大，須明此心、此理的印證工夫，被朱子斥為禪；朱子則重次第工夫，重視循序漸進。林維杰就指出，朱、陸二人面對經典的不同態度，有由「倫理學異同」轉為以「詮釋學異同」為主導的傾向，二人於經典詮釋的進路及方法雖然不同，但皆未脫離倫理學範疇。亦即，在第一層次上，二人的經典

36　參郭齊、尹波點校：《朱熹集》第四冊，卷 43〈答陳明仲〉，（成都：四川教育出版社，1996.10 一版一刷），頁 2002。

37　參黎靖德編‧王星賢點校：《朱子語類》第八冊〈語孟綱領〉，第 130卷，頁 3117。

詮釋，皆要求必須以真正掌握經典內容作為「實踐－涵養」的根據；其次，二人詮釋立場及進路的差異，也隱含著第二層次的倫理要求，即解讀經典時，必須從文本或自我出發。[38]故可以說，朱、陸二人的詮釋性格特徵雖有不同，但以經典詮釋作為修己工夫之一環，強調經典詮釋與修身涵養相繫，皆是可以成立的。

通過宋明理學家對《五經》、《四書》的詮釋，傳統經典的訓釋範圍被擴大了，不僅是作為詮釋的核心文本擴及《四書》，經義內容的重新掘發，建構系統化、哲理化的譜系，強調經典文本於個人的體會感悟，也達到相當高度，此可以說是自先秦以來，於經典詮釋上的後出轉精之功。

四、經典詮釋的價值

近現代學者馬一浮指出，經學是盈天地之間，聚萬物之理，盡自心之德的「六藝之學」，這六藝之學所提供的六藝之教，正是內鑄於經典中的文化價值，經典文本所提供的常道、常理，亦是人們之所以不斷研修經典、詮釋經典的動能所在。

（一）闡揚經學論述核心──修己治人之道

經學做為儒家文化的核心，自古以來始終提供人們典型之

---

[38]　林維杰分析朱陸二人的詮釋學性格時指出：二人詮釋進路不同所掘發的詮釋學問題，最終並未脫離倫理學範疇。「第一層次」的倫理，雖一直伴隨著儒者的經典解讀，但在詮釋進路之爭時，呈現退場的姿態；「第二層次」的倫理要求，雖只是隱含的，在路線之爭中卻不曾缺席。基於此一觀點，他並提出朱子由他律倫理學轉向自主詮釋學、象山則由自律倫理學轉向依他詮釋學。參林維杰：《朱熹與經典詮釋》，（臺北：臺灣大學出版中心，2008.10 初版），頁 353-377。

鑰，學者立足於所處的時代，利用注疏經典、詮釋經典，提出面對現實社會的南針，通過對傳統經典的理解詮釋，注入新的觀念思考，不僅是經術學問上的演繹，更是知識菁英面對時局、面對自家生命的真誠觀照。正是基於這樣的思考，是以歷代有關經典詮釋的方法進路、經義論述的側重或有不同，然而運用經學以敷治教化、開啟民人的作用及價值，卻是恆常不變的。

經學自漢代開始，歷經魏晉、隋唐、宋明、有清二千多年的演變，先後呈現出不同的詮釋特徵，對經史典籍的爬梳整理，體現出學人對政治制度、經濟生產的真知灼見，植基於文化經典的深厚思想，在總結過去經驗，開啟創造新成就的同時，透過一次又一次的反思探索，不斷向新的文化型態轉化邁進。故對比於前代來說，後人研經思深的經詮經解，不論是倡言復古更化、疑經改經，或探究回歸本義、聖人之旨，其最終的目的，都在藉著擬聖而作、改作、新作完善自身、完善現實生活；而不論經學家採取哪種類型、運用何種解經方法從事經注經解，都是透過經典之為文化載體，以為治世教化之具。

《易·賁》〈彖傳〉說：「剛柔交錯，天文也。文明以止，人文也。觀乎天文以察時變，觀乎人文以化成天下。」[39]〈易傳〉也說：「物相雜，故曰文。」[40]《小戴禮記·樂記》也有

---

[39] 語見《易·賁》〈彖傳〉。參王弼、韓康伯注，孔穎達疏：《周易注疏》卷3，收入阮元校勘：《重刊宋本十三經注疏附校勘記》第一冊，頁62。

[40] 語見《易》〈繫辭傳下〉。參王弼、韓康伯注，孔穎達疏：《周易注疏》卷8，頁175。

「情深而文明」[41]的句子，今日所謂人文、文化、文明等字眼，都來自傳統經典。藉由人文化的經典教養，使生命與生命在真情互感中，因情深而行止有度、培化有序。正是基於這股驅動力，讓人們產生一種朝此方向行進的理想，幫助人們在天、地、人三才中，安立個人倫理的位置，立足於社群家國天下。通過經典教化，涵養道德行為，此教化之資，於外固能立足社群，於內更能深入己心，在己心生根，由此生發生根而長成的文化生命，自頂自踵，在其一身，便使人們努力成為君子、大人，致力體現大道之理想，這不僅是日常人生之理，也是人生內在的意義價值，既與經典教化相通互足，也是經典、經學本身所原具的要求。

這份來自經典詮釋的工具性意義，同時也是經典詮釋的價值所在，學者通過經典詮釋，傳述聖人大道，代聖人行教，此施教行道的理想，是解經者個人的理想，更是聖賢的理想；是解經者修己治人的雙向循環，亦是經典之所以能立足於當世，既能助成現實思考，又能仰望未來圖景的價值所在。

（二）經學詮釋型態的多元發展

漢代的經學家，將《五經》視為一個完整的整體，撰寫許多總論性的文字，如劉向的《五經通義》、《五經要義》，劉歆《七略》中的《輯略》、許慎《五經異義》、蔡邕刻《熹平石經》，及鄭玄《六藝論》、《駁許慎五經異義》等，都有把群經視為一個有機體，通過引經、注經，消弭諸經矛盾的意圖；特別

---

41 語見《小戴禮記·樂記》。參鄭元（玄）注，孔穎達疏：《禮記注疏》卷 38，收入阮元校勘：《重刊宋本十三經注疏附校勘記》第五冊，頁682。

是就經注內容，或提出理論、說明發展，或概括分析、進行評論，以增強經說權威，也為往後的經學傳承，起了一個很好的作用。

　　漢代經學，之所以是經學發展的高峰，不論就經注形式及詮釋意義的表述，均開啟典模之備，而提供經典注疏與總論並觀，整齊百家經學的傾向。以鄭玄來說，他替每一經作序論，如《周易》原有〈序卦傳〉，鄭玄另作〈易贊〉；《尚書》原有〈書序〉，鄭玄另作〈書贊〉；《詩經》原有〈詩序〉，鄭玄另作〈詩譜〉；於《三禮》則做〈三禮目錄〉；為《論語》另作〈篇目弟子注〉；以一經之統論，對本經提出總綱性的說明，說明注釋本經的原則，亦將總論與經注相互發明，互為表裡。

　　兩宋學人對群經的詮釋，轉向對天道、性理的思考，於《五經》研究提供了一條將經學、儒學、理學、道學可以分離的傾向。學人參與論述，往復問學詰難，甚至科舉考試採用《四書》，都直接、間接推促了義理思想的發展。由於朱熹遍注群經，及《四書章句集註》的影響，時至今日，鄭注文本已與朱注表現為鮮明的兩種型態：一是偏向漢唐訓詁的經學，一是義理思想的研究。事實上，理學即是經學，理學家的著論，無一不是來自讀經、注經的心得集結，即使是有少數看似脫離經典的論述，也無一不是來自經典內容的辨析，進一步來說，理學家根本全是經學家，談理學與傳統經學分立，畢竟是近現代學科分立後才有的概念。

　　然而，宋代學人如二程、朱熹的解經入路，畢竟更偏重經義概念及意蘊研析，在面對文本考證、真偽辨析等方面，更重視個人開創性意見的闡發，特別是朱熹《四書》詮釋體系的建立，回

應了當時人們對心性修養的渴望，人們在追求精神依靠時，重新回到經學系統以尋索個人、社會、家國的安立，而《四書》、《五經》所提供的滋養，理學家們集體呈現的經典詮釋特徵，亦標記著經學研究及經典詮釋，走向義理化、哲學化之路的轉進。

清代的經典詮釋，表面上看是對漢學的更新轉化，但這股回歸漢代經學的經注運動，正促進了經典詮釋朝向多元多途的取向。乾隆年間提倡漢學，開館修編《十三經注疏》，在回歸經典之真，延續傳統經注模式外，另再置入經注者的考辨勘正，雖然也強調「明訓詁」、「詳考證」，崇尚鄭學，但走的卻是由群經研究，轉向專經的綜和研究，以「正其經義」來更新經注，此由《論語正義》、《孟子正義》、《周禮正義》、《左傳舊注疏證》、《春秋公羊傳疏證》相繼出現可證。

經學強調以經術經世的目的，原是為了培養人才，但元明以來，「以講章為經學，以類書為博文」[42]，讀書人為了科考功名，被箝制了思想；此後，講學活動又受到一定程度的批評限制，於是學人轉而以著述表達理念，以本子函札討論經學，形成經學社群的內部對話，為經學研究提供了相當資源。由小學以通經明道的經學表徵，客觀上是尊重經學傳統，將義理之學重新導回訓詁之路；但主觀上說，是對經學信仰的轉換，採取批判視角，對宋代經學以撥亂反正，以求真求是的精神態度，辨析「經以明理」。戴震《孟子字義疏證》一書，即從《孟子》中選出「理、天道、性、才、仁、義、禮、智」等十多字，運用考證方

42　參江藩：〈國朝漢學師承記‧序〉，收入江藩纂‧漆永祥箋釋：《漢學師承記箋釋上》卷一，（上海：上海古籍出版社，2013.06 一版一刷），頁15。

法，引經據典以疏證，闡發他「非從事於字義，無以通其語言」
的理念，此一重視考證求是的武器，同樣表現他對《古文尚書》
的考辨上，他在《尚書今古文考》中，考證了〈泰誓〉由來，指
出〈泰誓〉不偽。[43]強調考證崇古的經學研究，為復興漢學提供
了相當的榮景，乾嘉以後，經學研究由漢宋對立的門戶偏見，轉
為兼採漢宋、訓詁義理並重的主張，如朱王林主張「漢學、宋學
不宜偏重，夫學以窮經求道，一而已矣，本無所謂漢宋之分。」
[44]胡承拱也說：「治經之法，義理非訓詁則不明，訓詁非義理則
不當，二者實相資而不可偏廢……治經無訓詁義理之分，惟求其
是者而已。為學亦無漢宋之分，惟求其是之多者而已。」[45]隨著
這種學術思潮導向的轉變，經學研究、經典詮釋也呈現出多元取
向的新格局。

　　經學作為一種面向世局的工具，歷代學者尊崇經典、解釋經
典，莫不在回應或滿足各項時代課題。乾嘉以來的經學家如焦
循、阮元等，為避免補苴罅漏、空言虛理之失，兼採考據實證和
義理詮釋的型態，綜和漢學與宋學優點，走向多元匯合的型態，
倡言「以禮代理」關注禮學的踐履實踐，以文化教養、經世實踐
為詮釋核心，展開系列性的經典詮釋活動。

---

[43]　參戴震：《戴震全集》第三冊〈尚書今古文考〉，（北京：清華大學出
　　　版社，1994.03 一版一刷），頁 1654-1656。
[44]　參朱王林：《小雲廬晚學文稿棄》卷二〈與顧訪溪微君書〉，收入清代
　　　詩文編纂委員會：《清代詩文集彙編》第 532 冊，（上海：上海古籍出
　　　版社，2011.12 一版一刷），頁 694。
[45]　胡承拱：《求是堂文集》卷四〈四書管窺序〉（清道光十七年（1837）
　　　刊本），（合肥：黃山書社，2008）電子書。

（三）由「經典注疏學」研究走向「經典詮釋學」的建構展開

　　自漢代確立經學地位以來，歷代從事經典修纂注疏者，皆各自在經學系統中，尋繹修己治人之資，做為經綸教化的思考。漢代鄭玄，一方面以禮更法，穩立天子主導的大一統政治格局；其次，透過遍注群經，指出五經和孔子的緊密關係，強化儒家的價值體系；可以說，在確立注經模型的特徵上，具備匯合先秦以來歧義紛呈的經本，以注釋校訂錯訛字，攝取眾本之善，以創制而成新經本，推動了《五經》經本的普及。

　　由漢唐、宋明到有清，經學詮釋呈現出偏重語言考據及義理思想兩種不同型態，但此並不意味著，訓詁和義理是各自分立的，即若以強調徵實可證的考據學者，如鄭玄、戴震等，仍是借由考釋闡明經義，換言之，考證經史只是方法手段，圓成解釋目的才是第一義的；而哲學家如朱熹，也強調「字求其訓，句索其旨，未得乎前，不敢求乎後，未通乎此，不敢志乎彼。如是，則定理明，而無疏易陵躐之患矣。」[46]主張字句訓釋必須依序遞進，方能析明經義旨要。由此可見，不論採取哪一種解釋進路，訓詁、義理都在求取經意暢達，使解釋者能完滿解釋經義為依歸。而對比這二種經典詮釋的偏向來看，詮釋者亦在各自側重的

---

[46]　參朱熹著・束景南輯訂：《朱子全書》第貳拾陸冊《朱子遺集卷 4・朱子讀書法》，（上海：上海古籍出版社，2002），頁 733。據輔廣所記語錄，朱子談讀書法的次序為：「居敬持志、循序漸進、熟讀精思、虛心涵泳、切己體察、著緊用力」六項，此可見，第一項是朱子理學立本之思，以下諸項，則兼重經典之文本探究及個人體會，同時還重視學習次第，必須層層深入，就其所要處加倍用力。當然，對朱熹來說，在第一位序上的語言文字探究雖然必要，但研習經典，之所以能得其要，重點仍在不斷「虛心涵泳、切己體察」的工夫，此須補充說明。

選擇上，或因「訓詁明而義理明」，或因「頭頭著落，貫通浹洽」[47]強調徵實及感悟作用的不同，形成各自的論述系統，故雖都是為了闡明經義、闡揚聖人本懷、聖人之道，但卻也因之形成各自的經典注疏及經學詮釋學。

　　朱熹偏重經典意義理解的展開發揮，他所構建的朱子學，將經學研究及儒家思想提升至哲學高度，他強調經典詮釋必以體驗喚醒、玩味感悟、涵詠自得的工夫，注重詮釋者主動對生命生活、對經典文本的積極投入，顯然已超越對文本客體的認識關注，更講求全身心的「浹洽合一」，亦即是在主客交融、我與文本為一、與聖人為一、與道為一的境界裡，由個人對理想價值的追求，進一步推擴及於眾人。故在朱子詮釋下，所形成的經典世界，顯然是「朱熹式」的經典詮釋，換言之，由此所建構的經學詮釋學，帶有強烈的解經者、詮釋者色彩，與其說是解經學，毋寧說是經學家「下學而上達」的工夫論、修養論，是向下研習經典，注經解經，而上溯天道、契會天德的過程。此間便隱含著，從傳統的經學詮釋，轉化為經典詮釋的傾向，由個人的曉悟體會而開啟民智，是解經者參與聖統以助成民人覺醒，亦是個人步步逆溯價值真理的追求。因為詮釋者所欲揭露彰顯的，是對天道、真理的永恆追求，是個人參贊大化流行，默契感通陰陽循環時，不斷思考生活世界的布列條理，藉由經典詮釋以安頓身心，指出人生方向。

　　而對強調語言文字、重視實證考釋的經學家來說，則另走上

---

47 原作：「學者工夫，但患不得其要。若是尋究得這箇道理，自然頭頭有箇著落，貫通浹洽，各有條理。如或不然，則處處窒礙。」參黎靖德編．王星賢點校：《朱子語類》第一冊，第8卷，頁130。

語言科學的道路，此以有清一代為代表，包括戴震的後學，如段玉裁、淩廷堪，高郵二王等，皆包含其中。以戴震來說，他所創立的「四體八用」、「轉語說」等，不僅替語言科學的研究，立下新的系統化步驟，引領漢學考據由回歸原典之路，走向返本開新的語言科學研究，更重要的是，不論「由詞通道」或「心悟心得」，戴震在經典詮釋方法上的創見，既是繼承匯合漢代以來的考據傳統，又在相當程度上，修正並轉化了朱熹等理學家等偏向存驗、喚醒的經解思考，不再將經典詮釋，視為主體心靈和生存意義的體會，而從偏向超越的訓釋中，重新拉回歷史性的經典文本。當然，戴震的經典詮釋猶是為了建立己說，甚至是為了糾偏宋人解經流於虛玄的謬誤而發，但他強調注經的目的，除了揭示經典義蘊外，更重要的是，回到經世治民的致用途轍上來，故他對自評畢生最重視的《疏證》一書，時，即明白指出《疏證》之作，是為了：「正人心之要」[48]，強調經典詮釋必以「端正人心」的教化原則，闡發義理以應用導向，以核實可徵的解釋方法，因應時代召喚，承擔起儒學敦厚人倫、移風易俗的責任，既推進文化典籍的語言解釋，因文立訓，使之更為準確，有理據；也在歸納比較中，指出訓詁變遷，追述界說，核正文獻；可以說，戴震的經典詮釋，正標誌著由經典詮釋的集成者，而為

---

[48]　戴震曾於〈與段茂堂等十一札‧第十札丁酉〉中明白表示：「僕生平論述最大者，為《孟子字義疏證》一書，此正人心之要。」收入張岱年主編：《戴震全書六》（安徽古籍叢書），（合肥：黃山書社，1994.07一版一刷），頁 543。戴震卒於乾隆丁酉（1777）年五月廿七日，本文作於四月廿四日，故此一自述，實可視為戴氏「蓋棺前」之真誠心音，足為戴震個人學思生涯的總結性論斷。

經典詮釋學的確立傾向，既強調傳統經學以「經注疏解」的方法進路，亦強調經典意義的內容闡明，關注「詮釋的發揮與展開」，詮釋者徵實的考據判斷，係為了朗現真理而服務，是很鮮明的。

五、結語

　　過去談經學研究，常偏重經學演變發展，談解經方法之異；前者可歸之於經學史的研究，後者則可說是經典注疏學的探研。中國的經典詮釋，經過先秦、兩漢、隋唐、宋明、有清的五階段發展，始終在聖人之道的傳承延續言其命脈，歷代解經者，莫不自詡為聖賢的異代傳人，通過解經續其教化，代聖人行道，樹立更符合所處時代的典模法則。清代經學之所以稱為漢學，強調「凡古皆真，凡漢皆好」，試圖以經學中「禮」之踐履，提供道德文化與精神信仰新方向，透過大規模編修群書，重新賦予經典以更新的意義及價值詮釋，可以說，以修纂取代述作、整編群經的活動，實際上是從事一種新漢學、新經學的整理研究，卻也同時標誌著由「經典注疏學」走向「經典詮釋學」的道路。

　　伽達默爾在評論語文學家理解文本時曾指出：

　　　　如果語文學家的工作中，仍保留了某種屬樹立典範的東
　　　　西，他實際上就不只是把他的文本與某個重構的接受者關
　　　　聯起來，而且也把他的文本與他自身關聯起來。……語文
　　　　學家的理解，也是一種不斷更新的照面形式（form der
　　　　Begegnung），並且本身具有一種事件性質，而這正是因

為這種理解，不是單純的自發接受，而是包含了應用。[49]

伽達默爾認為，即便語文學家在理解文本時，重視語言、文學形式等要求，但在選擇證據範例，做出判斷時，其實也把經由解釋文本所樹立的典範，和其自身意義，聯結在一起。換言之，語文學家常過高地評價他的文本證據價值，而不願承認在理解時，並非單純自發地接受，不是從事一種單純的模仿，而是同時具備了繼承的義務。這種理解時的繼承，伽達默爾稱其為「更新的照面形式」，此處的理解，不是先理解而後應用，而是理解本身即是一種應用。至於「歷史學理解，可以說是廣義的語文學」[50]，而不論是歷史學或語文學家，對於理解在確立事實中應用的任務，既是兩者所共同履行者，通過「理解、詮釋、應用的合一」，於文本自身的實際理解，便是談經典詮釋的重要任務所在。

　　思考由「經典注疏學」走向「經典詮釋學」的發展，與前文伽達默爾所言，亦不啻有可鑑借處。由《五經》到《十三經》，經學核心文本的擴大，有其因應時空變異的實際需要；但更重要的是，這些經典文本，或因模糊化傳統、或因隱蔽其隸屬性，造成陌生與熟悉的兩難；而詮釋學的真正位置，就存在於這中間地帶，換言之，正是基於這種「時間距離」[51]，才得以敦促歷代經

49　參漢斯・格奧爾格・伽達默爾（Hans-Georg Gadamer, 1900-2002）著，洪漢鼎譯：《真理與方法》I（*Truth and Method* 修訂譯本），頁 459。

50　參漢斯・格奧爾格・伽達默爾（Hans-Georg Gadamer, 1900-2002）著，洪漢鼎譯：《真理與方法》I（*Truth and Method* 修訂譯本），頁 461。

51　參漢斯・格奧爾格・伽達默爾（Hans-Georg Gadamer, 1900-2002）著，洪漢鼎譯：《真理與方法》I（*Truth and Method* 修訂譯本），頁 404-405。

典不斷被詮釋的要求。雖然不論經典注疏或經典詮釋，都不必盡如伽達默爾所說：「詮釋學的要求，只有在知識的無限性中，在全部傳承物與現在思維性的中介過程中，才能實現」[52]，必以知識啟蒙、以外部知識的認取為訴求；但由偏重經學訓詁注疏的詮釋，漸次走向經學哲理化、儒學形上化，乃至兼重實證與思想的詮釋，卻也指明了一個可能的發展方向：亦即「經典詮釋」雖不脫傳統經學之致用色彩，需以考據訓詁為詮釋基礎，兼重語文及歷史的徵實考慮，但卻不以考據為範限，而以心知感悟的優位性補強其詮釋。這種兼攝「重章句、明哲理」兩端而一致式的詮釋模型，以徵實有據、明證可考的方式，講明經義實理；取代抽象理解形上世界的詮釋方式，便是中國「經典注疏學」走向「經典詮釋學」的可行性路徑之一。

其次，對比於「哲學詮釋學」以傳述並闡明上帝旨意，以真理為終極理想，「經典詮釋學」則強調由個人逆溯「大道」、以「明道」為理想；它不為單一的統治王朝而服務，而是替「理想」中的天帝、聖君，施教行道，亦即詮釋者所說的「道」的理想；而不論採取「以述代作」之經詮、經解，或「以修纂取代述作」的經典詮釋型態，基本上都是一種「代聖人樹立教言法典」，以彰明聖人理想的實踐過程。而不論「哲學詮釋學」所強調的「教化」概念[53]，或是經學傳統中所談的「經世致用」之

---

[52] 參漢斯・格奧爾格・伽達默爾（Hans-Georg Gadamer, 1900-2002）著，洪漢鼎譯：《真理與方法》I（*Truth and Method* 修訂本），頁 464。

[53] 伽達默爾說：「教化概念超出了對天賦的自然素質單純培養的概念，……在教化中，某人於此並通過此而得到的教化的東西，完全變成了他自己的東西。……人類教化的一般本質，就是使自身成為一個普遍

道,都是盼望透過全體人類的普遍性提升,面對他所處的時代,能超越自身限制,提升個人品質;用傳統的經典話語來說,是個人的上契聖心、逆溯大道,也是下厚民用、務實經綸的雙向循環;此間,經由經典詮釋,以經學的致用性特徵,逐步完滿教化的過程[54],或強調內聖涵養,或以為經世之具,便是中國「經典詮釋學」之所以有別於西方「哲學詮釋學」的特出關懷所在。

隨著近現代學術轉型,做為銜接及對應新時代的經學研究、經典詮釋,顯然已非原本訓詁或義理、漢學或宋學的經典注疏法可以概括,經典詮釋所扮演的社會和學術雙重效應,亦應有更多值得細索深思的環節,是以重新掘發經學的思想優點,不以泥古守舊概括經典,由傳統「經典注疏學」轉向當代中國「經典詮釋學」,尋繹東西哲學及經典詮釋對話溝通的可能,勾勒並建構屬於中國經典詮釋學的譜系,或許將是一個可行的方向。

的精神存在。……因此,教化作為普遍性的提升,乃是人類的一項使命。」參漢斯・格奧爾格・伽達默爾(Hans-Georg Gadamer, 1900-2002)著,洪漢鼎譯:《真理與方法》I(*Truth and Method* 修訂譯本),頁 22-23。

[54] 伽達默爾指出:「教化不僅可以理解為那種使精神歷史地向普遍性提升的實現過程,而且同時也是被教化的人得以活動的要素。」參漢斯・格奧爾格・伽達默爾(Hans-Georg Gadamer, 1900-2002)著,洪漢鼎譯:《真理與方法》I(*Truth and Method* 修訂譯本),頁 26。依此,教化本身,始終處在教化的過程中,它不僅僅是指一種與實踐活動相對立的理論活動,而是在總體上維護人類理性的本質規定。

徵引書目舉要

一、古籍文獻

【漢】孔安國傳・【唐】孔穎達正義・阮元校勘：《十三經注疏・尚書注疏》，臺北：藝文印書館，2001.12 初版 14 刷。

【漢】鄭玄註・【唐】孔穎達疏・阮元校勘：《十三經注疏・禮記注疏》，臺北：藝文印書館，2011.12 初版 14 刷。

【漢】鄭玄註・【唐】孔穎達疏・阮元校勘：《十三經注疏・毛詩注疏》，臺北：藝文印書館，2011.12 初版 14 刷。

【漢】鄭玄撰・【宋】王應麟輯・【清】丁杰等校訂：《周易鄭注》，收入《叢書集成初編 383-385》，北京：北京中華書局，1985 北京新一版。

【漢】趙岐注・【宋】孫奭疏・阮元校勘：《十三經注疏・孟子注疏》，臺北：藝文印書館，2001.12 初版 14 刷。

【魏】王弼、【晉】韓康伯注，【唐】孔穎達疏：《周易注疏》，阮元校勘：《重刊宋本十三經注疏附校勘記》第一冊，臺北：藝文印書館，2001.12 初版十四刷。

【宋】黎靖德編・王星賢點校：《朱子語類》，北京：北京中華書局，1999.06 重印版四刷。

【宋】朱熹：《朱子大全》，臺北：臺灣中華書局，1970.09 臺二版。

────：《四書章句集注》，臺北：大安出版社，1999.12 一版三刷。

【宋】朱熹・束景南輯訂：《朱子全書》第貳拾陸冊《朱子遺集・朱子讀書法》，上海：上海古籍出版社，2002 年。

【元】脫脫著：《宋史》，《二十五史 36・宋史七》（清乾隆武英殿刊本

影印），臺北：藝文印書館，1972 年。

【清】方東樹：《漢學商兌》，臺北：廣文書局，1963.01 初版。

【清】王先謙：《荀子集解》，臺北：華正書局，1993.09 初版。

【清】王國維：《王國維遺書》，上海：上海古籍出版社，1983。

【清】朱王林：《小雲廬晚學文稿彙》，清代詩文編纂委員會：《清代詩文集彙編》第 532 冊，上海：上海古籍出版社，2011.12 一版一刷。

【清】江藩纂・漆永祥箋釋：《國朝漢學師承記》，上海：上海古籍出版社，2013.06 一版一刷。

【清】江藩纂・漆永祥箋釋：《漢學師承記箋釋上》，上海：上海古籍出版社，2013.06 一版一刷。

【清】阮元撰・鄧經元點校：《揅經室集》（文選樓刻本影印），北京：北京中華書局，2006.06 重印一版二刷。

【清】阮元撰：《揅經室集・續集》，續修四庫全書編委會：《續修四庫全書》（文選樓刻本影印）第 1479 冊，上海：上海古籍出版社，2002 年。

【清】紀昀總纂：《四庫全書總目提要》，石家莊：河北人民出版社，2000.03 一版一刷。

【清】胡承拱：《求是堂文集》（清道光十七年（1837）刊本），合肥：黃山書社，2008（電子書）。

【清】袁枚：《隨園詩話》（四部刊要本），臺北：漢京文化事業公司，2004.03 初版一刷。

【清】馬齊等奉飭修：《清實錄》（聖祖仁皇帝實錄），北京：北京中華書局（中國書店發行），1986.11 一版一刷。

【清】張鑑等撰・黃愛平點校：《阮元年譜》，北京：北京中華書局，2006.06 重印三刷。

【清】淩廷堪著・王文錦點校：《校禮堂文集》，北京：北京中華書局，2006.03 一版重印二刷。

【清】淩廷堪撰・紀建生校點：《淩廷堪全集》，合肥：黃山書社，2009.03 一版。

【清】清高宗：《清高宗（乾隆）御製詩文全集》，北京：中國人民大學

出版社，1993.08 一版一刷。

【清】章太炎‧劉師培等撰，羅志田導讀‧徐亮工編校：《中國近三百年學術史論》，上海：上海古籍出版社，2006.10 一版一刷。

【清】章炳麟著‧徐復注：《訄書詳注》，上海：上海古籍出版社，2000.12 一版一刷。

【清】章學誠著‧葉瑛校注：《文史通義校注》，北京：中華書局，1994.02 一版二刷。

【清】惠棟：《古文尚書考》，收入杜松柏編：《尚書類聚初集》第六冊，臺北：新文豐出版公司，1984.10 初版一刷。

【清】焦廷琥：《里堂家訓》二卷，（傳硯齋叢書本（儀徵吳丙湘校刊，屏守山莊藏版）影印本，光緒十一年刊成），臺北：新文豐出版公司《叢書集成續編》第 60 冊，1989 年臺一版。（併見臺北：中央研究院傅斯年圖書館藏《合眾圖書館叢書》本；臺北：臺灣大學總圖書館藏，1943 年據清史稿本影印本）

【清】焦循：《里堂道聽錄》（41 卷本），揚州：廣陵書社，2001 年。

───：《論語通釋》（木犀軒叢書本影印），嚴靈峰編輯：《無求備齋論語集成》第 22 函，臺北：藝文印書館，1966 年。

───：《易話》（《焦氏叢（遺）書》），新文豐出版公司編：《叢書集成三編》第九冊，臺北：新文豐出版公司，1996 年。

【清】焦循撰‧楊家駱主編：《雕菰集》，臺北：鼎文書局，1977.09 初版。（併見臺北：藝文印書館《百部叢書集成》；《江氏聚珍版叢書三集》本；臺北：國家圖書館藏道光四年（1824）文學山房聚珍本；商務印書館《叢書集成初編、簡編》本；《國學基本叢書》本）。

【清】焦循撰‧楊家駱主編：《焦循之易學》（焦氏叢（遺）書本），臺北：鼎文書局，1975.04 初版。

【清】焦循撰‧沈文倬點校：《孟子正義》（新編諸子集成本），北京：北京中華書局，2004.02 重印一版 5 刷。

【清】焦循著‧陳居淵主編‧郭曉東校點：《雕菰樓經學九種》，南京：鳳凰出版社，2015.10 一版一刷。

【清】黃宗羲著‧【清】全祖望補修，陳金生、梁運華點校：《宋元學案》，臺北：華世出版社，1987.09 臺一版。

【清】劉師培著：《劉申叔遺書》，南京：江蘇古籍出版社，1997.11 一版二刷。

【清】劉寶楠撰：《論語正義》（四部備要本），臺北：臺灣中華書局，1971 臺二版。

【清】慶桂等奉飭修：《清實錄》（高宗純皇帝實錄），北京：北京中華書局（中國書店發行），1986.11 一版一刷。

【清】錢大昕：《潛研堂文集》（國學基本叢書本），臺北：臺灣商務印書館，1968.12 臺一版。

【清】閻若璩撰，黃懷信‧呂翎欣校點：《尚書古文疏證》，上海：上海古籍出版社，2010.12。

【清】戴震：《戴震集》，上海：上海古籍出版社，2009.06 一版一刷。

【清】戴震‧戴震研究會、戴震紀念館編纂：《戴震全集》，北京：清華大學出版社，1994.03 一版一刷。

【清】戴震撰‧張岱年主編：《戴震全書》（安徽古籍叢書），合肥：黃山書社，1994.07 一版一刷。

【清】顧炎武：《顧炎武全集》，上海：上海古籍出版社，2011.12 一版一刷。

【清】顧炎武：《（原抄本）顧亭林日知錄》，臺北：文史哲出版社，1979 年。

【清】龔自珍著‧王佩諍校：《龔自珍全集》，北京：北京中華書局，1959 年。

二、近人專書及編著

中國第一歷史檔案館編：《纂修四庫全書檔案》，上海：上海古籍出版社，1997 年。

支偉成：《清代樸學大師列傳》（清代傳記叢刊‧學林類 9），臺北：明文書局，1985 年一版一刷。

王汎森：《權力的毛細管作用──清代的思想、學術與心態》（修訂版），

臺北：聯經出版事業公司，2015.11 二版二刷。

王章濤：《阮元年譜》，合肥：黃山書社，2003.02 一版一刷。

王慧茹：《焦循「一貫」哲學之建構與證立》，新北市：花木蘭文化，2013.09 初版。

王鍾翰點校：《清史列傳》，北京：北京中華書局，1987.11 一版一刷。

江日新編：《清代經學國際研討會論文集》，臺北：中央研究院中國文哲研究所，1994.06。

牟宗三：《圓善論》，臺北：臺灣學生書局，1996.04 初版二刷。

佐藤將之：《中國古代「忠」論研究》，臺北：臺灣大學出版中心，2010年。

余英時：《歷史與思想》，臺北：聯經出版事業公司，1976 初版。

李玉平：《多元文化時代的文學經典理論》，天津：南開大學出版社，2010.01 一版一刷。

李瑞全：《當代新儒學之哲學開拓》，臺北：文津出版社，1993.03 初版一刷。

李暢然：《戴震《原善》表微》，北京：北京大學出版社，2014.03 一版。

尚小明：《清代士人遊幕表》，北京：北京中華書局，2006.04 一版二刷。

───：《學人游幕與清代學術》，北京：社會科學文獻出版社，1999.10 一版一刷。

周光慶：《中國古典解釋學導論》，北京：北京中華書局，2002.09 一版一刷。

林維杰：《朱熹與經典詮釋》，臺北：臺灣大學出版中心，2008.10 初版。

林久貴：《阮元經學研究》，北京：人民出版社，2015.05 一版一刷。

林安梧：《中國近現代思想觀念史論》，臺北：臺灣學生書局，1995.09 初版。

───：《道的錯置──中國政治思想的根本困結》，臺北：臺灣學生書局，2003.08 初版。

林玫玲：《先秦哲學的命論思想》，臺北：文津出版社，2007.12 一版一刷。

林啟屏：《從古典到正典：中國古代儒學意識之形成》，臺北：臺灣大學

出版中心，2007.07 初版。

林慶彰主編：《乾嘉學術研究論著目錄（1900-1993）》，臺北：中央研究院中國文哲研究所，1995 年初版。

林慶彰・祁龍威主編：《清代揚州學術研究》，臺北：臺灣學生書局，2001.04 初版。

邱培超：《自「文以載道」至「沈思瀚藻」：學術史視域下阮元學圈的文統觀及其意義》，臺北：大安出版社，2012.08 一版。

侯外廬：《中國思想通史》，北京：人民出版社，2004.04 一版七刷。

洪漢鼎：《詮釋學──它的歷史和當代發展》，北京：北京人民出版社，2005.10 重印二刷。

───：《當代哲學詮釋學導論》，臺北：五南圖書出版公司，2008.09 初版一刷。

───：《重新回到現象學的原點──現象學十四講》，臺北：世新大學出版中心，2008.07 初版。

───：《詮釋學與中國經典注釋》，北京：北京燕山出版社，2015.05 一版一刷。

清史稿校註編纂小組編纂：《清史稿校註》，新北市：國史館，1986 年。

唐君毅：《中國哲學原論・原教篇》，臺北：臺灣學生書局，2004.10 全集校定版二刷。

───：《中國哲學原論──導論篇》，臺北：臺灣學生書局，1986 年校訂版。

徐道彬：《皖派學術與傳承》，合肥：黃山書社，2012.03 一版一刷。

商瑈：《一代禮宗：凌廷堪之禮學研究》，臺北：萬卷樓圖書公司，2004.02 初版。

張立文：《戴震哲學研究》，北京：人民出版社，2014.09 一版一刷。

張岱年主編：《戴震全書》（安徽古籍叢書），合肥：黃山書社，1994.07 一版一刷。

張舜徽：《張舜徽全集・清代揚州學記》，武漢：華中師範大學出版社，2005.12 一版一刷。

張鼎國著・汪文聖、洪世謙編：《詮釋與實踐》，臺北：政大出版社，

2011.12 初版一刷。

張壽安：《十八世紀禮學考證的思想活力——禮教論爭與禮秩重省》，北京：北京大學出版社，2005.12 一版一刷。

———：《以禮代理——凌廷堪與清中葉儒學思想之轉變》，石家莊：河北教育出版社，2001.11 一版一刷。

張曉芬：《天理與人欲之爭：清儒揚州學派「情理論」探微》，新北市：花木蘭文化，2010.09 一版一刷。

張麗珠：《清代新義理學——傳統與現代的交會》，臺北：里仁書局，2005.08 修訂版。

———：《清代義理學新貌》，臺北：里仁書局，2006.07 初版三刷。

———：《清代的義理學轉型》，臺北：里仁書局，2006.10 初版。

梁啟超：《清代學術概論》，上海：上海古籍出版社，2005.04 一版一刷。

———：《中國近三百年學術史》，上海：上海三聯書店，2006 年 4 月一版一刷。

郭齊、尹波點校：《朱熹集》第六冊，成都：四川教育出版社，1996.10 一版一刷。

陳居淵：《焦循阮元評傳》，南京：南京大學出版社，2006 年一版一刷。

———：《漢學更新運動研究：清代學術新論》，南京：鳳凰出版社，2013.07。

陳祖武・朱彤窗：《乾嘉學派研究》，北京：人民出版社，2011.08 一版一刷。

陳祖武：《清代學術源流》，北京：北京師範大學出版社，2012.03 一版一刷。

陳榮捷：《朱學論集》，臺北：臺灣學生書局，1982.04 初版。

陳寧：《中國古代命運觀的現代詮釋》，瀋陽：遼寧教育出版社，1999.01。

彭林編：《清代經學與文化》，北京：北京大學出版社，2005 年。

———：《清代學術講論》，桂林：廣西師範大學出版社，2005.11 一版一刷。

景海峰：《中國哲學的現代詮釋》，北京：人民出版社，2004 年。

黃季剛：《黃季剛先生論學名著》（《黃侃論學雜著》更名），臺北：九思出版社，1977 年影印。

黃俊傑編：《東亞儒者的四書詮釋》，臺北：臺灣大學出版中心，2005 年初版。

———主編：《儒家經典詮釋方法》，上海：華東師範大學出版社，2008.05 一版一刷。

黃俊傑・林維杰編：《東亞朱子學的同調與異趣》，臺北：臺灣大學出版中心，2006.12 一版一刷。

黃愛平：《阮元與揚州學者：樸學的總結・樸學與清代社會》，石家莊：河北人民出版社，2003 年一版。

楊晉龍主編：《清代揚州學術》，臺北：中央研究院中國文哲研究所，2005.04 初版。

楊錦富：《阮元經學之研究》，新北市：花木蘭文化，2010.03。

聞人軍：《考工記導讀圖譯》，臺北：明文書局，1990 年一版一刷。

蔣秋華主編：《乾嘉學者的治經方法》，臺北：中央研究院中國文哲研究所籌備處，2000.10 初版。

鄭吉雄：《戴東原經典詮釋的思想史探索》，臺北：臺灣大學出版中心，2008.08 初版。

———主編：《觀念字解讀與思想史探索》，臺北：臺灣學生書局，2009 年。

賴貴三：《焦循年譜新編》，臺北：里仁書局，1994.03。

———：《「雕菰樓易學」研究》，新北市：花木蘭文化，2008 年。

———：《昭代經師手簡箋釋——清儒高郵二王論學書》，臺北：里仁書局，1999.08 初版。

———：《焦循手批十三經註疏研究》，臺北：里仁書局，2000.03。

———：《臺海兩岸焦循文獻考察與學術研究》，臺北：文津出版社，2008.11。

錢穆：《中國近三百年學術史》，臺北：臺灣商務印書館，1996.07 臺二版二刷。

———：《朱子新學案》（新校本）第四冊，北京：九州出版社，2011.01

一版一刷。

三、外文譯著

【美】羅威廉（William T. Rowe）著‧李仁淵、張遠譯：《中國最後的帝國：大清王朝》，臺北：臺灣大學出版中心，2016.04 二版一刷。

【德】漢斯‧格奧爾格‧伽達默爾（Gadamer, Hans-Georg）著‧洪漢鼎譯：《真理與方法》（修訂譯本），北京：北京商務印書館，2007.04 一版一刷。

【美】喬治婭‧沃恩克（Georgia Warnke）著，洪漢鼎譯：《伽達默爾──詮釋學、傳統和理性》，北京：北京商務印書館，2009.09 一版一刷。

【美】哈洛‧卜倫（Harold Bloom）著，高志仁譯‧曾麗玲校訂：《西方正典》，新北市：立緒文化事業公司，1998.01 初版一刷。

【美】本傑明‧艾爾曼（Benjamin Elman）：《經學‧科舉‧文化史──艾爾曼自選集》，北京：北京中華書局，2010.04 一版一刷。

【德】阿佩爾（Karl-Otto Apel）‧孫周興譯：《哲學的改造》，上海：上海譯文出版社，1994 年一版。

【德】韋伯（Max Wwber）著‧康樂等編譯：《支配的類型：韋伯選集（III）》（修訂版），臺北：遠流出版事業公司，2001.10 二版三刷。

【丹】丹‧扎哈維（Danzahavi）著、李忠傳譯：《胡賽爾現象學》，（上海：上海譯文出版社，2007.08。

【日】池田秀三著‧石立善譯：〈訓詁的虛與實〉，彭林主編：《中國經學》第五輯，桂林：廣西師範大學出版社，2009 年初版。

四、單篇論文

王章濤：〈揚州學派邊緣人物與揚州學派研究：黃文暘對阮元、焦循、淩廷堪的影響〉，趙昌智主編：《揚州文化研究論叢》第一輯，揚州：廣陵書社，2008.09 一版一刷。

王慧茹：〈阮元經學評騭〉，臺北：孔孟學會《孔孟學報》第 95 期，

2017.09。

───：〈梁啟超、錢穆《中國近三百年學術史》寫作範式探析〉，臺北：鵝湖月刊社《鵝湖月刊》卅三卷第 8 期（293），2009.08。

───：〈淩廷堪「以禮代理」經世之方探析〉，臺中：中華大道文教基金會・元亨書院《元亨學刊》第五期，2018.09。

───：〈儒家經典詮釋的作用與價值〉，傅永軍・陳治國主編：《中國詮釋學》第 17 輯，濟南：山東大學出版社，2018.12 一版一刷。

───：〈儒家經典詮釋的集成──以戴震為核心〉，新北市：臺北大學中文系《臺北大學中文學報》第 17 期，2015.03。

───：〈王船山「正統論」的理解與思索──以〈船山對傳統史觀的批判〉及〈「正統論」的瓦解與重建〉二文為核心〉，臺北：國文天地雜誌社《國文天地》250 期，2006.03。

───：〈儒家經典詮釋之分期及類型芻議〉（未刊稿）

伍野春・阮榮輯：〈阮元研究論著索引（1799-2012）〉，趙昌智主編：《揚州文化研究論叢》第 11 輯，揚州：廣陵書社，2013.06 一版一刷。

───：〈焦循研究論著索引（1815-2014）〉，趙昌智主編：《揚州文化研究論叢》第十五輯 01 期，揚州：廣陵書社，2015.06 一版一刷。

吳根友：〈乾嘉學術的人文實證主義方法及其得失分析〉，臺北：哲學與文化月刊編輯部《哲學與文化》第 43 卷第 6 期，2016.06。

沈俊平：〈明中晚期坊刻制舉用書的出版及朝野人士的反應〉，《漢學研究》第 27 卷第 1 期，臺北：國家圖書館，2009.03。

岑溢成：〈阮元〈性命古訓〉析論〉，江日新編：《清代經學國際研討會論文集》，臺北：中央研究院中國文哲研究所，1994.06。

林慶彰：〈中國經學史上的回歸原典運動〉，臺北：中央研究院《中國文哲研究通訊》第 16 卷第 3 期，2006.09。

───：〈對楊、劉兩先生文評的回應〉，臺北：中央研究院《中國文哲研究通訊》第 16 卷第 3 期，2006.09。

祁龍威：〈清乾嘉後期揚州三儒學術發微〉，揚州：《揚州大學學報》（人文社會科學版）第 4 卷第 2 期，2000.03。

夏長樸：〈《四庫全書總目》與和宋學的關係〉，臺北：《故宮學術季刊》23：2，2005 年。

孫兆剛‧劉則淵：〈知識產生溢出效應的分析〉，大連：大連理工大學《科學與科學技術管理》，2004 年第 3 期。

孫廣海：〈阮元研究回顧〉，臺北：國家圖書館《漢學研究通訊》（總號99 期），2006.08。

張壽安：〈打破道統‧重建學統——清代學術思想史的一個新觀察〉，臺北：中央研究院《中央研究院近代史研究所集刊》第 52 期，2006.06。

———：〈淩廷堪的正統觀〉，高雄：中山大學中國文學系《第二屆清代學術研討會論文集》，1991 年。

張麗珠：〈乾嘉道從論學到議政的今文學發揚〉，新竹：清大中文系《清華中文學報》第六期，2012.12。

梁濤：〈朱熹對「慎獨」的誤讀及其在經學詮釋中的意義〉，北京：中國社科院哲研所《哲學研究》，2004 年 3 期，2014.04。

陳居淵：〈淩廷堪「慎獨格物說」的禮學詮釋〉，上海：《復旦學報》（社科版）2009 卷 2 期，2009.03。

———：〈淩廷堪倡導復歸古代禮學思想新探〉，山東：中國孔子基金會《孔子研究》，2007 年第 6 期。

———：〈道在求其通，解經須性靈———一代通儒焦循的經學思想〉，湖南：《湖南大學學報》（社科版）21 卷 2 期，2007.03。

———：〈漢學與宋學：阮元《國史儒林傳》考論〉，上海：復旦大學《復旦學報》（社科版）2011 卷 2 期，2011.02。

———：〈學人社集與清初經學〉，上海：復旦大學《復旦學報》（社科版）2006 卷 4 期，2006.07。

陳治維：〈清中葉揚州學派之學術方法論：以汪中、淩廷堪、焦循、阮元為考察對象〉，高雄：中山大學中研所博士論文，2018 年。

陳萬鼐：〈淩廷堪傳〉，臺北：國立故宮博物院《故宮文獻》第四卷第一期（4：1），1972.12。

傅永軍：〈東亞儒學的經典意識及其詮釋學效應〉，濟南：中國孔子基金

會《孔子研究》2017 年第 2 期，2017.12。

楊晉龍：〈中國經學史上的回歸原典運動簡評〉，臺北：中央研究院《中國文哲研究通訊》第 16 卷第 3 期，2006.09。

楊祖漢：〈康德的「外在自由說」與華人社會的發展—對戴震「以理殺人」之說的解答〉，臺北：哲學與文化月刊編輯部《哲學與文化》第 43 卷第 3 期，2016.03。

葉國良：〈論淩廷堪的《禮經釋例》〉，臺北：臺大中文系《臺大中文學報》，28 期，2008.06。

劉笑敢：〈經典詮釋與體系建構：中國哲學詮釋傳統的成熟與特點爭議〉，黃俊傑主編：《儒家經典詮釋方法》，上海：華東師範大學出版社，2008.05 一版一刷。

劉柏宏：〈林慶彰先生〈中國經學史上的回歸原典運動〉一文述評〉，臺北：中央研究院《中國文哲研究通訊》第 16 卷第 3 期，2006.09。

蔡家和：〈戴震哲學的倫理義涵〉，臺北：鵝湖月刊社《鵝湖學誌》第 41 期，2008.12。

賴貴三：〈清代乾嘉揚州學派經學研究的成果與貢獻〉，臺北：國家圖書館《漢學研究通訊》19 卷 4 期，2000.11。

———：〈焦循（1763-1820）研究論著目錄：1796-2001〉，臺北：國家圖書館《漢學研究通訊》21 卷 1 期，2002.02。

後 記

　　本書寫作初始，筆者為敦促自己積多對戴震及揚州三子的認識，已發表刊登：〈儒家經典詮釋的集成——以戴震為核心〉，（新北市：臺北大學中文系《臺北大學中文學報》第 17 期，頁 69-87）；〈阮元經學評騭〉，（臺北：孔孟學會《孔孟學報》第 95 期，頁 165-181）；〈凌廷堪「以禮代理」經世之方探析〉，（臺中：元亨書院《元亨學刊》第五期，頁 143-173），及筆者博士論文：《焦循「一貫」哲學之建構與證立》，（新北市：花木蘭文化，2013.09 初版，頁 1-212）等專文，以為個人展開論述的基礎。本書寫作過程中，部分章節亦陸續刊登於學術期刊或於學術會議中發表，茲略述如下：

　　第二章〈乾嘉經典詮釋的方法與進路——以戴震、焦循為核心〉，曾發表於「2016 宋明清儒學的類型與流變 III」研討會（桃園：中央大學中文系・中央研究院明清研究推動委員會，2016 年 10 月 20-21 日），其後修改刊登於《當代儒學研究》第 22 期，（桃園：中央大學儒學研究中心，2017.06），頁 1-37。

　　第三章〈盛世格局下的經典詮釋——以凌廷堪、阮元為核心〉，曾發表於「明清的思想世界與東亞研究工作坊」第三次討論會，（桃園：中央大學儒學中心，2017 年 6 月 28 日），另修改於此。

　　第四章〈性與命：焦循、阮元的人性論述〉，曾發表於「明清的思想世界與東亞研究工作坊」第二次討論會，（桃園：中央大學儒學中心，2016 年 4 月 29 日），經修改後，刊登於《輔仁國文學報》第 47 期，（新北市：輔仁大學中文系，2018.10），頁 51-88。

　　第五章〈禮、理之辨：以焦循、凌廷堪、阮元為核心的考察〉，原題為〈以禮代理：以焦循、凌廷堪、阮元為核心的考察〉，已通過審查，預計刊登於銅仁學報編輯部：《銅仁學院學報・梵淨國學研究》2019 第三輯，（北京：中國社會科學出版社）。本章內容，經筆者大幅改動，承該刊同意，慨允本書先行收錄部分內容。

　　第六章〈經典詮釋的繼承、轉化與發明〉，另題為〈經典詮釋的繼承、轉化與發明：以焦循、凌廷堪、阮元為核心〉，已通過發表，預計宣讀於「2019 明清儒學國際研討會」，（桃園：中央大學中文系・中央研究院明清研究推動委員會，2019 年 10 月 24-25 日）。商得大會同意，先置於此。

　　又，為順應本書內容所需，以上所發表及刊登之文章，均經筆者修潤刪改，此再為說明。感謝諸學報之匿名審查人，提供慧見，嘉許筆者勉學精進，謹此亦一併致敬致謝。

國家圖書館出版品預行編目資料

通博精大——戴震與揚州三子的經典詮釋

王慧茹著. – 初版. – 臺北市：臺灣學生，2019.09
面；公分

ISBN 978-957-15-1812-1 (平裝)

1. 學術思想　2. 清代

127.4　　　　　　　　　　　　　　　108014335

通博精大——戴震與揚州三子的經典詮釋

著　作　者　王慧茹
出　版　者　臺灣學生書局有限公司
發　行　人　楊雲龍
發　行　所　臺灣學生書局有限公司
地　　　址　臺北市和平東路一段 75 巷 11 號
劃 撥 帳 號　00024668
電　　　話　(02)23928185
傳　　　眞　(02)23928105
E - m a i l　student.book@msa.hinet.net
網　　　址　www.studentbook.com.tw
登 記 證 字 號　行政院新聞局局版北市業字第玖捌壹號
定　　　價　新臺幣四○○元
出 版 日 期　二○一九年九月初版
I　S　B　N　978-957-15-1812-1

12705　　　　有著作權·侵害必究